KB170619

머신러닝으로
쉽게 따라 하는
데이터 과학 프로젝트

오렌지3
with 파이썬

김현철

김종혜

박종화

임진숙

지음

생능북스

※ Python 및 Python 로고는 Python Software Foundation의 등록 상표입니다.

머신러닝으로 쉽게 따라 하는 **데이터 과학 프로젝트**

오렌지3 with파이썬

초판 1쇄 인쇄 2024년 7월 10일
초판 1쇄 발행 2024년 7월 15일

지은이 | 김현철, 김종혜, 박종화, 임진숙
펴낸이 | 김승기
펴낸곳 | ㈜생능출판사 / **주소** | 경기도 파주시 광인사길 143
브랜드 | 생능북스
출판사 등록일 | 2005년 1월 21일 / **신고번호** | 제406-2005-000002호
대표전화 | (031) 955-0761 / **팩스** | (031) 955-0768
홈페이지 | www.booksr.co.kr

책임편집 | 최동진
편집 | 신성민, 이종무
교정 · 교열 | 최동진
디자인 | 이대범(표지), 북스북스(본문)
영업 | 최복락, 김민수, 심수경, 차종필, 송성환, 최태웅, 김민정
마케팅 | 백수정, 명하나

ISBN 979-11-92932-65-1 (93000)
값 30,000원

머리말

오늘날 현대 사회는 데이터와 지능형 기술의 발전으로 인해 변화의 가속도가 높아지고 있습니다. 특히 데이터의 힘을 바탕으로 하고 있는 머신러닝 분야는 다양한 산업과 연구에서 핵심적인 도구로 자리매김하며 혁신을 이끌고 있습니다. 따라서 예측, 분류, 군집화, 최적화 등의 기능을 통해 비즈니스, 과학, 공공 정책 그리고 우리의 일상생활에 이르기까지 다양한 영역에서 핵심적인 역할을 담당하고 있는 머신러닝을 이해하고 활용하는 것은 아주 중요한 역량이 될 것입니다.

이 책은 오렌지3와 파이썬이라는 강력한 도구를 활용하여, 머신러닝을 쉽고 재미있게 배우고 활용할 수 있도록 돕습니다. 각 장에서는 실제 데이터에 기반한 프로젝트를 통해 이론을 실제로 구현하고, 머신러닝의 개념과 응용 방법을 익힐 수 있게 구성되었습니다. 예를 들어 호텔 고객의 만족도 개선부터 펭귄 종 분류, 미래 자장면 가격 예측, 지진 데이터 군집화 등 다양한 주제에 대하여 교육 목적의 간단한 프로젝트를 통해 머신러닝의 개념과 활용법을 공부하도록 설계되었습니다.

이 책을 통해 여러분은 머신러닝이 어떻게 현실의 문제를 해결하고, 미래의 변화를 예측할 수 있는지 배울 수 있을 것입니다. 각 프로젝트를 수행하면서 여러분은 복잡한 이론을 이해하고, 그것을 실생활 문제에 직접 적용하는 즐거움을 느낄 수 있습니다.

머신러닝은 데이터와 알고리즘에만 국한된 것이 아닙니다. 그것은 호기심, 창의적 사고, 그리고 우리가 살고 있는 세상을 더 깊이 이해하고자 하는 열망을 담고 있습니다. 이 책을 통해 여러분이 머신러닝의 세계로 발을 디디고, 더 나은 세상을 만들어가는 데 큰 도움을 줄 것입니다. 아울러 여러분의 머신러닝 학습에 자신감을 주고, 새로운 기회를 열어주는 가이드가 되길 희망합니다.

저자 일동

> ※ 본서에서 제시하는 프로젝트들은 교육을 목적으로 설계되었습니다. 실제 세계의 복잡성을 간결하고 접근하기 쉬운 형태로 재구성하여 학습에 필요한 핵심 원리와 방법론을 효과적으로 전달하는 목적으로 사용됩니다.

베타테스트 리더에게 들어봤어요!

오렌지3는 데이터 시각화 및 머신러닝, 데이터 마이닝을 위한 오픈 소스 데이터 분석 및 시각화 도구입니다. 파이썬 기반으로 개발된 이 툴은 별도의 프로그래밍 코딩이 필요없이 드래그 앤 드롭 및 클릭만으로 원하는 데이터를 가져오거나 정제하는 과정을 가질 수 있는데요. 이는 최근에 핫한 데이터 분석과 머신러닝 혹은 논문 분석 등 데이터 과학을 접함에 있어 매우 큰 메리트로 다가옵니다.

이 책은 오렌지3의 개념과 어떤 데이터들을 활용할 수 있는지 먼저 알아본 뒤, 다양한 프로젝트를 수행하는 과정을 거치고 있습니다. 어떤 문제들을 가지고 있고 데이터들로 무엇이 주어지는지, 여기서 뽑아내야 하는 것들이나 학습을 시켜 어떤 도출을 시켜야 하는지에 대해 책의 흐름을 따라가며 자연스럽게 알 수 있습니다. 이 과정에서 데이터와 인공지능 등과 관련된 어휘도 자세히 알아보는 과정을 통해 독자로 하여금 데이터 활용과 오렌지3의 세계로 빠져들게 합니다. 개인적으로 책을 먼저 접하면서 위젯을 추가 설치하여 지진 데이터를 군집화 및 시각화하는 과정이 신기했네요!

데이터 과학에 대해 알아보고 싶거나 데이터 시각화 및 정제, 이를 활용한 비즈니스 및 다양한 분야에서의 프로젝트 활용이나 논문 작성 등을 해보고 싶으신 분들께 추천드리는 책으로, 책의 순서대로 천천히 따라온다면 어느덧 데이터 과학 분야와 용어에 익숙해지고 내가 원하는 방향으로 데이터를 정제 및 활용할 수 있는 모습을 발견할 수 있을 것입니다.

김태웅 / 클라크 스퀘어, 로보틱스 퍼실리테이터

중고등학교 수업에 오렌지3와 파이썬을 활용하면서 어렵고 재미없는 개념을 최대한 쉽고 재미있게 수업하기 위해 다양한 아이디어들을 찾아 헤매는 강사입니다.

기존에 접해온 책들은 오렌지3 또는 파이썬 중 하나로 활용하는 것이 보통이라 오렌지3 예제를 파이썬으로 또는 반대로 분석&테스트하며 수업 연구를 해 왔는데요, 이 책에는 다양한 데이터를 다양한 알고리즘을 활용하는 것뿐만 아니라 하나의 데이터를 오렌지3와 파이썬으로 분석&예측해 놓아서 수업 연구뿐 아니라 혼공하기 너무 좋네요. 수업을 진행하는 교·강사들뿐만 아니라 혼공하는 학생들에게도 매우 도움이 될 것 같습니다.

또한 개념을 배웠지만 언제 어디에 어떻게 적용해야 할지 모르는 기초와 심화 사이의 늪에서 허우적대는 많은 이들에게 데이터 분석과 예측이 어떤 흐름으로 진행되는지, 나는 어떤 부분이 부족하니 어떤 부분을 더 스터디할지, 길잡이를 해 줄 것 같습니다.

오렌지3로 데이터/인공지능 수업을 진행한 학교라면 파이썬으로 확장해 볼 수 있을 것 같고, 파이썬으로 수업을 진행한 학교에서는 어려운 개념을 오렌지3로 다시 한번 되짚어가며 제대로 이해할 수 있는 기회가 될 듯하여 학교수업에 사용하는 것도 추천합니다. 베타 리더로 일주일간 이 책을 체험하며 저도 수업에 다양한 아이디어를 얻을 수 있어 너무 좋은 기회였습니다.

나소영 / 코딩튜터

이책을 읽는 방법

이 책은 데이터 과학 및 기계학습의 다양한 적용 분야를 다루며, 특히 오렌지3와 파이썬을 활용하여 문제를 해결하는 프로젝트 활동들로 구성되어 있습니다. 책을 효과적으로 읽고 활용하기 위한 방법을 아래와 같이 제안합니다.

▶ 기본 개념 이해하기

챕터 1에서는 기계학습과 신경망의 기본 개념에 관해 설명합니다. 기계학습의 정의, 지도 학습, 신경망 모델 등의 기본적인 이론을 숙지하세요.

▶ 도구 숙지하기

챕터 2에서는 오렌지3와 구글 코랩을 사용하는 방법을 다룹니다. 이러한 도구들의 설치부터 기본적인 사용법까지 익혀, 후속 챕터에서의 실습에 활용할 수 있도록 준비하세요.

▶ 프로젝트 중심으로 학습하기

각 챕터는 인공지능 프로젝트 절차에 따라 데이터를 수집하고 기계학습 모델을 구축함으로써 문제를 해결하는 과정을 설명합니다. 예를 들어 펭귄 종 분류, 자장면 가격 예측, 당뇨병 예측 등의 다양한 문제를 해결하기 위해 오렌지와 파이썬을 활용하여 기계학습 모델을 구축하는 방식을 배울 수 있습니다.

- 오렌지3(Orange3)의 활용: 오렌지3를 통해 데이터를 시각화하고, 전처리하고, 모델을 구축하는 과정을 배웁니다. 파이썬에 대한 지식이 없어도 초보자들은 이 과정을 통해 데이터 과학의 기본적인 문제 해결 과정을 이해하게 됩니다.

- 파이썬을 통한 고급 분석: 파이썬은 유연하고 확장 가능한 프로그래밍 언어로, 오렌지3에서는 쉽게 해결하지 못하는 작업들을 수행할 수 있습니다. 중급자들은 오렌지3에서 배운 개념을 기반으로 파이썬을 사용하여 더 심층적인 데이터 분석을 수행할 수 있을 것입니다. 이 부분에서는 주로 파이썬의 데이터 분석 및 머신러닝 라이브러리인 pandas, scikit-learn 등을 사용하여 실습합니다.

개념 적용 및 확장하기

각 실습은 특정 데이터 세트와 문제에 초점을 맞추지만, 배운 기법들은 다른 유사한 문제에도 적용이 가능합니다. 따라서 각 챕터를 마친 후, 배운 내용을 다른 문제에 적용해 보는 것이 좋습니다.

이 책의 구성

전체 살펴보기

• 각 장의 주제와 어떤 과정으로 프로젝트를 진행하는지를 한눈에 파악할 수 있습니다.

• 문제를 정의하고 데이터를 수집하여 탐색적 데이터 분석을 하고 데이터 모델링에 적합한 형태로 데이터를 전처리합니다. 문제에 따라 적합한 모델을 선정하고 훈련 데이터를 학습하여 모델을 생성합니다. 테스트 데이터를 활용하여 모델의 성능을 평가하고 예측합니다. 완성된 모델을 활용하여 문제를 해결합니다.

이 과정을 통해 단계별로 어떠한 작업을 수행해야 하는지 알 수 있으며, 해당 챕터에서 주요하게 다루는 키워드를 알 수 있습니다.

테스트 데이터 성능평가 결과(혼동 행렬)

오렌지를 이용한 프로젝트 구현

각 장의 주제를 먼저 오렌지3를 이용해서 구현합니다. 파이썬에 익숙하지 않은 독자들은 먼저 그래픽 사용자 인터페이스 기반의 오렌지3를 통해 보다 쉽게 인공지능과 데이터 분석을 수행할 수 있습니다.

파이썬을 이용한 프로젝트 구현

동일한 작업을 파이썬을 통해 구현하는 부분입니다. 오렌지3의 각 부분이 파이썬으로 어떻게 동작하는지 알 수 있으며, 파이썬 프로그래밍 언어에 익숙한 사용자는 이쪽 부분을 먼저 학습해도 좋습니다.

CONTENTS

Chapter 1

기계학습과 신경망의 이해

1 기계학습은 무엇인가?

인공지능의 여러 분야 중의 하나인 기계학습(Machine Learning)은 학습을 수행하는 프로그램 혹은 알고리즘을 말합니다. 학습은 인간의 지능 중에서도 아마도 가장 강력한 기능이라고 할 수 있는데, 그 학습을 흉내낸 프로그램 혹은 알고리즘이라고 할 수 있습니다.

먼저 우리 인간은 어떻게 학습하는가 생각해보죠. 인간은 경험과 예시를 통하여 배웁니다. 예를 들어, 어린아이가 바늘에 찔려 아픈 경험이 있고, 그다음에는 가시에 찔려도 보고, 연필이나 송곳 등 끝이 뾰족한 것에 찔려 아팠던 경험이 많이 누적되면, 그 경험은 '뾰족한 것에 찔리면 아프다'라는 일반화된 모델로 학습됩니다. 그 학습된 모델은 그 아이가 나중에 뾰족한 물건을 만났을 때 어떻게 행동할 것인지를 결정하는 데 사용될 수 있습니다. 이처럼 누적된 경험이 하나의 일반화된 모델로 만들어지는 과정은 기계학습에서도 그대로 반영됩니다. 어떤 특정한 영역(도메인)에서 인간의 누적된 경험은 데이터에 저장되고 표현됩니다. 그 누적된 경험 데이터로부터 일반화된 모델을 만들어내는 것이 기계학습입니다.

경험이 누적된 예시 데이터로부터 모델이 만들어지는 과정을 '학습(learning)' 혹은 '훈련(training)'이라고 부르고, 학습이나 훈련은 기계학습 알고리즘에 의해 진행됩니다. 그렇게 만들어진 것을 '학습된 모델'이라고 부릅니다. 이 '모델'이라는 용어는 예를 들어, 우리가 '코로나바이러스의 확산 속도를 예측할 수 있는 수학 모델을 만들었다'라고 할 때의 그 모델과 같은 의미입니다. 일반적인 의미로 모델은 현실 세계의 시스템이나 개념을 단순화하여 이해하기 쉽게 추상적으로 표현한 것이며, 이 모델을 이용하여 복잡한 현상을 쉽게 분석하고 예측하는 데 도움이 됩니다. 데이터로부터 학습된 모델은 그 데이터가 대표하려고 하는 도메인(즉, 문제영역)을 분석하는데 사용될 수도 있으며, 인공지능 시스템의 일부 기능으로도 사용될 수 있습니다.

그림 1-1   데이터는 기계학습 알고리즘을 통하여 모델로 만들어 집니다.

1 기계학습의 유형: 지도 학습, 비지도 학습

데이터로부터 모델이 만들어지는 과정을 조금만 더 구체적으로 살펴보겠습니다. 이 과정은 일반적으로 지도 학습(Supervised Learning)과 비지도 학습(Unsupervised Learning)으로 구분하여 설명합니다. 물론 기계학습에는 이 두 가지 이외에도 강화학습(Reinforcement Learning)도 있지만 강화학습은 경험 데이터를 사용하는 것이 아니라, 경험을 시뮬레이션으로 무수히 반복시키고 그것으로 학습하는 방식이라서 데이터 기반의 학습과는 조금 다릅니다.

지도 학습과 비지도 학습을 비유하여 보죠. 우리는 일반적으로 서양인과 동양인의 얼굴을 90% 이상 구분합니다. 우리는 어떻게 그것을 할 수 있게 된 것일까요? 어릴 때부터 많은 예시 경험에 의해 나의 머릿속에는 그렇게 학습된 모델이 만들어져 있다고 볼 수 있습니다. 그 경험은 '이 사람은 서양인, 이 사람은 동양인' 이러한 식으로 시작되어 동양인과 서양인 얼굴을 비교하고 구분하게 되고, 그러한 경험이 누적되면서 점차 두 분류에 대한 '차이점' 특징을 강화하는 쪽으로(공통점은 약화시키는 쪽으로) 모델이 만들어지게 되었을 것입니다. 즉, 여기서 학습이란 어떠한 속성값에 대하여 '이것은 동양인', '이것은 서양인' 같은 레이블(Label)을 붙여서 학습시키는 것인데, 이처럼 이것이 A인지 B인지를 지도(Supervised)하는 방식으로 학습시킨다고 해서 지도 학습이라고 합니다.

반면에 비지도 학습은 어떤 속성값에 대하여 그것이 A인지 B인지 지도하지 않습니다. A와 B 같은 클래스 속성 혹은 정답 레이블이 아예 주어지지 않고, 일반 속성값만 주어집니다. 우리가 사람을 200명 정도 본다고 하죠. 레이블도 없고 지도 과정도 없습니다. 그러면 우리의 머릿속에는 그 사람들이 가지고 있는 어떠한 속성값 혹은 특징에 따라서 스스로 그룹을 짓게 됩니다. 예를 들면, 안경을 쓴 남성이라는 그룹과 안경을 쓰지 않은 그룹이라는 식으로 그룹화하게 되는데, 사람에 따라서 혹은 상황에 따라서 어떤 속성들에 의해 그룹이 나누어지는지는 달라질 수 있습니다. 지금 설명한 것은 비지도 학습의 하나인 군집화(Clustering)를 설명한 것인데, 이 과정은 그룹화를 통하여 데이터에 숨겨진 특징과 패턴을 찾는 과정으로 볼 수 있습니다. 이것은 데이터에 레이블이 주어지지 않고 지도 과정도 없기 때문에 비지도(Unsupervised) 방식이라고 부릅니다.

2 지도 학습과 데이터

지도 학습에 의해 데이터로부터 모델이 만들어지는 과정을 조금 더 자세히 살펴봅시다.
이미 언급한 것처럼, 지도 학습은 먼저 속성값에 대한 레이블이 달린 데이터를 이용하여 학습이
진행됩니다. 이 데이터는 다음과 같이 표현될 수 있습니다.

(속성값, 레이블)

예를 들어, 과일이 사과인지 바나나인지를 구분하는 모델을 만들기 위해서는, 먼저 어떤 속성을
사용할지를 생각해야 합니다. 만약 과일의 색상, 폭과 길이의 비율, 무게, 이렇게 3가지 속성을
사용한다면 데이터는 다음과 같이 표현됩니다.

(색상, 비율, 무게, 사과 혹은 바나나)

이러한 형태의 데이터 수백 개가 필요할 것입니다. 이와 같이 어떤 개체에 대한 이러한 속성값이
주어졌을 때 그 개체가 사과인지 혹은 바나나인지를 알려주는 데이터셋을 사용하여, 지도 학습
은 사과와 바나나의 속성값의 차이를 강조하는 방향으로 분류 모델이 만들어집니다. 이 분류 모
델은 실제로 과수원에서 사과와 바나나를 자동 분류하는 기계에서 사용될 수 있을 것입니다.
그리고 이렇게 명시적으로 속성값이 주어진 데이터를 '정형 데이터'라고 부릅니다. 정형 데이터
를 테이블 형태로 표현하면 아래의 그림과 같이 나타납니다.

그림 1-2   정형 데이터

다른 예를 들어보겠습니다. 얼굴 사진으로부터 서양인인지 동양인인지 구분하는 모델을 만든다고 해보죠. 데이터를 어떻게 준비할 수 있을까요? 먼저 데이터를 만들기 위한 속성을 생각해보겠습니다. 예를 들어 머리색, 눈동자 색, 피부색, 코 높이를 속성으로 사용한다고 가정해 봅시다. 그러면 데이터는 다음과 같은 모양이 될 것입니다.

(머리색, 눈동자 색, 피부색, 코 높이, 서양인/동양인)

이러한 데이터 포인트가 수천 개가 필요할 것입니다. 그럼에도 이러한 속성으로 만든 모델은 성능이 그리 좋지 못할 것입니다. 왜냐하면 우리는 동양인이 머리 염색을 하고 컬러 렌즈를 끼고, 하얀 화장을 하고 코를 높여도, 그 사람이 서양인이라고 착각하지는 않습니다. 분명히 다른, 우리가 미처 알지 못하는 다른 속성과 특징이 있을 텐데 그것을 명시적으로 알지 못한다는 것입니다. 이러한 문제는 이미지 분류뿐만 아니라 음성 인식, 자연어 처리 등에도 발생합니다. 이러한 데이터는 명시적인 속성으로 표현된 데이터로 변환하기가 쉽지 않아서 기계학습으로 좋은 성능을 내기 어렵고, 적절한 속성을 찾는 것은 기계학습 연구에서 매우 어려운 문제입니다.

이러한 데이터의 속성 문제는 2010년을 전후하여 등장한 딥러닝 기법에 의해 해결되기 시작합니다. 딥러닝은 이미지, 음성, 자연어의 데이터에 대하여 인간이 속성을 정하고 그것에 따라 속성 데이터로 변환하는 과정을 거치는 대신에, 이미지 데이터를 그대로 입력으로 사용합니다. 즉, 데이터는 다음과 같은 모양이 됩니다.

(얼굴 사진 이미지, 서양인/동양인)

위 데이터를 수천 개 혹은 수만 개를 사용하면 딥러닝 기법은 그 데이터에 숨겨진 (우리가 아마도 모르는) 속성 혹은 특징을 스스로 찾아내고 학습을 진행합니다. 딥러닝의 등장으로 컴퓨터 비전, 음성 인식, 자연어 처리는 엄청난 발전을 거듭하고 있습니다.

이러한 이미지, 소리, 텍스트 데이터를 우리는 비정형 데이터라고 부릅니다. 비정형 데이터는 속성을 명시적으로 정의하기가 쉽지 않습니다. 스마트폰과 SNS가 대중화되면서 최근의 데이터는 대부분이 비정형 데이터이며 이 데이터를 다루는 딥러닝의 가치는 더욱 커지게 되었습니다. 하지만 그럼에도 기업의 마케팅, 금융 고객 데이터, 과학 데이터 등은 여전히 정형 데이터가 대부분을 차지하고 있습니다.

3 지도 학습 과정 비교

데이터에서 기계학습 알고리즘을 사용하여 모델이 만들어지고, 그 모델이 사용되는 과정을 지도 학습의 선형회귀 모델, 선형 분류 모델, 비선형 분류 모델, 딥러닝 모델을 가지고 비교해보겠습니다.

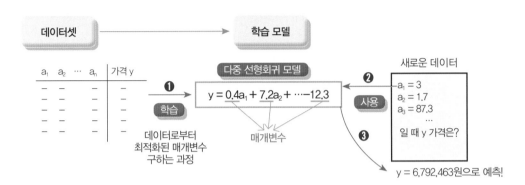

그림 1-3   정형 데이터에서 선형회귀 모델이 만들어져서 주어진 속성값에 대한 수치값을 예측합니다.

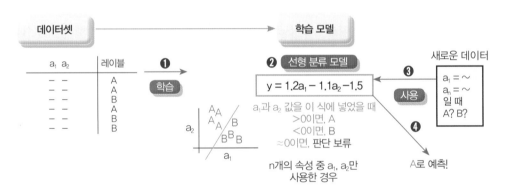

그림 1-4   정형 데이터에서 선형 분류 모델이 만들어져서 주어진 속성값에 대한 레이블을 예측합니다.

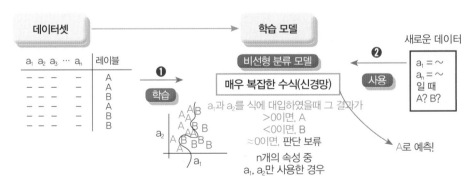

그림 1-5   정형 데이터에서 비선형 분류 모델이 만들어져서 주어진 속성값에 대한 레이블을 예측합니다.

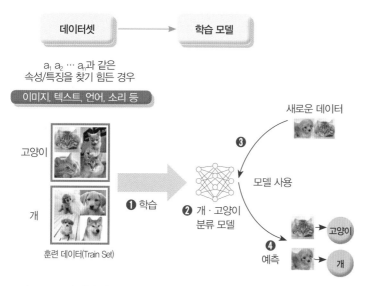

그림 1-6　비정형 데이터에서 딥러닝 분류 모델이 만들어져서 비정형 데이터에 대한 레이블을 예측합니다.

2 ▶ 지도 학습 과정

지도 학습이 데이터로부터 모델을 어떻게 구체적으로 생성하는지 더 자세히 살펴보겠습니다. 데이터는 (속성값, 레이블)의 형태를 가지며, 이러한 데이터를 사용하여 모델을 만들고, 모델은 주어진 새로운 객체의 속성값에 대한 레이블을 분류하거나 예측합니다.

이것은 이미 알고 있는 함수 y=f(x)와 매우 유사한 개념입니다. 함수 관점에서 모델을 이해하면 이해하기 쉽습니다. 다시 말하면, 입력 x가 주어지면 출력 y를 생성하는 함수 f를 보여주고 있습니다. 기계학습은 (x, y) 데이터셋으로부터 해당 데이터에 가장 적합한 함수 f를 만들어낸다고 볼 수 있습니다. (x, y) 데이터셋은 (속성값, 레이블)에 해당합니다. 즉, (속성값, 레이블) 형태의 데이터가 충분히 있으면, 우리는 레이블=f(속성값)을 만족하는 함수 f를 가능한 한 생성할 수 있는데, 그 f가 기계학습 모델이며 기계학습 모델을 만들어내는 과정을 학습이라고 합니다.

예를 들어, (은행 고객 속성 정보, 고객 신용 등급) 형태의 데이터가 많이 있으면 고객 정보를 기반으로 고객의 신용 등급을 예측할 수 있는 모델을 만들 수 있습니다. 또한 (학생 속성 정보, 최종 학점) 형태의 충분한 양의 데이터가 있다면 학생의 정보를 기반으로 학생의 최종 학점을 예측할 수 있는 모델을 만들 수 있습니다. 물론, 모델 함수는 가능한 한 최적화하기 위해 데이터를 사용한 것이기 때문에 100% 정확하지는 않으며 어느 정도의 오류를 포함하게 됩니다. 또한 데이터가 충분하지 않거나 특정 레이블에 편향되어 있는 경우, 해당 데이터로 생성된 모델은 부정확하고 편향된 예측을 할 가능성이 높습니다.

① 수치값 예측 - 선형회귀 모델

다음과 같이 데이터로부터 모델이 만들어지는 예를 살펴보겠습니다. 데이터가 (키, 몸무게)의 형태로 되어 있고, 키에 따라서 몸무게를 예측하는 모델을 만든다고 해 봅시다.

키	몸무게
170	70
165	60
177	72
160	48
163	56
172	65
180	78
168	63
165	57

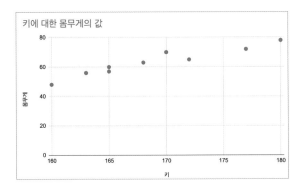

데이터로 모델을 만들 때에는 먼저 기본 모델을 선택해야 합니다. 우리는 키에 따라 몸무게라는 수치값을 예측하는 것이므로, 가장 간단한 형태인 선형회귀(Linear Regression) 모델을 사용할 수 있습니다. 선형회귀 모델은 다음과 같은 선형 함수의 형태를 가지고 있습니다.

$y = f(x) = ax + b$

즉, 키 x가 들어가면 거기에 상수 a가 곱해지고 상수 b가 더해져서 ax+b가 되면 그것이 예측된 몸무게 y가 되는 것입니다. 우리가 (x, y) 데이터를 가지고 모델 y=ax+b를 만든다는 것은 결국 최적의 상수 a와 b를 찾는 것입니다. 이 단순한 선형 함수에서 a는 기울기, b는 절편이라고 합니다.

다음 중 어느 상수가 위의 데이터에 최적으로 맞는 것으로 볼 수 있을까요? 데이터로 학습을 한다는 것은 해당 데이터에 가장 적합한 상수 a와 b를 찾아서 완성된 선형 함수를 만든다는 것입니다. 그 선형 함수를 학습된 모델이라고 합니다.

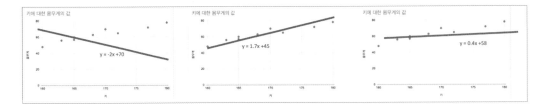

더 복잡한 데이터를 살펴봅시다. 사실 몸무게를 예측하기 위해서는 키 속성 하나만 가지고는 충분하지 않습니다. 더 많은 속성이 필요할 것입니다. 예를 들면 키 속성 외에도 허리 둘레, 가슴 둘레, 발 크기, 수면 시간 등의 다양한 속성을 사용할 수 있으며, 이렇게 x_1, x_2, $\cdots$, x_n의 속성이 사용된다고 가정하면 데이터는 다음과 같이 준비될 것입니다.

$([x_1, x_2, \cdots, x_n],\ 몸무게)$

그리고 우리는 이 데이터로 기본 모델인 $y = a_1x_1 + a_2x_2 + \cdots + a_nx_n + b$을 학습시켜 상수 $a_1, \cdots,$ a_n, b를 찾아 최종 함수를 구성합니다. 이 함수를 선형회귀 모델이라고 부르며, 데이터로부터 최종 모델을 만드는 과정에서 최적화 알고리즘이 사용됩니다. 선형회귀 모델에서는 최소제곱법, 경사하강법 등이 최적화 알고리즘으로 사용됩니다. 그렇게 만들어진 최종 모델은 몸무게를 예측하는 모델이며, 주어진 어떤 속성값에 대해 몸무게를 예측하는 데 사용할 수 있습니다.

❷ 레이블 예측 - 분류 모델

지도 학습은 주로 수치값 예측과 레이블 분류 두 가지로 구분됩니다. 수치값 예측은 주로 선형회귀 모델을 사용하고, 레이블 분류는 다양한 많은 모델이 사용됩니다.

레이블 분류(Classification)에서 데이터의 레이블은 두 가지 이상의 클래스를 가지며, 예를 들어 어떤 주어진 속성값에 따라 남성 또는 여성, 3가지 색상 중 하나로 예측하거나 분류하는 것을 의미합니다. 데이터는 다음과 같은 형태를 가집니다.

(속성 값, 남성/여성)

2개의 속성을 가진 2차원 데이터에 대한 분류 모델을 설명하기 위해 다음의 예를 살펴봅시다. 과일의 두 가지 속성인 [너비/높이 비율, 무게]에 따라 과일이 A인지 B인지를 구분하거나 분류하거나 예측하는 모델을 만들려고 합니다.

너비/높이 비율	무게	클래스
0.8	150	사과
0.9	170	사과
1	180	사과
0.7	160	사과
0.85	155	사과
0.4	120	바나나
0.5	130	바나나
0.45	110	바나나
0.55	125	바나나
0.35	105	바나나

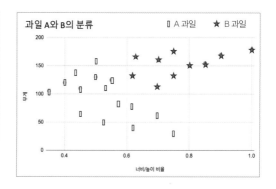

이러한 데이터가 주어졌을 때, A와 B를 구분하거나 분류하는 모델을 어떻게 만들 수 있을까요? 선형회귀 모델을 학습시키는 것과 마찬가지로, 우리는 먼저 기본 모델을 선택하고 해당 기본 모델의 상수(파라미터)를 조정하여 최종 모델을 만들어냅니다.

기본 모델은 모델의 형태에 따라 크게 다음과 같은 3가지가 있습니다.

1.1 결정트리 모델

주어진 n개의 속성 중에서 가장 좋은 속성을 하나씩 차례대로 선택하여 그 속성에 따라 공간을 분리하여 나가는 모델입니다.

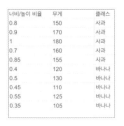 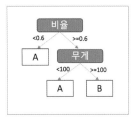 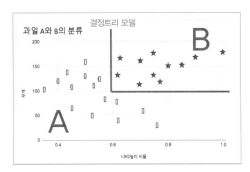

1.2 선형 분류 모델

선형 함수를 사용하여 클래스를 분류하는 모델을 만듭니다. 두 개의 속성 (x_1, x_2)을 가진 선형 분류 모델은 다음과 같은 형태를 가집니다.

$$a_1x_1 + a_2x_2 + b = 0$$

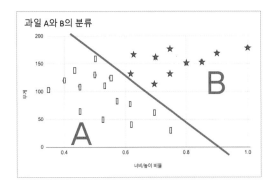

선형회귀와 비슷하게, 주어진 데이터에 대해 최적화 알고리즘을 사용하여 상수(파라미터) a_1과 a_2 그리고 b의 값을 찾아 최종 모델을 만듭니다. 새로운 데이터 속성값 $[x_1, x_2]$가 주어지면 최종

모델에 대입하고, 그 값이 0보다 크면 모델 경계선 위에 속한 B 클래스로 분류되거나 예측되며, 0보다 작으면 모델 경계선 아래에 속한 A 클래스로 분류됩니다. 0이라면 경계선 위에 위치하여 어느 클래스로 분류할지 결정하기 어려운 상황이 됩니다.

선형 분류 모델은 때때로 데이터에 적합한 모델을 생성하지 못할 수 있습니다. 앞의 예에 과일 A 가 아래 그림과 같이 경계선 오른쪽 부분에 추가되었다고 가정해 봅시다. 이 경우 선형 분류 모델은 데이터에 적합하게 모델을 만들기 어려울 수 있습니다. 선형 분류 모델의 예로는 로지스틱 회귀, 퍼셉트론 등이 있습니다.

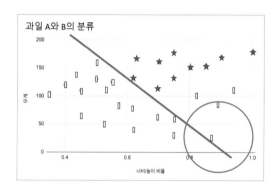

1.3 비선형 분류 모델

비선형 분류 모델은 데이터에 따라 임의의 영역 경계선을 아래 그림과 같이 만들 수 있습니다.

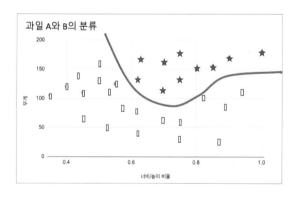

비선형 분류 함수를 만드는 것은 사실 매우 어려운 문제였지만, 선형 분류 모델인 퍼셉트론을 기반으로 하는 다층 퍼셉트론(MLP: Multi-Layered Perceptron)이 대표적인 비선형 분류 모델로 등장하며, 이 것은 인공신경망의 시작이라고도 할 수 있습니다. 이 비선형 분류 모델은 층을 추가하면서 더 강력한 비선형 경계선을 만들 수 있음을 보였고, 기계학습 분야에서 가장 대표적인 모델로 자리 잡았습니다.

1 신경망의 개요

인간의 뇌는 복잡한 결정과 판단 과정에서 놀라운 능력을 발휘합니다. 이 능력은 약 수십억 개의 뉴런(신경세포)이 서로 복잡하게 연결되어 정보를 처리하는 결과입니다. 기계학습에서 사용되는 신경망은 이러한 인간 뇌의 구조와 원리를 모방하여 개발된 알고리즘입니다. 이러한 모델은 복잡한 데이터나 패턴을 인식하고 학습하는 데 사용됩니다. 간단한 예로는 사진에서 고양이를 인식하거나 손글씨 숫자를 판별하는 작업을 기계가 스스로 학습하여 수행하는 데 이러한 신경망이 활용됩니다.

신경망을 이해하는 관점은 여러 가지가 있을 수 있습니다. 가장 일반적인 접근 방법 중 하나는 속성(또는 특징) 공간에서 숨겨진 패턴이나 관계를 파악하기 위해 속성값들을 사용하는 것입니다. 신경망은 기본적인 선형 분류 모델을 상호 연결하고 다층 구조로 조합하여 매우 복잡한 임의의 비선형 분류 모델을 만들어내며, 딥러닝의 경우 숨겨진 특징까지 스스로 발견하고 활용할 수 있는 능력을 갖추었다고 알려져 있습니다.

퍼셉트론은 신경망의 가장 기본적인 구성 요소 중 하나입니다. 퍼셉트론은 여러 개의 입력을 받아 가중치를 곱한 합계를 계산하고, 이 합계가 활성화 함수를 통해 특정 임계치를 넘을 때 활성화되는 구조입니다. 다시 말해, 합계가 임계치보다 크면 1을 출력하고, 작으면 0을 출력하는 선형 분류 모델입니다. 예를 들어, 날씨 정보로 우산을 가져갈지 여부를 결정할 때, 강수량과 습도가 각각 입력값이 되며, 퍼셉트론은 이러한 값을 특정 가중치로 가중합한 후, 결과가 임계치보다 높으면 '우산을 가져가세요'라는 신호(1)를 출력하고, 그렇지 않으면 '우산을 가져가지 마세요'라는 신호(0)를 출력하는 것과 비슷합니다.

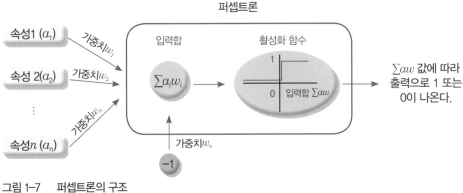

그림 1-7   퍼셉트론의 구조

② 다층 퍼셉트론

선형 분류 모델인 퍼셉트론만으로는 복잡한 패턴이나 데이터를 처리하기가 어렵습니다. 이 문제를 해결하기 위해 여러 개의 퍼셉트론을 여러 층으로 구성한 것이 다층 퍼셉트론(MLP)입니다.

다층 퍼셉트론은 선형 분류 모델인 퍼셉트론을 상호 연결하여 층을 쌓는 방식으로 복잡한 비선형 분류 모델을 구축합니다. 이러한 구조는 입력층, 하나 이상의 은닉층, 그리고 출력층으로 이루어져 있습니다.

아래 그림처럼 은닉층과 입력층 사이의 연결이 어떻게 비선형 분류 모델을 형성하는지 이해하기 위한 시뮬레이션을 수행할 수 있습니다. 은닉 노드의 수를 조정하고 은닉층의 수를 증가시키면 이 신경망 모델의 비선형 특성을 더 잘 확인해볼 수 있습니다.

그림 1-8   다층 퍼셉트론 시뮬레이션(https://playground.tensorflow.org)

은닉층 수가 늘어남에 따라 속성(또는 특징) 공간이 계속 중첩되어 가고, 문제에 대한 새로운 특징을 스스로 찾아내는 효과가 나타납니다. 이로써 인간도 명시적으로 이해하기 어려운 숨겨진 속성(또는 특성)을 스스로 찾아내어 학습시킬 수 있게 되며, 이미지, 소리, 음성, 텍스트 등과 같은 비선형 데이터의 숨겨진 패턴과 관계를 학습하여 복잡한 문제를 해결할 수 있게 됩니다.

③ 심층 신경망

다층 퍼셉트론만으로는 복잡한 문제에 대응하기 어려운 경우가 있습니다. 이러한 한계를 극복하기 위해 더 깊은 층을 가진 심층 신경망(DNN: Deep Neural Network)이 개발되었습니다. '심층'이라는 용어는 이러한 은닉층이 여러 층으로 이루어진 복잡한 구조를 가리킵니다. 심층 신경망은 은닉층이 여러 겹으로 구성되어 있어 더 복잡한 패턴과 관계를 파악하고 학습할 수 있습니다. 일반적으로 은닉층이 1~2개이면 다층 퍼셉트론(MLP)에 해당하고, 10개 이상의 은닉층이 있을 때 심층 신경망(DNN)이라고 합니다. 하지만 이러한 깊은 구조를 사용할 때 학습이 복잡해지고 많은 데이터와 컴퓨팅 리소스가 필요하며, 과적합(Overfitting)의 위험이 존재합니다. 과적합이란 데이터를 지나치게 학습하여 오히려 실제 데이터에 대한 오차가 늘어나는 현상을 말합니다.

딥러닝이라는 용어는 심층 신경망과 함께 사용되며, 딥러닝은 다양한 심층 구조를 사용하는 기계학습 분야입니다. 즉, 모든 심층 신경망은 딥러닝에 속하지만, 모든 딥러닝 모델이 심층 신경망은 아닙니다. 딥러닝은 심층 신경망, 이미지 데이터에 주로 사용되는 합성곱 신경망(CNN), 시계열적인 데이터에 주로 사용되는 순환 신경망(RNN), 장단기 기억(LSTM), 그리고 최근에는 자연어 처리에 주로 사용되는 트랜스포머(Transformer) 등 다양한 모델과 기술을 포함합니다. 딥러닝의 목표는 크고 복잡한 비정형 데이터에서 패턴을 학습하고 예측하는 것이며, 심층 신경망은 이러한 딥러닝의 기본 구조를 제공합니다.

4 학습과 평가

1 학습 모델 선정과 학습

데이터가 모두 준비된 이후에 학습은 다음과 같은 순서로 진행됩니다.

❶ 문제에 따라 적절한 기본 모델을 선정합니다.

- 문제가 지도 학습에 해당하는지, 비지도 학습에 해당하는지 결정합니다.
- 지도 학습에서는 주어진 속성 값에 따라 수치값을 예측하는 회귀 모델인지, 혹은 레이블로 분류하는(또는 레이블 값을 예측하는) 분류 모델인지를 결정합니다.
- 분류 모델이라면 결정트리 모델을 사용할 것인지, 다양한 선형 분류 모델이나 비선형 분류 모델을 사용할 것인지를 결정합니다. 경우에 따라 어떤 모델을 사용할지 결정하기 위해 사전 실험을 수행할 수도 있으며, 여러 모델을 조합하는 앙상블(Ensemble) 모델을 사용할 수도 있습니다. 랜덤 포레스트(Random Forest)는 앙상블 방법의 대표적인 모델 중 하나입

니다. 이미지, 소리, 텍스트 데이터와 같이 비선형 데이터를 직접 다룬다면 적절한 딥러닝 모델을 고려할 수 있습니다.

- 비지도 학습은 군집화를 사용할 것인지, 주성분분석(PCA)이나 차원 축소 방법을 사용할 것인지 고려해야 합니다. 목적에 따라 하나만 사용할 수도 있고, 다양한 방법을 함께 사용할 수도 있습니다.

- 군집화를 사용한다면 (k−평균)과 같은 간단한 분할 군집 방식뿐만 아니라 계층적 군집, DBSCAN과 같은 밀도 기반 방법, EM 알고리즘과 같은 확률 모델 기반 군집 등 다양한 방법이 있으며, 각각의 장단점을 고려하여 적절한 방법을 선택해야 합니다.

❷ 준비된 데이터로 기본 모델을 학습시킵니다.

- 기본 모델이 선택되면 데이터를 사용하여 해당 모델을 최적화시키는 알고리즘을 사용하여 학습을 진행합니다.

- 모델이 데이터에 과적합되지 않도록 데이터를 훈련, 검증 및 테스트셋으로 나누어 효율적으로 학습을 진행합니다.

❸ 완성된 최종 모델은 데이터 분석 용도로 사용하거나, 인공지능 시스템에서 활용됩니다.

- 학습이 완료된 최종 모델은 추정 성능을 평가하고, 도메인(영역)을 분석하거나 소프트웨어 시스템의 내부 모듈로 활용할 수 있습니다. 이러한 모듈이 사용되어 지능적인 작업을 수행하는 시스템을 인공지능 시스템이라고 부릅니다.

2 학습의 과정: 훈련, 검증, 테스트

어떤 문제 도메인(영역)에 대하여 분류 작업을 진행한다고 생각해 봅시다. 예를 들어, 주어진 사진을 사용하여 남성 또는 여성을 분류하는 모델을 개발한다고 가정해 봅시다. 이때 이 문제의 도메인은 모든 세계 사람을 대상으로 한다면, 이를 대략 80억 명으로 볼 수 있습니다. 물론, 성인 대상으로 한정한다면 대략 50~60억 명으로 줄일 수도 있습니다. 이것이 도메인 크기입니다. 그러면 이 도메인에서 샘플을 추출하여 모델을 생성하고, 이 모델은 그 샘플뿐만 아니라 전체 도메인에 대한 우수한 분류 성능을 발휘해야 합니다. 일부 샘플만을 기반으로 한 모델을 전체 도메인을 대표하도록 훈련하는 것은 모델 학습에서 가장 중요하고 어려운 부분입니다.

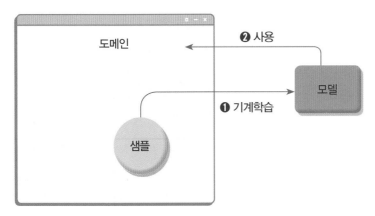

그림 1-9   전체 도메인에 속하는 일부 샘플 데이터를 사용하여 전체 도메인에 사용될 수 있도록 모델을 만들어야
합니다.

샘플 데이터는 전체 도메인에 대해 얻을 수 있는 최대치의 데이터라고 가정하겠습니다. 그 이유
는 데이터가 많을수록 더 나은, 더 정확한 모델을 만들어 낼 수 있기 때문입니다. 그리고 우리는
샘플 데이터에 대해 다음 질문을 고려해야 합니다.

• 주어진 도메인에서 샘플 데이터의 양은 모델을 만들기에 충분한 양입니까?

• 샘플 데이터는 오류가 없으며 좋은 품질을 가지고 있습니까? 다시 말해, 도메인을 잘 대표할
수 있는 품질입니까?

• 샘플 데이터가 분류 클래스 관점에서 편향되어 있지 않은지 확인해야 합니다. 예를 들어, 남녀
분류 문제에서 도메인 크기는 80억이며, 그 중 남자와 여자가 각각 절반씩 차지할 것으로 생
각됩니다. 그러나 우리가 얻은 샘플이 500개인데 그중 400개 데이터는 남성이고, 나머지 100
개는 여성 데이터라고 가정해 봅시다. 이런 경우 이 샘플 데이터로만 모델을 구축하면 그 모델
이 나머지 80억 데이터에 대한 분류 작업을 얼마나 정확하게 수행할지가 기계 학습 모델을 개
발하는 데 가장 중요한 부분입니다.

위에서 언급한 문제 중에서, 샘플 데이터를 사용하여 학습한 모델이 도메인 내의 다른 데이터에
대해 얼마나 잘 작동할 것인지, 전체 도메인의 성능을 어떻게 추정할 것인지에 대한 여러 가지
방법이 소개되고 있습니다. 이러한 방법들의 핵심 아이디어는 모델을 개발할 때, 학습에 사용된
샘플 데이터에 대한 성능보다는 전체 도메인 데이터에 대한 높은 성능을 달성하도록 모델을 설
계한다는 것입니다.

1.1 샘플 데이터로 모델을 훈련하여 사용하는 경우

최대한 많은 데이터를 사용해야 더 좋은 모델을 만들 수 있겠다는 생각으로, 가지고 있는 샘플 데이터 모두를 사용하여 모델을 만들 수 있습니다. 이 경우에 모델은 그 훈련 데이터에는 최적화 되어 있겠지만 그 외의 다른 도메인 데이터에 대해서는 어떤 성능을 보일지 알 수가 없겠죠. 물론 이 샘플 데이터가 전체 도메인 데이터를 대표하는 것이고 잘 균형되어 있다는 보장이 있다면 괜찮겠지만, 그것을 보장하기는 어렵습니다.

훈련 데이터에만 최적화된 모델을 과적합(overfitted) 모델이라고 부릅니다. 도메인 전체에 대한 일반적인 패턴을 찾은 것이 아니라, 샘플 데이터에 대해서만 과하게 학습되어, 도메인 전체에 대해서는 성능이 오히려 나빠지는 경우를 말합니다.

아래 그림에서 보면, 두 개의 클래스를 가진 데이터를 보여주고 있습니다. 주어진 데이터를 사용 하여 두 개의 클래스를 분류하는 분류 모델을 만들고자 하는 것입니다. 아래 그림에서 가장 왼쪽 은 모델이 너무나 저적합되어 분류의 성능이 매우 낮을 것입니다. 가장 오른쪽 모델은 주어진 데 이터에 대해서만 과하게 적합된 모델입니다. 이러한 과적합된 모델은 훈련 데이터에 대해서는 좋은 성능을 보이지만, 도메인 내의 다른 데이터에 대해서는 좋지 않은 성능을 보일 것이므로, 좋은 모델이라고 할 수 없습니다. 특히 훈련 데이터의 품질에 대해 확신할 수 없는 경우에는 더 욱 그러합니다. 가운데에 있는 모델이 최적합된 모델이라고 볼 수 있습니다.

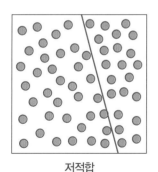
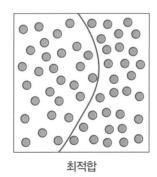
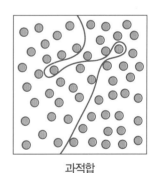

| 저적합 | 최적합 | 과적합 |

1.2 훈련 데이터와 테스트 데이터로 구분하여 학습을 진행하는 경우

가지고 있는 전체 샘플 데이터는 일반적으로 7:3의 비율로 나누어, 70%의 데이터를 모델 학습에 사용하고, 나머지 30%의 데이터는 그 만들어진 모델의 일반화 성능을 측정하는데 사용합니다. 모델의 성능을 추정하기에는 좋은 방법이지만 이것도 다음과 같은 문제가 있습니다.

- 가지고 있는 데이터를 100% 모두 다 사용해야 더 좋은 모델을 만들 수 있는데 70%만 사용해서 좋은 모델을 만들 수 있을까요? 게다가 그 70%가 어떻게 정해지냐에 따라서 모델의 성능도 계속 달라질 텐데 그것을 어떻게 정할 것인가요?
- 전체 샘플 데이터에서 7:3 비율로 데이터를 분할하여 훈련과 테스트를 한다고 할 때, 샘플링을 어떻게 하냐에 따라서 매번 다른 성능의 모델과 성능 측정값이 나오고 그 오차도 매우 클 텐데, 어느 것을 사용해야 하는지 어려울 것입니다.
- 이 경우에 가장 많이 사용하는 방법이 교차검증(Cross-validation)입니다. 교차검증은 전체 데이터를 n개의 토막으로 구분하여 (예를 들면 10-폴드 교차검증은 10토막으로 나누는 것) 그중에 9개로는 훈련을, 나머지 1개로는 테스트를 합니다. 그렇게 돌아가면서 10번을 반복한 후에, 그 10개의 테스트 특정 값을 평균 내고 그 평균값을 이 모델의 예상 성능으로 사용합니다. 즉, 이 모델의 전체 도메인 데이터에 대한 성능이라고 추정합니다. 이렇게 이 모델의 성능을 측정한 후에, 전체 100%의 데이터를 사용하여 이 모델을 최종 학습시킵니다. 이 경우에 교차학습 시에 사용되었던 하이퍼파라미터와 옵션값은 그대로 사용하여 학습시켜야 합니다. 그리고 이 최종 모델의 추정 성능은 교차검증에서 구한 성능 값을 사용합니다.

1.3 훈련, 검증, 평가 데이터로 구분하는 경우

기계학습 모델은 어떤 기본 모델이 선정되느냐에 따라서 성능이 달라지며, 같은 기본 모델이라도 선택 옵션에 따라서 다르게 학습되어 성능이 달라질 수 있습니다. 대표적인 신경망 모델인 다층 퍼셉트론의 경우만 보더라도 은닉층의 개수, 은닉 노드의 개수, 활성 함수의 상수값, 학습 종료 기준값 등에 따라서 전혀 다른 성능을 보이는 모델이 만들어집니다. 따라서 더 성능 좋은 모델이 만들어지기 위해서 어떤 구조와 옵션값을 설정해야 할 텐데, 이것을 위해 학습을 별도로 진행하여 그 성능을 비교해볼 수 있습니다. 이것을 모델의 검증(Validation)이라고 부릅니다. 따라서 일반적인 경우에는, 데이터의 일부를 가지고 어떤 구조의 모델을 선정할 것인지 결정하기 위하여 훈련-검증 과정을 거치고, 그렇게 해서 모델의 구조와 옵션을 정한 후에는 가용한 데이터를 사용하여 그 기본 구조의 모델을 학습시킵니다. 그 최종 학습된 모델의 성능은 별도의 테스트 데이터로 평가해도 되고, 혹은 검증 과정에서 얻어진 교차검증값을 사용해도 됩니다.

주어진 데이터가 충분히 많은 양이라면, 데이터를 (훈련)-(검증)-(테스트) 데이터로 분리하여 모델 학습을 진행할 수도 있고, 보통의 양이라면 (훈련)-(검증/테스트) 데이터로 분리하여 학습을 해도 되고, 혹은 데이터 양이 적다면 하나의 데이터를 교차검증을 통하여 (훈련/검증/테스트)에 모두 사용할 수도 있습니다.

Chapter **2**

머신러닝 기반
문제 해결 과정 :
오렌지와
구글 코랩의 활용

Chapter 2
머신러닝 기반 문제 해결 과정 : 오렌지와 구글 코랩의 활용

1 **오렌지 소개하기**

오렌지는 데이터 시각화, 분석 및 기계학습을 위한 오픈 소스 소프트웨어이며, 데이터 마이닝 및 분석 작업을 도와주는 도구를 제공합니다. 오렌지는 사용자가 시각적으로 데이터를 탐색하고 변환하며 다양한 기계학습 알고리즘을 적용하여 모델을 구축하는 데 도움이 됩니다.

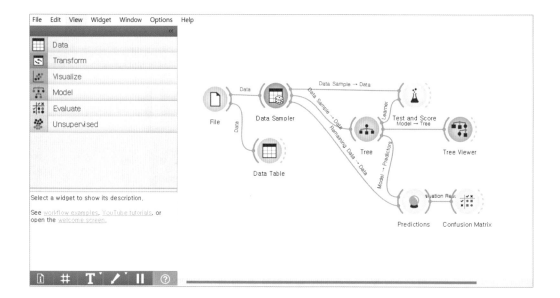

오렌지의 주요 특징은 다음과 같습니다.

- 무료로 사용할 수 있는 오픈 소스 소프트웨어입니다.
- 직관적인 인터페이스로 누구나 쉽게 사용할 수 있습니다.
- 데이터 시각화, 데이터 전처리, 모델링 및 평가를 위한 다양한 도구를 제공합니다.
- 다양한 데이터 마이닝 알고리즘을 사용하여 모델을 생성할 수 있습니다.

오렌지는 데이터 마이닝을 위한 최고의 도구 중 하나입니다. 사용하기 쉽고 강력한 기능을 제공하여 데이터 마이닝을 처음 접하는 사용자부터 경험이 많은 사용자까지 사용할 수 있습니다.

오렌지의 주요 기능은 다음과 같습니다.

- 데이터를 시각화하고 분석하기 쉽게 만드는 다양한 시각화 도구와 데이터 전처리 기능을 제공합니다.
- 다양한 위젯을 시각적으로 연결하여 데이터 분석 및 기계학습 워크플로를 구축할 수 있습니다. 오렌지에서 워크플로(Workflow)는 데이터 분석 또는 기계학습 작업을 수행하기 위해 사용자가 구성한 다양한 위젯들의 연결과 흐름을 나타내는 것을 의미합니다.
- 다양한 기계학습 알고리즘을 내장하고 있어서 데이터를 활용하여 분류, 회귀, 군집화 등 다양한 작업을 수행할 수 있습니다.
- 모델의 성능을 평가하고 결과를 시각적으로 분석할 수 있는 기능을 제공합니다.
- 플러그인 및 애드온 시스템을 통해 기능을 확장할 수 있습니다.

2 오렌지 프로그램 설치하기

1 프로그램 다운로드하기

❶ 포털 사이트에 'orange data mining'을 검색하거나 주소창에 다음 URL 주소를 입력합니다.

https://orangedatamining.com/

❷ 오렌지 페이지에서 [Download Orange]를 선택합니다.

❸ [Download Orange]를 클릭해서 운영체제에 해당되는 설치 파일을 다운로드합니다. 여기서
는 [Orange 3.36.1 for Windows]를 클릭했습니다. 오렌지 프로그램은 꾸준히 업그레이드되
고 있습니다.

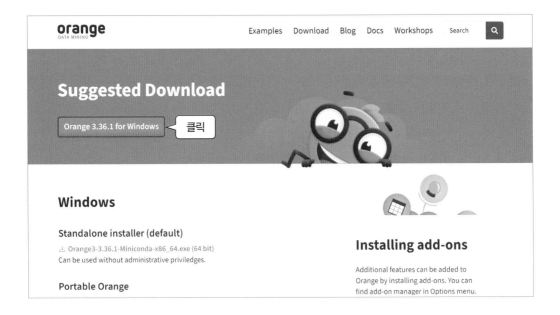

2 프로그램 설치하기

❶ 다운로드한 설치 파일을 마우스 오른쪽 버튼
을 클릭하고 [관리자 권한으로 실행]을 선택
합니다.

❷ License Agreement 창에서 [I Agree]
를 선택하고 Choose Users 창에서
둘 중 하나를 선택하고 [Next]를 클
릭합니다.

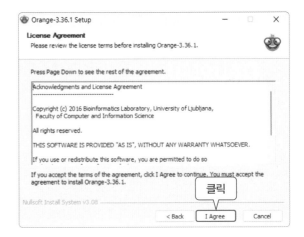

❸ Choose Components 창에서
Shortcuts에 체크한 후 [Next]를 클
릭합니다.

❹ Choose Install Location 창에
서 오렌지를 설치할 폴더를 확
인한 후 [Next]를 클릭합니다.

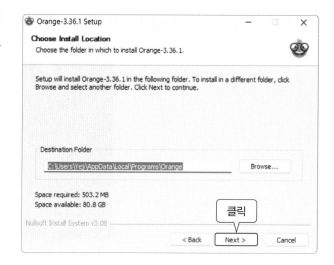

❺ Choose Start Menu Folder
창에서 폴더 이름(기본값:
Orange)을 지정한 후 [Install]
을 클릭합니다.

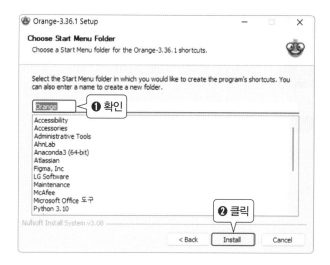

❻ 컴퓨터에 Anaconda가 설치되어 있지 않으면 Miniconda3 설치 여부를 물어봅니다. 설치하려면 [Next]를 클릭합니다.

❼ Anaconda 설치가 완료된 후 아래 창이 나오면 [Finish]를 클릭하고 오렌지 설치를 완료합니다.

3 오렌지 프로그램 화면

1 오렌지 프로그램 기본 화면

오렌지 프로그램 화면은 위젯(widget), 기능별 위젯들로 저장된 카테고리(category), 프로그램을 작성하는 캔버스(canvas)로 구성되어 있습니다.

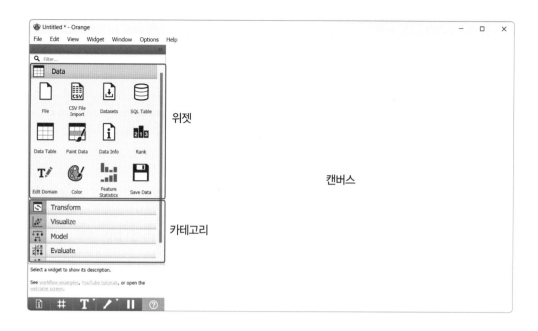

위젯

위젯은 데이터 시각화, 분석 및 기계학습 작업을 수행하는 작은 모듈 또는 컴포넌트입니다. 각 위젯은 특정한 작업을 수행하기 위한 기능을 가지고 있고, 캔버스 화면으로 드래그 앤 드롭해서 배치합니다.

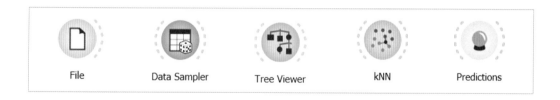

캔버스에 위젯을 추가하면 다음과 같이 위젯끼리 연결할 수 있도록 점선으로 표시되어 있습니다. 위젯마다 연결될 수 있는 표시 위치가 다르고, 위젯끼리 연결되면 점선이 실선으로 바뀝니다. 이렇게 위젯을 연결하여 워크플로를 구성합니다.

File	Save Data	kNN
오른쪽에 점선이 표시된 위젯은 출력만 지원함	왼쪽에 점선이 표시된 위젯은 입력만 지원함	양쪽에 점선이 표시된 위젯은 입출력을 모두 지원함

캔버스에 위젯을 추가하는 방법은 다양합니다.

• 카테고리에서 위젯을 클릭하면 캔버스에 추가됩니다.

• 캔버스에서 마우스 오른쪽 버튼을 클릭한 후 원하는 위젯을 검색해 추가합니다.

카테고리

카테고리는 각각의 위젯을 사용하기 쉽게 기능별로 묶어놓은 것으로 오렌지의 카테고리는 다음과 같습니다.

기본 카테고리	애드온으로 추가한 카테고리
Data	Image Analytics
Transform	Associate
Visualize	Geo
Model	Text Mining
Evaluate	Textable
Unsupervised	

오렌지에는 기본 카테고리 외에 다른 카테고리를 추가할 수 있습니다.

❶ 상단 'Options' 메뉴에서 [Add-ons]를 선택합니다.

❷ 오렌지 프로그램에 카테고리
가 추가되면 체크 표시(☑)가
나타나고, 추가되지 않으면
체크 표시가 없습니다. 원하
는 카테고리를 체크하고 [OK]
를 클릭해 설치합니다.

❸ 설치 후 오렌지 프로그램을 종
료한 후 다시 실행하면 추가한
기능을 활용할 수 있습니다.

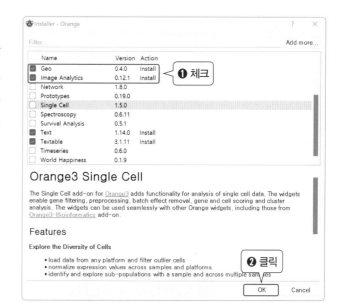

② 오렌지의 다양한 위젯

오렌지에는 데이터 시각화, 분석 및 기계학습을 위한 다양한 위젯이 있습니다. 이 책에서 사용되
는 위젯을 중심으로 소개하겠습니다. 자세한 내용은 아래 링크에서 확인할 수 있습니다.

https://orangedatamining.com/widget-catalog/

카테고리	위젯	설명
Data	File	입력 파일에서 속성값 데이터를 읽습니다.
	Data Table	속성값 데이터를 표시합니다.
	Feature Statistics	데이터 특징에 대한 기본 통계를 표시합니다. 데이터셋을 구성하는 속성들의 평균, 최소값, 최대값 등을 확인할 수 있습니다.
Transform	Data Sampler	입력 데이터셋을 부분 데이터로 분할합니다. 보통 훈련 데이터와 테스트 데이터를 분할할 때 사용합니다.
	Preprocess	다양한 전처리 방법 중 선택한 방법으로 데이터를 전처리합니다. 결측치를 처리하거나 정규화할 때 사용합니다.
	Select Columns	데이터 속성 및 데이터 영역(도메인)을 수동으로 구성합니다. 보통 독립변수(특징)와 종속변수(타깃)를 설정할 때 사용합니다.
	Select Rows	데이터셋에서 조건을 만족하는 데이터 인스턴스를 선택합니다.
	Python Script	기존 위젯에 적합한 기능이 구현되지 않은 경우 입력에서 파이썬 스크립트를 실행하는 데 사용할 수 있습니다.
	Merge Data	선택한 속성값을 기반으로 두 개의 데이터셋을 병합합니다.
	Formula	데이터셋에 새로운 특징을 추가합니다.

카테고리	위젯	설명
Visualize	Scatter Plot	2차원 공간에 데이터의 분포를 산점도로 시각화합니다.
	Box Plot	박스 플롯은 데이터 속성값의 분포를 표시함으로써 1사분위, 3사분위, 중앙값, 이상치 등을 확인할 수 있습니다.
	Distributions	단일 속성에 대한 데이터 값의 분포를 표시합니다.
	Tree Viewer	분류 및 회귀 모델 학습으로 만들어진 트리를 시각화합니다.
	Silhouette Plot	데이터 클러스터 내의 일관성을 그래픽으로 표현한 것입니다. 클러스터 또는 클래스 레이블과 관련하여 각 데이터가 얼마나 중심에 맞춰져 있는지 보여줍니다.
	Line Plot	데이터를 선으로 표시하는 시각화 유형입니다.
Model	kNN	k-최근접 이웃 알고리즘(kNN: k-Nearest Neighbors Algorithm)은 가장 가까운 k개의 훈련 데이터 클래스에 따라 예측합니다.
	Linear Regression	선형회귀는 한 개 이상의 독립변수(x)와 종속변수(y)의 선형 관계를 식별하는 모델을 구성합니다.
	Neural Network	신경망은 선형뿐만 아니라 비선형 모델도 학습할 수 있는 다층 퍼셉트론(MLP) 알고리즘을 사용합니다.
	Tree	가지치기 기능을 갖춘 트리 알고리즘입니다.

카테고리	위젯	설명
Model	Naive Bayes	특징 독립성을 가정하고 베이즈 정리를 기반으로 하는 빠르고 간단한 확률 분류기입니다.
	Logistic Regression	LASSO(L1) 또는 능선(L2) 정규화를 사용한 로지스틱 회귀 분류 알고리즘입니다.
Evaluate	Test and Score	데이터에 대한 학습 알고리즘을 테스트합니다. 결정 계수, 분류 정확도, 정밀도, 재현율 등 성능 측정값이 포함된 표를 보여줍니다.
	Predictions	데이터에 대한 모델의 예측을 표시합니다.
	Confusion Matrix	혼동 행렬은 예측 클래스와 실제 클래스 간의 비율을 표시합니다.
Unsupervised	Correlations	모든 쌍별 속성 상관관계를 계산합니다.
	k-Means	k-평균 클러스터링 알고리즘(k-Means Clustering Algorithm)을 사용하여 그룹화합니다.
Image Analytics	Import Images	디렉터리에서 이미지를 가져옵니다. 디렉터리를 탐색하고 찾은 이미지당 한 행을 반환합니다
	Image Viewer	데이터셋과 함께 제공되는 이미지를 표시합니다.
	Image Embedding	이미지 임베딩은 이미지 데이터의 특징을 추출해 벡터값으로 변환합니다. 이를 위해 임베더로 사전 훈련된 모델을 사용합니다.
Geo	Geo Map	위도와 경도 정보를 이용하여 지도에 데이터를 표시합니다.

카테고리	위젯	설명
Associate	Association Rules	데이터셋에서 연관 규칙을 유도합니다. 연관 규칙 찾기에서 최소 지지도, 최소 신뢰도, 최대 규칙 수 등 규칙 유도에 대한 기준을 설정할 수 있습니다.
	Frequent Itemsets	규칙에 대한 지지도를 기준으로 데이터셋에서 자주 사용되는 항목을 찾습니다.

4 구글 코랩 사용하기

구글 코랩(Google Colaboratory)은 구글이 제공하는 클라우드 기반 주피터 노트북(Jupyter Notebook) 환경입니다. 즉, 웹 브라우저에서 파이썬 코드를 작성하고 실행할 수 있는 환경입니다. 이 환경은 기계학습, 딥러닝, 데이터 분석 등의 작업을 수행할 때 매우 유용합니다.

구글 코랩의 주요 특징은 다음과 같습니다.
- 별도의 파이썬 설치가 필요 없습니다.
- 데이터 분석 및 머신러닝 모델 구현에 판다스(Pandas), 넘파이(NumPy), 맷플롯립(Matplotlib), 시본(Seaborn), 사이킷런(Scikit-learn), 케라스(Keras) 등 자주 사용하는 라이브러리가 기본적으로 설치되어 있습니다.
- GPU를 무료로 사용할 수 있습니다.

1 구글 코랩 파일 새로 만들기

❶ 크롬에서 구글 계정으로 로그인 후 구글 드라이브를 선택합니다. [+신규]를 선택하고 [더 보기]에서 [Google Colaboratory]를 선택하면 새로운 구글 코랩 파일이 생성됩니다.

❷ 파이썬으로 프로그래밍을 할 수 있는 새 노트 창이 열립니다. '+코드'와 '+텍스트'를 클릭하면 각각 코드 셀과 텍스트 셀이 추가됩니다.

2 코랩 작업 창 구성 알아보기

코랩 작업 창은 코드 셀과 텍스트 셀로 구성되어 있습니다.

- 코드 셀: 파이썬으로 코드를 작성하고, 코드를 바로 실행해 결과를 확인할 수 있습니다. 코랩 상단 메뉴에서 [+코드] 버튼을 클릭하면 코드 셀을 추가할 수 있습니다.
- 텍스트 셀: 글과 이미지 등을 작성하는 곳으로, 코랩은 코드 셀과 텍스트 셀을 합쳐서 하나의 문서로 통합할 수 있습니다. 코랩 상단 메뉴에서 [+텍스트] 버튼을 클릭하면 텍스트 셀을 추가할 수 있습니다.
- ipynb: IPython notebooks의 줄임말로, 주피터 노트북에서 사용하는 파일입니다. 코랩에서는 이 파일을 ipynb 파일이나 py 파일로 다운로드할 수 있습니다.

구글 드라이브에서 구글 코랩(Google Colaboratory) 메뉴가 보이지 않는다면?

① [+신규]를 클릭하고 [더 보기]에서 [+연결할 앱 더 보기] 메뉴를 클릭합니다.

② 'Google Workspace Marketplace'에서 'colab'이라고 검색하면 'Colaboratory'가 나옵니다.

③ 'Colaboratory'를 설치합니다.

3 코랩 실행하기

코드 셀 실행하기

코드를 작성하고 셀의 왼쪽에 있는 삼각형 버튼을 누르면 해당 코드 셀이 실행되고 결과값이 아래에 출력됩니다. 단축키로 [Shift]+[Enter]를 누르면 셀의 코드 내용을 실행하고 자동으로 다음 코드 셀을 추가해줍니다.

```
print("Hello World")
```

```
print("Hello World")
Hello World
```

텍스트 셀 실행하기

텍스트 셀은 작성한 것이 코드가 아니므로 내용을 작성 후 다른 셀을 클릭하면 입력한 내용이 보이게 됩니다. 수정을 위해서는 해당 셀을 다시 선택하면 내용을 수정할 수 있습니다.

파일 불러오기

기계학습을 위해서는 데이터 파일이 필요하며 코랩에서는 사용자가 직접 데이터를 올릴 수 있는 방법을 지원합니다. 자신의 컴퓨터에 있는 파일을 업로드하여 코랩에서 이를 사용할 수 있습니다.

❶ 컴퓨터에서 파일 직접 올리기

코드 셀에 다음과 같은 코드를 작성하고 실행합니다. [파일 선택] 버튼을 클릭해 원하는 파일을 업로드합니다.

```
from google.colab import files
uploaded = files.upload( )
```

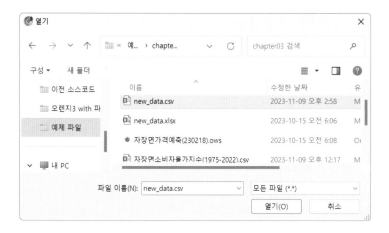

파일 업로드가 끝나면 아래와 같이 업로드된 파일의 정보가 간단하게 표시가 됩니다.

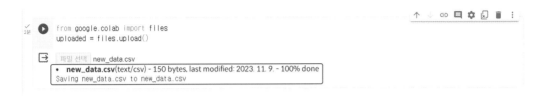

업로드된 파일은 화면 왼쪽의 파일 버튼을 눌러 파일 목록 형태로 확인할 수 있습니다.

❷ 구글 드라이브 마운트

용량이 큰 파일이나, 기존에 자신이 사용하고 있던 드라이브에 파일이 있다면, 이를 쉽게 연결하여 사용할 수 있습니다. 무엇보다도 file.upload( )로 파일을 업로드하면 코랩의 실행이 끝나고 일정 시간이 지나면 파일이 사라지게 되므로, 파일을 안전하게 사용하고 싶다면 구글 드라이브를 직접 마운트해서 사용하면 됩니다.

데이터 분석을 위한 파이썬 주요 라이브러리로 판다스(Pandas), 넘파이(NumPy), 맷플롯립(Matplotlib), 시본(Seaborn) 등이 있습니다. 구글 코랩에는 이러한 라이브러리가 기본적으로 설치가 되어 있어 편하게 사용할 수 있습니다. 일주일 동안의 날짜와 온도 데이터를 앞의 4가지 라이브러리를 이용하여 간단하게 데이터 분석을 수행해 보겠습니다.

1 판다스(https://pandas.pydata.org/)

판다스(Pandas)는 파이썬에서 데이터 분석을 위한 핵심 라이브러리입니다. 효율적인 데이터 구조와 분석 도구를 제공하여 데이터 처리 및 분석 작업을 쉽고 빠르게 만들어줍니다.

예시 코드 및 결과

```
import pandas as pd

# 데이터 생성
day = [1, 2, 3, 4, 5, 6, 7]
temp = [-4.7, -11.7, -13.2, -10.7, -7, -6.3, -5.1]

# 데이터프레임 생성
df = pd.DataFrame({'Day': day, 'Temp': temp})
df.head()
```

	Day	Temp
0	1	-4.7
1	2	-11.7
2	3	-13.2
3	4	-10.7
4	5	-7.0

2 넘파이(https://numpy.org/)

넘파이(NumPy)는 "Numerical Python"의 약자로, 파이썬에서 수치 계산을 위한 핵심 라이브러리입니다. 넘파이는 대규모 다차원 배열과 행렬 연산에 필요한 다양한 함수를 제공하며, 파이썬 내장 리스트에 비해 연산이 효율적이고 빠릅니다.

```
import numpy as np

mean_temp = np.mean(temp)        # 온도의 평균 계산
std_temp = np.std(temp)          # 온도의 표준편차 계산

print("평균 온도:", mean_temp)
print("온도 표준편차:", std_temp)
```

평균 온도: -8.385714285714284
온도 표준편차: 3.1660830110174087

3 맷플롯립(https://matplotlib.org/)

맷플롯립(Matplotlib)은 파이썬의 주요 데이터 시각화 라이브러리 중 하나입니다. 2D 및 3D 그래피를 생성하여 데이터를 직관적으로 표현할 수 있게 도와줍니다. 맷플롯립은 다양한 플랫폼에서 사용할 수 있으며, 많은 파이썬 라이브러리와 함께 사용됩니다.

```
import matplotlib.pyplot as plt

# 선 그래프 그리기
plt.plot(day, temp, marker='o', color='blue')

# 그래프 제목 및 축 레이블 설정
plt.title('Temp Variation')
plt.xlabel('Day')
plt.ylabel('Temp (℃)')
plt.show()  # 그래프 출력
```

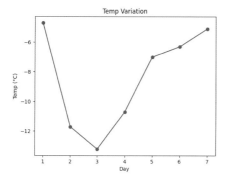

4 시본(https://seaborn.pydata.org/)

시본(Seaborn)은 맷플롯립(Matplotlib)을 기반으로 하는 파이썬 데이터 시각화 라이브러리입니다. 시본은 통계 데이터 시각화에 특화되어 있으며, 복잡한 시각화를 더욱 간단하게 만들어주는 기능을 가지고 있습니다.

예시 코드 및 결과

```python
import seaborn as sns

# 산점도 그리기
sns.scatterplot(x='Day', y='Temp', data=df, s=100)

# 그래프 제목 및 축 레이블 설정
plt.title('Temp Scatter Plot')
plt.xlabel('Day')
plt.ylabel('Temp (°C)')
plt.show()    # 그래프 출력
```

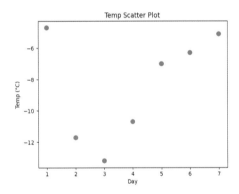

인공지능(기계학습)으로 문제를 해결하는 과정은 다음과 같습니다.

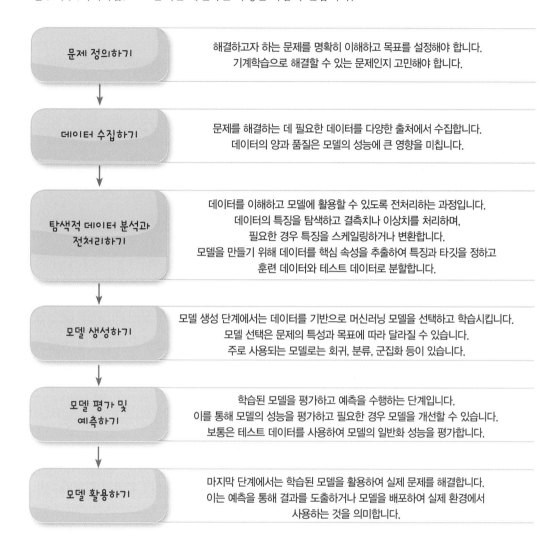

머신러닝 모델을 만들기 위한 파이썬 주요 라이브러리로 사이킷런(sklearn)이 있습니다. 사이킷런은 다양한 머신러닝 모델, 데이터 전처리 기능, 모델 평가 도구 등을 포함하고 있어 머신러닝 프로젝트를 구현하는 데 유용합니다.

붓꽃(iris) 데이터를 이용해 머신러닝 모델을 구현해 보도록 하겠습니다.

붓꽃(iris) 데이터

1936년에 영국의 통계학자 로널드 피셔(Ronald Fisher)가 수집한 데이터로 3가지 품종에 대한 측정값을 속성으로 가지고 있습니다.
- sepal length(cm) : 꽃받침 길이
- sepal depth(cm) : 꽃받침 너비
- petal length(cm) : 꽃잎 길이
- petal depth(cm) : 꽃잎 너비
- species(target) : 붓꽃 품종

Iris Versicolor   Iris Setosa   Iris Virginica

붓꽃(iris) 3가지 품종

1 문제 정의하기

붓꽃의 꽃받침, 꽃잎 길이와 너비를 이용해 붓꽃을 분류할 수 있을까요? 붓꽃의 꽃받침, 꽃잎 길이와 너비를 기반으로 품종을 분류하는 문제를 정의합니다.

2 데이터 수집하기

데이터는 직접 수집할 수도 있고 데이터 수집 사이트에서 수집할 수 있습니다. 붓꽃 데이터는 사이킷런 라이브러리에 내장되어 있습니다. 이 데이터셋은 붓꽃의 꽃받침과 꽃잎의 길이와 너비, 그리고 품종에 대한 정보를 포함하고 있습니다.

– 품종(target) : 0(Iris Setosa), 1(Iris Versicolor), 2(Iris Virginica)

index	sepal length (cm)	sepal width (cm)	petal length (cm)	petal width (cm)	target
0	5.1	3.5	1.4	0.2	0
1	4.9	3	1.4	0.2	0
2	4.7	3.2	1.3	0.2	0
3	4.6	3.1	1.5	0.2	0
4	5	3.6	1.4	0.2	0

3 탐색적 데이터 분석과 전처리하기

먼저, 사이킷런에서 붓꽃 데이터셋을 불러옵니다. 붓꽃 데이터 꽃받침과 꽃잎의 길이, 너비를 특징(X)으로, 품종을 타깃(y)으로 설정합니다.

```
from sklearn.datasets import load_iris
iris = load_iris()                # iris 데이터셋 불러오기
X, y = iris.data, iris.target    # 특징(X), 타깃(y)으로 데이터 분할
```

특징과 타깃값을 이용해 모델을 학습하는데 사용할 훈련 데이터와 모델 테스트를 위해 사용할 테스트 데이터셋으로 분할합니다. 훈련 데이터와 타깃 데이터를 분할할 때 훈련 데이터를 더 많이 사용합니다. (자세한 내용은 73쪽을 참고해 주세요.)

```
from sklearn.model_selection import train_test_split
# 훈련 데이터와 테스트 데이터로 분할
X_train, X_test, y_train, y_test = train_test_split(X, y, test_size=0.3,
random_state=42)
```

4 모델 생성하기

분류 모델 중 하나인 결정트리(Decision Tree) 모델을 선택하여 학습시킵니다.

결정트리는 데이터를 규칙에 따라 트리 형태로 분기해서 분류 또는 회귀 모델을 만드는 알고리즘입니다. 트리의 루트노드에서부터 각 분기마다 특징에 대한 분할 기준을 만들어 데이터를 분할하는 과정을 거칩니다. (자세한 내용은 58쪽을 참고해 주세요.)

```
from sklearn.tree import DecisionTreeClassifier
model = DecisionTreeClassifier()  # 결정트리 모델 생성
model.fit(X_train, y_train)       # 모델 학습
```

5 모델 평가 및 예측하기

학습된 모델을 평가하고 예측을 수행합니다. 테스트 데이터를 이용해 모델의 예측값을 계산하고, 실제값과 예측값을 비교하여 정확도를 계산합니다.

```
from sklearn.metrics import accuracy_score
y_pred = model.predict(X_test)  # 테스트 데이터를 사용하여 모델의 예측값을 계산

# 실제값과 예측값을 비교하여 정확도 계산
print("정확도: ", accuracy_score(y_test, y_pred))
```

정확도: 1.0

6 모델 활용하기

학습된 모델을 활용하여 새로운 붓꽃의 품종을 예측할 수 있습니다. 실행 결과 0(Iris Setosa), 1(Iris Versicolor), 2(Iris Virginica)로 예측한 것을 볼 수 있습니다.

```
import numpy as np

# 붓꽃 새로운 데이터 3개 생성
test_data = np.array([[5.0, 3.6, 1.3, 0.25],
                      [6.7, 3.0, 5.0, 1.7],
                      [5.8, 2.7, 5.1, 1.9]])
# 예측
predictions = model.predict(test_data)
print(predictions)
```

[0 1 2]

Chapter **3**

호텔 고객의
만족도를 높이기 위해
어떤 서비스에
중점을 두어야
할까?

호텔 고객의 만족도를 높이기 위해
어떤 서비스에 중점을 두어야 할까?

어떤 과정으로 해결할까?

호텔 만족도를 예측하기 위한 인공지능(기계학습)으로 문제를 해결하는 과정은 다음과 같습니다.

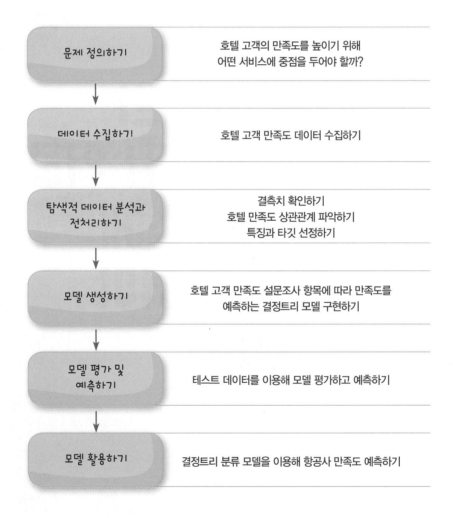

문제 정의하기	호텔 고객의 만족도를 높이기 위해 어떤 서비스에 중점을 두어야 할까?
데이터 수집하기	호텔 고객 만족도 데이터 수집하기
탐색적 데이터 분석과 전처리하기	결측치 확인하기 호텔 만족도 상관관계 파악하기 특징과 타깃 선정하기
모델 생성하기	호텔 고객 만족도 설문조사 항목에 따라 만족도를 예측하는 결정트리 모델 구현하기
모델 평가 및 예측하기	테스트 데이터를 이용해 모델 평가하고 예측하기
모델 활용하기	결정트리 분류 모델을 이용해 항공사 만족도 예측하기

＊키워드 결정트리(Decision Tree), 지니계수, 훈련과 테스트 데이터 분할, 분류 모델 성능평가지표

1 ▶ 문제 정의하기

고객들이 호텔을 선택하는 기준은 무엇일까요? 호텔은 고객의 만족도를 높이기 위해 어떤 서비스에 주안점을 두어야 할까요? 호텔 고객들을 대상으로 한 호텔 만족도 설문조사 결과를 이용해 호텔 고객의 만족도를 예측할 수 있는 기계학습 모델을 만들어봅시다.

> **문제** 호텔 고객의 만족도를 높이기 위해 어떤 서비스에 중점을 두어야 할까?

2 ▶ 데이터는 어떻게 수집할까?

캐글 사이트에 들어가면 호텔 만족도 설문조사 데이터를 다운로드할 수 있습니다.

❶ 캐글 사이트(https://www.kaggle.com/)에 접속합니다. 상단 검색 창에서 'Europe Hotel Satisfaction Score'를 검색해 해당 페이지에서 'Europe Hotel Booking Satisfaction Score. csv' 파일을 다운로드합니다.

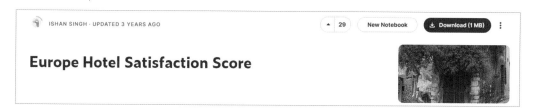

데이터셋 주소: https://www.kaggle.com/datasets/ishansingh88/europe-hotel-satisfaction-score/

❷ 이 데이터는 유럽 호텔 만족도 조사 결과로, 총 17개의 열과 103,904행으로 구성되어 있고, 각 속성은 다음과 같습니다.

속성명	속성 설명
id	아이디
Gender	성별
Age	나이
purpose_of_travel	여행 목적(항공, 학업, 개인, 비즈니스, 관광)
Type of Travel	여행 종류(단체, 개인)
Type Of Booking	예약 유형(단체, 개인 또는 커플)
Hotel wifi service	호텔 와이파이 서비스(5점 척도)
Departure/Arrival convenience	출발/도착 편의(5점 척도)
Ease of Online booking	온라인 예약 용이성(5점 척도)
Hotel location	호텔 위치(5점 척도)
Food and drink	식음료(5점 척도)
Stay comfort	편안한 숙박(5점 척도)
Common Room entertainment	휴게실 엔터테인먼트(5점 척도)
Checkin/Checkout service	체크인/체크아웃 서비스(5점 척도)
Other service	기타 서비스(5점 척도)
Cleanliness	청결도(5점 척도)
satisfaction	만족도(만족, 중립 또는 불만족)

3 호텔 만족도 분류 모델은 어떻게 만들까?

머신러닝 모델을 만들 때, 특징(feature)은 모델을 만들기 위한 핵심 속성으로, 모델을 학습하고 예측하는 데 중요한 역할을 합니다. 타깃(target)은 모델이 예측하고자 하는 결과값으로 모델이 학습할 때 예측값과 타깃값 사이의 차이를 최소화하는 것을 목표로 합니다.

호텔 만족도 설문조사 데이터 중 5점 척도 설문조사 속성들을 특징(feature)으로, 만족도(satisfaction) 속성을 타깃(target)으로 지정합니다.

표 3-1 호텔 만족도 데이터의 특징(feature)과 타깃(target)

특징(feature)										타깃(target)
Hotel wifi service	Departure/ Arrival convenience	Ease of Online booking	Hotel location	Food and drink	Stay comfort	Common Room entertainment	Checkin/ Checkout service	Other service	Cleanliness	satisfaction
3	4	3	1	5	5	5	4	5	5	neutral or dissatisfied
3	2	3	3	1	1	1	1	4	1	neutral or dissatisfied
2	2	2	2	5	5	5	4	4	5	satisfied

기계학습 모델에 사용할 특징(feature)은 총 10개입니다.

Hotel wifi service	호텔 와이파이 서비스(5점 척도)
Departure/Arrival convenience	출발/도착 편의(5점 척도)
Ease of Online booking	온라인 예약 용이성(5점 척도)
Hotel location	호텔 위치(5점 척도)
Food and drink	식음료(5점 척도)
Stay comfort	편안한 숙박(5점 척도)
Common Room entertainment	휴게실 엔터테인먼트(5점 척도)
Checkin/Checkout service	체크인/체크아웃 서비스(5점 척도)
Other service	기타 서비스(5점 척도)
Cleanliness	청결도(5점 척도)

타깃(target)인 만족도(satisfaction)는 '중립 또는 불만족'과 '만족' 2개의 범주값으로 저장되어 있습니다.

타깃(만족도)	중립 또는 불만족	만족
satisfaction	neutral or dissatisfied	satisfied

호텔 만족도를 예측하는 기계학습 분류 모델은 다음과 같은 과정으로 만듭니다. 특징과 타깃을 가진 데이터셋을 훈련 데이터와 테스트 데이터인 7:3으로 분할하고, 훈련 데이터를 기계학습 분류 알고리즘인 결정트리를 이용해 모델을 학습하고, 테스트 데이터로 모델의 성능을 평가합니다.

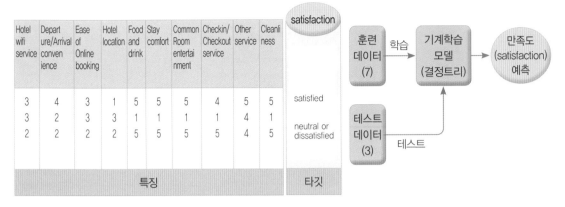

Hotel wifi service	Depart ure/Arrival conven ience	Ease of Online booking	Hotel location	Food and drink	Stay comfort	Common Room entertai nment	Checkin/ Checkout service	Other service	Cleanli ness	satisfaction	
3	4	3	1	5	5	5	4	5	5	satisfied	
3	2	3	3	1	1	1	1	4	1		
2	2	2	2	5	5	5	5	4	5	neutral or dissatisfied	
특징										타깃	

그림 3-1   호텔 만족도를 예측하는 결정트리 분류 모델

🖥️ 더 배우기 쉽게 배우는 AI 지식 : 결정트리

결정트리(Decision Tree)는 데이터를 규칙에 따라 트리 형태로 분기해서 분류 또는 회귀 모델을 만드는 알고리즘입니다. 트리의 루트 노드에서부터 각 분기마다 특징(feature)에 대한 분할 기준을 만들어 데이터를 분할하는 과정을 거칩니다.

예를 들어, 붓꽃(iris)의 꽃잎 길이, 꽃잎 너비, 꽃받침 길이, 꽃받침 너비 특징을 이용해 붓꽃 품종을 분류하는 결정트리 모델을 만들어 시각화하면 다음과 같습니다.

결정트리의 루트 노드에 꽃잎 길이(petal length)의 1.9cm를 기준으로 분기를 시작하면서 하나의 클래스(붓꽃 품종)가 나올 때까지 계속 분기해 나가는 것을 볼 수 있습니다.

<붓꽃 데이터셋>

특징	꽃잎 길이(petal length) 꽃잎 너비(petal width) 꽃받침 길이(sepal legnth) 꽃받침 너비(sepal width)

Iris Versicolor   Iris Setosa   Iris Virginica

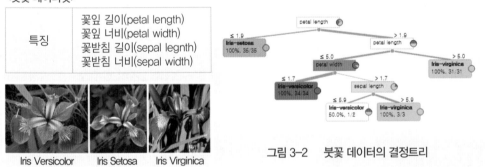

그림 3-2   붓꽃 데이터의 결정트리

※ 클래스(class) : 데이터가 분류되는 범주
　📖 Iris Versicolor, Iris Setosa, Iris Virginica
※ 레이블(label) : 각 입력 데이터의 실제 클래스(정답)

오렌지를 이용한 결정트리 모델 구현하기

오렌지를 이용해 호텔 만족도를 예측하는 결정트리 분류 모델을 구현해 봅시다.

1 데이터 불러오기

'File' 위젯을 선택합니다. 위젯을 더블클릭한 후
호텔 만족도 파일을 불러옵니다.

– 파일: Europe Hotel Booking Satisfaction Score.csv

호텔 만족도 데이터셋은 총 17개의 열과 103,904행으로 구성되어 있습니다. 데이터에 값이 없는 결측치(missing value)는 없습니다.

2 탐색적 데이터 분석과 전처리하기

2.1 특징과 타깃 선정하기

머신러닝 모델을 생성하기 위해 특징을 선정하는 과정은 중요합니다. 모델을 만드는 데 상관이 없는 속성들을 특징으로 사용하면 모델이 복잡해지고, 과적합을 초래할 수 있습니다. 예를 들어, 호텔 만족도를 예측하는 데 고객의 id는 필요 없는 속성입니다. 호텔 만족도 모델을 생성할 때 id 가 특징으로 들어가면 모델 예측에 큰 영향을 미쳐 잘못된 결과를 초래할 수 있습니다.

❶ 'Select Columns' 위젯을 추가하고, 'File' 위젯과 'Select Columns' 위젯을 연결합니다. 'Select Columns' 위젯을 더블클릭합니다.

❷ Select Columns 창에서 Features에
는 만족도 설문조사 항목 10개를 넣
고, Target에는 'satisfaction'을 선택
합니다.

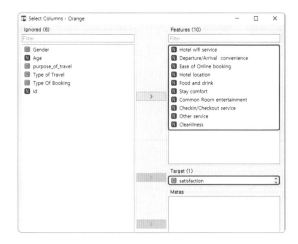

2.2 훈련, 테스트 데이터셋 분할하기

데이터셋을 모델 학습하는 데 사용할 훈련 데이터와 모델 테스트를 위해 사용할 테스트 데이터
셋으로 분할합니다.

❶ 'Data Sampler' 위젯을 추가하고 'Select Columns' 위젯과 연결합니다. 'Data Sampler' 위젯
을 더블클릭합니다.

❷ Data Sampler 창의 Fixed proportion of data 옵션에서 70%를 선택합니다. 70%를 선택하
면 훈련 데이터, 나머지 30%는 테스트 데이터로 사용합니다. 타깃인 'satisfaction'의 중립 또
는 불만족값과 만족값이 훈련 데이터와 테스트 데이터에 균일한 비율로 나누기 위해서는
Stratify sample(when possible)에 체크합니다.

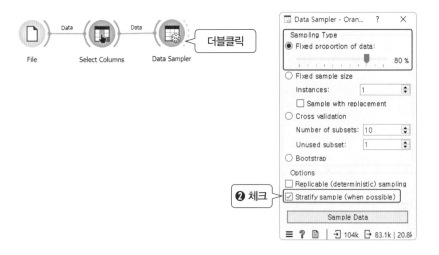

3 모델 생성하기

3.1 결정트리로 데이터 학습하기

❶ 결정트리는 데이터를 트리 형태로 분기해서 분류 또는 회귀 모델을 만드는 알고리즘입니다. 결정트리를 이용해 호텔 만족도를 분류하는 모델을 만들려면 'Tree' 위젯을 추가하고 'Data Sampler' 위젯과 연결합니다.

❷ 이때 'Data Sampler' 위젯에서 'Tree' 위젯을 연결할 때, Data Sample을 선택해 70%의 데이터를 결정트리 모델로 학습합니다.

더 배우기 **쉽게 배우는 AI 지식 : Tree 위젯**

오렌지3의 결정트리인 'Tree' 위젯은 특징값을 기준으로 데이터를 분류하여 타깃값을 예측합니다. 트리를 생성하기 전에 사전 가지치기를 이용해 조건들을 제한할 수 있습니다. 사전 가지치기는 결정트리를 생성하는 과정에서, 트리가 너무 깊거나 복잡해지지 않도록 조건을 제한하는 기술입니다.

① Induce binary tree: 이진트리 구성

② Min. number of instances in leaves: 단말 노드에 있어야 하는 최소 샘플 수

③ Do not split subsets smaller than: 노드가 분할하기 위한 데이터 최소 개수. 알고리즘에서 지정한 인스턴스 수보다 작은 노드를 분할할 수 없음

④ Limit the maximal tree depth to 100 : 트리의 최대 깊이 100

⑤ Stop when majority reaches: 지정된 최대 임계값에 도달한 후 노드 분할을 중지함

결정트리 위젯인 'Tree' 위젯을 'Tree Viewer' 위젯과 연결하면 결정트리를 시각화해서 보여줍니다.

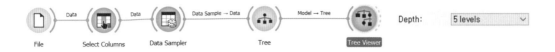

훈련 데이터로 결정트리 모델을 생성해 시각화한 결과입니다. 시각화한 트리가 복잡해 5 레벨까지만 보여준 것으로, 루트 노드(root node)를 보면 'Hotel wifi service' 특징을 기준으로 분할된 것을 볼 수 있습니다.

Hotel wifi service(호텔 와이파이 서비스) 만족도 값이 4보다 크면 8,072개 중 8,004개가 만족이라고 분류됩니다. Hotel wifi service 만족도 값이 4 이하이면 Common Room Entertainment(휴게실 엔터테인먼트) 특징을 기준으로 분할하게 됩니다. 단, 데이터를 무작위로 분할해 모델을 생성하므로 차이가 날 수 있습니다.

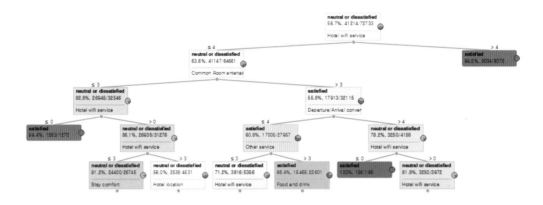

❸ 훈련 데이터로 학습한 모델 성능을 알아보기 위해 'Data Sampler' 위젯과 'Test and Score' 위젯을 연결합니다. 이때 연결선에는 'Data Sampler' 위젯에서 분할한 70%의 데이터(Data Sample)를 사용합니다.

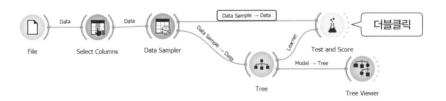

❹ 'Test and Score' 위젯의 Cross validation(교차검증)을 선택하고, Number of folds(폴드 수)를 선정하고, 만족과 불만족/중립 개수가 균일하게 나누어지기 위해 Stratified에 체크합니다.

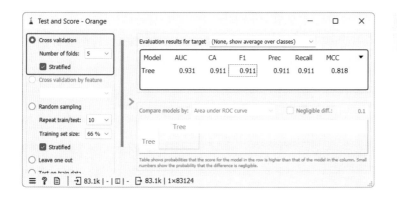

교차검증에 대해서는 28쪽을 참고해 주세요.

총 72,733개의 데이터를 교차검증(Cross validation)으로 학습한 결과, 모델 성능 평가결과 중 분류 정확도(CA)는 0.911로, 모든 결과를 다 맞추지 못한 것을 알 수 있습니다. 단, 훈련 데이터와 테스트 데이터를 무작위로 분할하므로 모델 성능 평가에 차이가 날 수 있습니다.

4 모델 평가 및 예측하기

❶ 'Data Sampler' 위젯에서 남은 데이터(Remaining Data)로 호텔 만족도를 예측하기 위해 'Tree', 'Predictions' 위젯을 연결합니다.

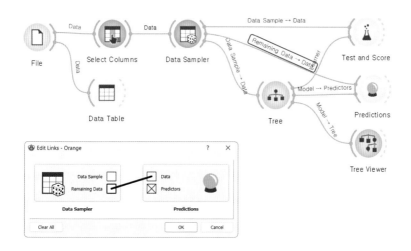

❷ "Predictions' 위젯의 'Tree' 열은 테스트 데이터에 대한 예측 결과로, '중립 또는 불만족 (neutral or dissatisfied) : 만족(satisfied)' 예측 확률값입니다. 예를 들어, Tree 예측값이 0.12:0.88이면 만족(satisfied)으로 예측합니다. 'satisfaction' 열은 데이터의 실제값으로 예측 결과('Tree' 열)와 비교해 볼 수 있습니다.

'Show performance scores'는 결정트리 모델로 테스트 데이터를 분류한 성능평가 결과로, CA(Classification Accuracy)는 분류 모델 정확도로 1에 가까울수록 정확도가 높습니다. 예로, CA가 0.913이면 분류 모델이 만족도를 약 91% 맞춘 것을 의미합니다.

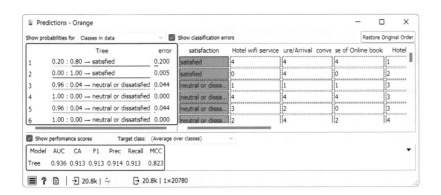

❸ 테스트 데이터의 예측 결과를 확인하기 위해 혼동 행렬(Confusion Matrix)을 사용할 수 있습니다. 혼동 행렬은 모델이 전체 데이터의 각 레이블을 얼마나 정확하게 예측했는지 표시한 행렬입니다. 혼동 행렬을 표시하려면 'Confusion Matrix' 위젯을 'Predictions' 위젯에 연결합니다.

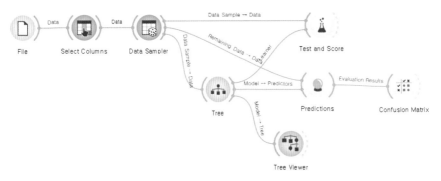

테스트 데이터 성능평가 결과(혼동 행렬)

혼동 행렬(Confusion Matrix)

혼동 행렬은 예측값을 x축, 실제값을 y축으로 표시합니다. 예를 들어, 실제값이 중립 또는 불만족인 경우, 17,664개 중 16,517개를 정확히 예측하였고, 만족으로 예측한 경우는 1,147개입니다.

5 모델 활용하기

결정트리 모델을 활용하여 호텔 만족도를 예측해보겠습니다.

❶ 호텔 만족도에 대한 설문조사 데이터를 생성합니다. 최근에 가본 숙박시설의 만족도 설문조사를 스프레드시트에 다음과 같이 입력해 저장합니다(파일명: hotel_satisfaction_new.csv). 호텔 만족도 데이터 컬럼명을 복사해서 사용하면 편합니다.

표 3-2　새로운 데이터

Hotel wifi service	Departure/ Arrival conven ience	Ease of Online booking	Hotel location	Food and drink	Stay comfort	Common Room entertain ment	Checkin/ Checkout service	Other service	Cleanli ness
5	4	5	3	5	5	4	4	4	5
1	2	3	2	1	3	3	2	3	2

❷ 'File' 위젯을 불러와 새로운 데이터 파일을 불러옵니다. 'File' 위젯명을 'new'로 수정합니다. 새로운 데이터는 타깃인 만족도(satisfaction)가 없습니다.

new

❸ 'Data Table' 위젯을 추가하고 'new'위젯에 연결합니다. 'Predictions' 위젯에 데이터(new)와 트리(tree)를 연결합니다. 'Predictions' 위젯을 더블클릭하면, 기계학습 모델이 예측한 결과가 나옵니다. 결정트리 모델은 첫 번째 데이터는 만족(satisfied), 두 번째 중립 또는 불만족(neutral or dissatisfied)으로 예측하였습니다.

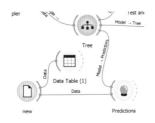

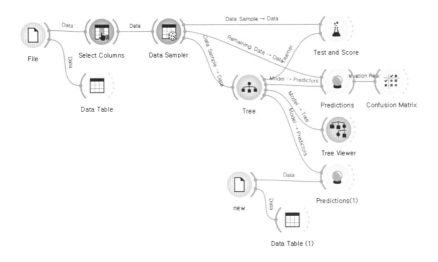

오렌지로 호텔 만족도를 예측하는 결정트리 모델 구현 전 과정은 다음과 같습니다.

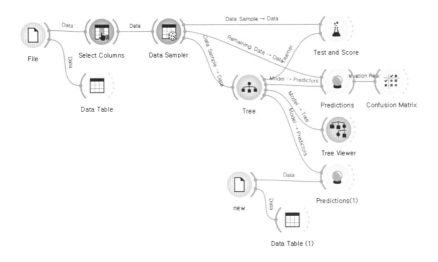

---

5 파이썬을 이용해 결정트리 모델 구현하기

1 데이터 불러오기

1.1 파일 업로드하기

구글 코랩에서 'Europe Hotel Booking Satisfaction Score.csv' 파일을 업로드합니다.

```
from google.colab import files
uploaded = files.upload( )
```

1.2 데이터프레임 생성하기
File

판다스 라이브러리를 이용해 'Europe Hotel Booking Satisfaction Score.csv' 파일을 데이터프레임(df)으로 생성합니다. 데이터프레임에 저장된 호텔 만족도 상위 5개 자료를 출력하면 다음과 같습니다.

```
import pandas as pd
df = pd.read_csv('/content/Europe Hotel Booking Satisfaction Score.csv')
df.head( )
```

	id	Gender	Age	purpose_of_travel	Type of Travel	Type Of Booking	Hotel wifi service	Departure/Arrival convenience	Ease of Online booking	Other service	Cleanliness	satisfaction
0	70172	Male	13	aviation	Personal Travel	Not defined	3	4	3	5	5	neutral or dissatisfied
1	5047	Male	25	tourism	Group Travel	Group bookings	3	2	3	4	1	neutral or dissatisfied
2	110028	Female	26	tourism	Group Travel	Group bookings	2	2	2	4	5	satisfied
3	24026	Female	25	tourism	Group Travel	Group bookings	2	5	5	4	2	neutral or dissatisfied
4	119299	Male	61	aviation	Group Travel	Group bookings	3	3	3	3	3	satisfied

NOTE

- df=pd.read_csv( ): csv 파일을 불러와 데이터프레임을 생성합니다.
- df.head( ): 데이터프레임의 1~5행까지 출력합니다.

2 탐색적 데이터 분석 및 전처리하기

2.1 전체적인 데이터 살펴보기
Data Table

데이터 개수, 각 속성의 자료형, 결측치를 확인하고, 각 데이터의 속성 범위가 어떻게 되는지 확인하는 것이 중요합니다. 호텔 만족도 데이터프레임 요약 정보를 살펴보면 다음과 같습니다.

```
df.info( )
```

```
<class 'pandas.core.frame.DataFrame'>
RangeIndex: 103904 entries, 0 to 103903
Data columns (total 17 columns):
 #   Column                     Non-Null Count    Dtype
---  ------                     --------------    -----
 0   id                         103904 non-null   int64
 1   Gender                     103904 non-null   object
 2   Age                        103904 non-null   int64
 3   purpose_of_travel          103904 non-null   object
 4   Type of Travel             103904 non-null   object
 5   Type Of Booking            103904 non-null   object
 6   Hotel wifi service         103904 non-null   int64
 7   Departure/Arrival  convenience 103904 non-null   int64
 8   Ease of Online booking     103904 non-null   int64
 9   Hotel location             103904 non-null   int64
 10  Food and drink             103904 non-null   int64
 11  Stay comfort               103904 non-null   int64
 12  Common Room entertainment  103904 non-null   int64
 13  Checkin/Checkout service   103904 non-null   int64
 14  Other service              103904 non-null   int64
 15  Cleanliness                103904 non-null   int64
 16  satisfaction               103904 non-null   object
dtypes: int64(12), object(5)
memory usage: 13.5+ MB
```

* RangeIndex : 데이터프레임 행 정보
* Data columns : 데이터프레임 열 정보
* Non-Null : 각 열에 비어 있지 않은 값
  (non-null)의 개수를 나타냄
* Dtype : 데이터 타입

총 103,904개 행(row), 17개의 열(column)로 구성되어 있는 데이터로, 6번 열부터 15번 열까지는 호텔 만족도의 설문조사 데이터이며 정수형(int64)으로 된 것을 볼 수 있습니다. 16번 열인 'satisfaction' 값은 'neutral or dissatisfied'와 'satisfied'인 문자열로 된 것을 볼 수 있습니다.

2.2 결측치 확인하기

결측치란 데이터에 값이 없는 것으로, 데이터 분석을 하기 전에 결측치 처리를 해 주어야 제대로 된 분석을 할 수 있습니다. 데이터프레임에 각 열별로 결측치를 확인하는 방법은 isnull( ) 명령어입니다.

```
df.isnull( ).sum( )
```

```
id                           0
Gender                       0
Age                          0
purpose_of_travel            0
Type of Travel               0
Type Of Booking              0
Hotel wifi service           0
Departure/Arrival  convenience 0
Ease of Online booking       0
Hotel location               0
Food and drink               0
Stay comfort                 0
Common Room entertainment    0
Checkin/Checkout service     0
Other service                0
Cleanliness                  0
satisfaction                 0
dtype: int64
```

- df.isnull( ): 결측치가 있으면 True, 결측치가 없으면 False를 반환합니다.
- df.isnull( ).sum( ): 결측치 개수를 구합니다.

실행 결과 데이터프레임(df)의 모든 열에 결측치가 없는 것을 확인할 수 있습니다.

2.3 호텔 와이파이 서비스 항목 설문조사 빈도수 구하기

호텔 만족도 설문조사 현황을 파악하기 위해 데이터를 막대 그래프로 시각화할 수 있습니다. 시본(seaborn)의 countplot을 이용해 호텔 와이파이 서비스(Hotel wifi service) 만족도 설문조사 결과를 막대 그래프로 시각화하면 다음과 같습니다.

```python
import matplotlib.pyplot as plt
import seaborn as sns

sns.countplot(x='Hotel wifi service', data=df)
plt.show( )
```

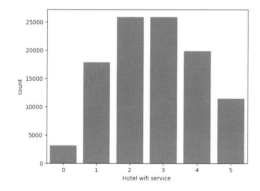

- sns.countplot(x='Hotel wifi service', data=df): 'Hotel wifi service' 열의 각 범주별로 데이터의 빈도수를 막대 그래프로 시각화합니다.

호텔 와이파이 서비스 만족도 설문조사를 척도별로 시각화한 결과, 만족도 2와 3 척도값이 가장 많은 빈도수를 보이고 있습니다.

2.4 데이터 속성 상관관계 파악하기

상관관계는 두 속성 간의 관련성 정도이고, 상관계수는 상관관계를 수치로 측정하는 통계적 지표입니다. 데이터 속성 간의 관계를 파악하기 위해 상관계수(corr)를 구해 히트맵(heatmap)으로 시각화하면 다음과 같습니다.

```
plt.figure(figsize=(15,10))
sns.heatmap(df.iloc[:, 1:].corr(numeric_only = True), annot=True,
cmap='Blues')
plt.show( )
```

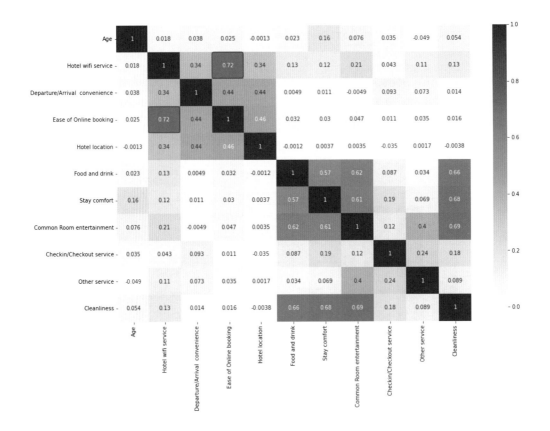

NOTE

- df.iloc[:, 1:]: 전체 행(:), 1번 인덱스 열(id 제외)부터 마지막 열(1:)까지 데이터를 추출합니다.
- df.corr(numeric_only = True): 수치형 데이터만 사용하여 상관계수를 구합니다.
- sns.heatmap( ): 데이터들의 배열을 색상으로 시각화합니다.

호텔 와이파이 서비스(Hotel wifi service)와 온라인 예약 용이성(Ease of Online booking) 간의 상관계수가 0.72로 상관관계가 높은 것으로 나타났습니다. 상관계수에 대해서는 142쪽을 참고해 주세요.

2.5 특징과 타깃 선정하기
Select Columns

기계학습 분류 모델을 구현하기 위해 특징(feature) X와 타깃(target) y를 선정해야 합니다. 데이터프레임(df)에서 특징에는 만족도 설문조사 항목 10개와, 타깃에는 'satisfaction'을 선택합니다.

특징(feature)	타깃(target)
Hotel wifi service	
Departure/Arrival convenience	
Ease of Online booking	
Hotel location	
Food and drink	
Stay comfort	satisfaction
Common Room entertainment	
Checkin/Checkout service	
Other service	
Cleanliness	

```
X = df.iloc[:, 6:16]
y = df.iloc[:, -1]
```

NOTE

- X = df.iloc[:, 6:16] : 데이터프레임의 전체 행, 6~15번 열까지 추출해 X에 저장합니다.
- y = df.iloc[:, -1] : 데이터프레임의 전체 행, 마지막 열을 선택해 y에 저장합니다.

만족도(satisfaction)의 'neutral or dissatisfied'와 'satisfied'와 같이 문자열로 저장된 값을 0과 1의 수치형 데이터로 변환하고 싶으면 어떻게 해야 할까요? 사이킷런의 레이블 인코더(LabelEncoder) 클래스를 이용하면 문자열을 수치형으로 변환할 수 있습니다.

```python
# LabelEncoder 클래스를 임포트함
from sklearn.preprocessing import LabelEncoder

# df 데이터프레임의 마지막 열을 y0 변수에 저장함
y0 = df.iloc[:, -1]

# LabelEncoder 객체를 생성함
encoder = LabelEncoder( )

# LabelEncoder 객체를 사용하여 y0 변수의 값을 레이블 인코딩함
y = encoder.fit_transform(y0)

# y 변수의 값을 출력함
print(y)
```

```
array([0, 0, 1, ..., 0, 0, 0])
```

NOTE

- LabelEncoder: 카테고리형 특징값을 수치형으로 변환하는 클래스입니다.
- encoder.fit_transform(y0): LabelEncoder에 있는 fit_transform( ) 메소드로 y0을 수치형으로 변환합니다.

레이블 인코딩한 결과, 중립 또는 불만족(neutral or dissatisfied) 값은 0, 만족(satisfied) 값은 1로 변환되었습니다.

중립 또는 불만족(neutral or dissatisfied)	만족(satisfied)
0	1

DecisionTreeClassifier는 타깃이 문자열이든 수치형이든 관계없이 분류 모델을 만들 수 있습니다. 이는 DecisionTreeClassifier가 타깃을 분류하는 방식 때문입니다. DecisionTreeClassifier는 훈련 데이터를 기반으로 트리를 생성하고, 새로운 데이터가 주어지면 트리를 따라 내려가면서 해당 데이터에 대한 예측을 합니다. 이때 타깃이 문자열이면 트리의 각 노드에는 문자열을 분류하는 기준이 설정됩니다.

이 챕터에서는 수치형으로 변환하지 않고 문자열을 그대로 이용하겠습니다.

2.6 훈련 데이터, 테스트 데이터 분할하기

Data Sampler

특징(X)과 타깃(y) 데이터를 7:3으로 분할해 훈련 데이터(X_train, y_train), 테스트 데이터(X_test, y_test)를 생성합니다.

```
from sklearn.model_selection import train_test_split
X_train, X_test, y_train, y_test = train_test_split(X, y, test_size=0.3, stratify=y, random_state=42)
```

특징(X)과 타깃(y)을 훈련, 테스트 데이터셋으로 분할하면 다음과 같습니다.

- X_train: 훈련 데이터 특징
- X_test: 테스트 데이터 특징
- y_train: 훈련 데이터 타깃
- y_test: 테스트 데이터 타깃

NOTE

- test_size=0.3: 훈련 데이터와 테스트 데이터의 비율을 7:3으로 분할합니다.
- stratify=y: 훈련 데이터와 테스트 데이터에 중립 또는 불만족(neutral or dissatisfied)과 만족(stratified) 데이터가 균일하게 들어갑니다.
- random_state=42: 실행할 때마다 동일한 분할 결과를 얻을 수 있습니다.

3 모델 생성하기

3.1 결정트리 모델 학습하기

Tree   Tree Viewer

사이킷런의 결정트리 클래스인 DecisionTreeClassifier를 이용해 결정트리 모델(model)을 생성한 후 훈련 데이터(X_train, y_train)를 학습시킵니다.

```
from sklearn.tree import DecisionTreeClassifier
model = DecisionTreeClassifier( )
model.fit(X_train, y_train)
```

- DecisionTreeClassifer : 사이킷런의 결정트리 분류 모델 클래스입니다.
- model = DecisionTreeClassifier( ): 결정트리 분류 모델 객체를 생성합니다.
- model.fit(X_train, y_train): 훈련 데이터셋의 특징, 타깃을 이용해 학습합니다.

```
from sklearn.tree import plot_tree
plt.figure(figsize=(20,10))
plot_tree(model, feature_names=X.columns, max_depth=2, filled=True)
plt.show( )
```

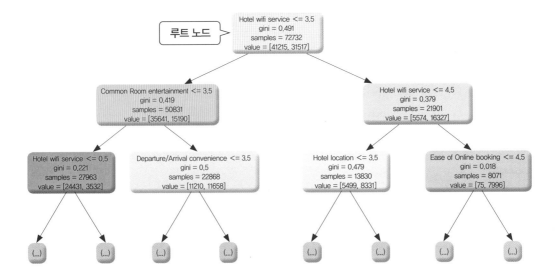

- plot_tree: 결정트리를 시각화합니다.
- plot_tree(model, feature_names=X.columns, max_depth=2, filled=True): 결정트리 모델(model)을 시각화합니다. 최대 깊이 2(max_depth=2), 노드에 표현될 특징 이름을 열 이름(X.columns), 노드는 레이블값이 많은 클래스를 색으로 칠합니다.

결정트리 모델을 시각화한 결과, 루트 노드(root node)는 'Hotel wifi service' 값 3.5를 기준으로 분기를 시작합니다. 'Hotel wifi service' 값이 3.5 이하이면 왼쪽으로 분기하고, 3.5 초과인 값은 오른쪽으로 분기하면서 또 다른 규칙으로 분기하면서 트리를 만들어갑니다. 단말 노드(leaf node)가 되면 추가적인 검사를 하지 않고, 예측한 분류를 출력합니다.

사이킷런의 결정트리(DecisionTreeClassifier)는 데이터를 분할하는 기준으로 지니계수(Gini index)를 기본값으로 사용합니다.

지니계수는 데이터의 불순도를 측정하는 척도로 각 노드에서 클래스의 분포를 측정하여 불순도를 계산합니다. 지니계수가 0에 가까울수록 데이터 분류가 잘 되어 트리의 분할이 더 좋다고 판단하고, 1에 가까울수록 각 클래스가 균등하게 분포되어 분류가 안되어 있는 상태입니다. 지니계수가 0에 가까워지도록 데이터를 분할하는 것이 결정트리의 목표입니다.

> 지니계수(Gini) 구하는 식: $I(A) = 1 - \sum_{k=1}^{m} P_k^2$
>
> P_k: 각 클래스 k에 대한 비율
>
> (예) 호텔 만족도 루트 노드의 훈련 데이터는 72,732개로, 중립 및 불만족은 41,215개 만족은 31,517개이며, 지니계수(Gini)는 $1 - ((41215/72732)^2 + (31517/72732)^2) = 0.491$이다.

3.2 특징 중요도 구하기

결정트리에서 특징 중요도는 모델 학습 후에 특징들의 중요도 정보를 제공합니다. 결정트리에서는 특징이 중요할수록 타깃에 미치는 영향력이 크다는 것을 이용합니다. 그렇기 때문에 타깃에 미치는 특징의 영향력을 알아보기 위해 특징 중요도(feature importance)를 확인해볼 수 있습니다. 특징 중요도는 모델이 학습한 데이터에서 각 특징이 얼마나 중요한지 나타내는 척도입니다.

```python
import numpy as np
print("feature importances : ", model.feature_importances_)

n_features = X_train.shape[1]
plt.figure(figsize=(25,5))
plt.bar(np.arange(n_features), model.feature_importances_)
plt.xticks(np.arange(n_features), df.columns[6:16], rotation=15)
plt.show( )
```

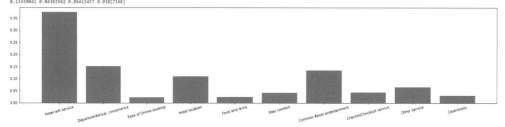

feature importances : [0.3755532 0.1522696 0.02242234 0.11022341 0.02462172 0.04234565
0.13450041 0.04363562 0.06415457 0.03027348]

- model.feature_importances_: 모델의 특징 중요도로, 모든 특징의 중요도 합은 1입니다.
- X_train.shape[1]: 훈련 데이터의 특징 수를 반환합니다.
- plt.figure(figsize=(25,5)): 25x5 픽셀 크기의 그래프를 생성합니다.
- plt.bar(np.arange(n_features), model.feature_importances_): 특징 중요도를 막대 그래프로 생성합니다.
- plt.xticks(np.arange(n_features), df.columns[6:16], rotation=15): x축 눈금을 학습 데이터의 특징 이름으로 설정하고 15도 회전합니다.

특징 중요도를 구한 결과, 호텔 와이파이 서비스(Hotel wifi service) 특징 중요도값은 0.376으로 가장 중요한 특징임을 알 수 있습니다. 두 번째로 중요한 특징은 출발/도착 편의(Departure/Arrival convenience)로, 특징 중요도값은 0.152입니다.

훈련 데이터로 모델을 학습 시 모델의 성능을 평가할 수 있습니다. 모델의 분류 정확도를 구하면 다음과 같습니다.

```
print("훈련 데이터를 이용한 모델 분류 정확도 : ", model.score(X_train, y_
train))
```

훈련 데이터를 이용한 모델 분류 정확도 : 0.9651597646153

4 모델 평가 및 예측하기

4.1 모델 평가하기

테스트 데이터를 이용해 모델의 성능을 평가합니다.

```
print("테스트 데이터 성능평가 : ", model.score(X_test, y_test))
```

테스트 데이터 성능평가 : 0.9097587578596176

NOTE

• model.score(X_test, y_test): 테스트 특징, 타깃 데이터 분류 정확도를 구합니다.

4.2 테스트 데이터 예측하기

훈련 데이터로 모델을 학습 후 테스트 데이터로 결과값을 예측하고, 실제 테스트 데이터의 타깃 값과 비교해보았습니다.

```
prediction = model.predict(X_test)
print(prediction[:5])
print(y_test[:5])
```

```
['satisfied' 'neutral or dissatisfied' 'neutral or dissatisfied'
 'satisfied' 'satisfied']
97453               satisfied
84617    neutral or dissatisfied
18032    neutral or dissatisfied
68189               satisfied
32506               satisfied
Name: satisfaction, dtype: object
```

NOTE

• model.predict(X_test): 테스트 특징 데이터(X_test)의 결과를 예측합니다.

혼동 행렬(confusion_matrix)을 이용하면 테스트 데이터의 예측값이 실제값을 얼마나 정확히 예측했는지 확인할 수 있습니다.

```
from sklearn.metrics import confusion_matrix

prediction = model.predict(X_test)
conf = confusion_matrix(y_test, prediction)

plt.figure(figsize=(8, 6))
sns.heatmap(conf, annot=True, cmap='Blues', fmt='d')
plt.title('Hotel satisfaction classification')
plt.xlabel('Predicted')
plt.ylabel('Actual')
plt.show( )
```

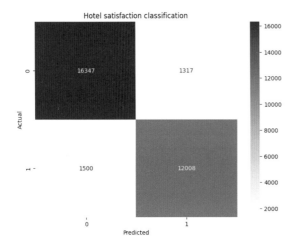

NOTE

- 혼동 행렬(confusion matrix): 분류 모델의 예측 성능을 평가하는 데 사용되는 2차원 표입니다.
- confusion_matrix(y_test, prediction): 테스트 타깃 데이터인 실제값(y_test)과 테스트 데이터 예측값(prediction)에 대한 혼동 행렬을 구합니다.
- sns.heatmap(conf, annot=True, cmap='Blues', fmt='d'): 혼동 행렬을 히트맵으로 표현합니다. 각 셀의 값 표기(annot=True)하고 데이터 타입 정수형으로 설정하고(fmg='d'), 히트맵의 색상을 선택합니다(cmap='Blues').

가로축에는 예측값(Predicted), 세로축에는 실제값(Actual)이 제시되고 있습니다. 중립 또는 불만족(neutral or dissatisfied) 값은 0, 만족(satisfied) 값은 1입니다.

혼동 행렬을 구한 결과, 얼마나 많이 맞추고 틀렸는지 알 수 있습니다. 단, 훈련 데이터와 테스트 데이터를 무작위로 분할하므로 성능평가에 차이가 날 수 있습니다.

5 모델 활용하기

5.1 새로운 데이터프레임 생성하기 📄
_{File}

결정트리 모델을 활용하여 호텔 만족도를 예측해보겠습니다.

호텔 만족도에 대한 설문조사 데이터를 생성합니다. 최근에 가본 숙박시설의 만족도 설문조사를 스프레드시트에 다음과 같이 입력해 저장합니다(파일명: hotel_satisfaction_new.csv).

Hotel wifi service	Departure/ Arrival convenience	Ease of Online booking	Hotel location	Food and drink	Stay comfort	Common Room entertain- ment	Checkin/ Checkout service	Other service	Cleanli- ness
5	4	5	3	5	5	4	4	4	5
1	2	3	2	1	3	3	2	3	2

새로운 파일을 업로드합니다(파일명: hotel_satisfaction_new.csv).

```
from google.colab import files
uploaded = files.upload( )
```

특징값만 저장된 새로운 CSV 파일을 불러와 데이터프레임(df_new)을 생성합니다.

```
df_new = pd.read_csv('/content/hotel_satisfaction_new.csv')
df_new.head( )
```

	Hotel wifi service	Departure/Arrival convenience	Ease of Online booking	Hotel location	Food and drink	Stay comfort	Common Room entertainment
0	5	4	5	3	5	5	4
1	1	2	3	2	1	3	3

5.2 새로운 데이터 예측하기

새로운 데이터프레임(df_new)의 결과를 예측해보겠습니다.

```
print(model.predict(df_new))
```

```
['satisfied' 'neutral or dissatisfied']
```

데이터프레임을 예측한 결과, 첫 번째 데이터는 만족(satisfied)이고, 두 번째 데이터는 중립 또는 불만족(neutral or dissatisfied)으로 예측하였습니다.

더 배우기 쉽게 배우는 AI 지식: 분류 모델 성능평가지표

분류 모델 성능평가지표는 모델이 얼마나 정확하게 예측을 수행하는지 측정하는 데 사용되는 지표입니다. 분류 모델 성능평가지표는 혼동 행렬을 이용하여 설명할 수 있습니다. 혼동 행렬은 분류 모델의 예측 결과를 정리하여 보여주는 표입니다. 일반적으로 사용되는 분류 모델 성능평가지표는 다음과 같습니다.

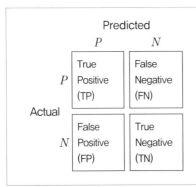

- TP(True Positive): 실제 값이 양성인 데이터를 모델이 양성으로 정확하게 예측한 데이터의 개수
- FN(False Negative): 실제 값이 양성인 데이터를 모델이 음성으로 잘못 예측한 데이터의 개수
- FP(False Positive): 실제 값이 음성인 데이터를 모델이 양성으로 잘못 예측한 데이터의 개수
- TN(True Negative): 실제 값이 음성인 데이터를 모델이 음성으로 정확하게 예측한 데이터의 개수

정확도(Accuracy)	전체 예측 중 실제 값과 일치하는 비율	$Accuracy = \dfrac{TP+TN}{TP+TN+FP+FN}$
정밀도(Precision)	모델이 양성으로 예측한 데이터 중 실제 양성인 데이터의 비율	$precision = \dfrac{TP}{TP+FP}$
재현율(Recall)	실제 양성 데이터 중 모델이 양성으로 예측한 데이터의 비율	$Recall = \dfrac{TP}{TP+FN}$

파이썬으로 호텔 만족도를 예측하는 결정트리 모델 전체 코드는 다음과 같습니다.

```
# 1.1 파일 업로드하기
from google.colab import files
uploaded = files.upload( )

# 1.2 데이터프레임 생성하기
import pandas as pd
df = pd.read_csv('/content/Europe Hotel Booking Satisfaction Score.
csv')
df.head( )

# 2.1 전체적인 데이터 살펴보기
df.info( )

# 2.2 결측치 확인하기
df.isnull( ).sum( )

# 2.3 호텔 와이파이 서비스 항목 설문조사 빈도수 구하기
import matplotlib.pyplot as plt
import seaborn as sns
sns.countplot(x='Hotel wifi service', data=df)
plt.show( )

# 2.4 데이터 속성 상관관계 파악하기
plt.figure(figsize=(15,10))
sns.heatmap(df.iloc[:, 1:].corr(numeric_only = True), annot=True,
cmap='Blues')
plt.show( )

# 2.5 특징과 타깃 선정하기
X = df.iloc[:, 6:16]
y = df.iloc[:, -1]

# 2.6 훈련 데이터, 테스트 데이터 분할하기
from sklearn.model_selection import train_test_split
X_train, X_test, y_train, y_test = train_test_split(X, y, test_
size=0.3, stratify=y, random_state=42)

# 3.1 결정트리 모델 학습하기
from sklearn.tree import DecisionTreeClassifier
model = DecisionTreeClassifier( )
model.fit(X_train, y_train)
```

```
from sklearn.tree import plot_tree
plt.figure(figsize=(20,10))
plot_tree(model, feature_names=X.columns, max_depth=2, filled=True)
plt.show( )

# 3.2 특징 중요도 구하기
import numpy as np
print("feature importances : ", model.feature_importances_)

n_features = X_train.shape[1]
plt.figure(figsize=(25,5))
plt.bar(np.arange(n_features), model.feature_importances_)
plt.xticks(np.arange(n_features), df.columns[6:16], rotation=15)
plt.show( )

print("훈련 데이터를 이용한 모델 분류 정확도 : ", model.score(X_train, y_train))

# 4.1 모델 평가하기
print("테스트 데이터 성능평가 : ", model.score(X_test, y_test))

# 4.2 테스트 데이터 예측하기
prediction = model.predict(X_test)

from sklearn.metrics import confusion_matrix
conf = confusion_matrix(y_test, prediction)
plt.figure(figsize=(8, 6))
sns.heatmap(conf, annot=True, cmap='Blues', fmt='d')
plt.title('Hotel satisfaction classification')
plt.xlabel('Predicted')
plt.ylabel('Actual')
plt.show( )

# 5.1 새로운 데이터프레임 생성하기
from google.colab import files
uploaded = files.upload( )

df_new = pd.read_csv('/content/hotel_satisfaction_new.csv')
df_new.head( )

# 5.2 새로운 데이터 예측하기
print(model.predict(df_new))
```

호텔 만족도 설문조사 데이터를 이용해 호텔 만족도를 예측하는 결정트리 모델을 수행하였습니다. 결정트리는 기계학습에서 분류(Classification) 또는 회귀(Regression) 모두 가능한 지도학습 모델 중 하나입니다. 사이킷런의 DecisionTreeClassifier 클래스는 결정트리 분류 모델을 만들 수 있는 클래스입니다.

호텔 만족도 설문조사 데이터로 결정트리 분류 모델을 생성하면, 고객들의 설문조사로 호텔 만족 여부를 예측할 수 있습니다. 또한 호텔 고객의 만족도를 높이기 위한 마케팅으로 호텔 와이파이 서비스, 출발/도착 편의, 휴게실 엔터테인먼트, 호텔 위치 항목에 대해 고려할 필요가 있다는 것을 알 수 있습니다.

오렌지	파이썬
Tree	`from sklearn.tree import DecisionTreeClassifier` `model = DecisionTreeClassifier( )`

펭귄 종을 분류할 수 있는 방법은 무엇일까?

Chapter 4 펭귄 종을 분류할 수 있는 방법은 무엇일까?

어떤 과정으로 해결할까?

펭귄 종을 분류하기 위해 인공지능(기계학습)으로 문제를 해결하는 과정은 다음과 같습니다.

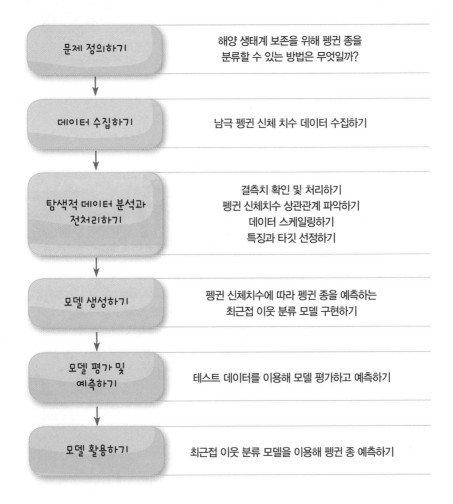

문제 정의하기	해양 생태계 보존을 위해 펭귄 종을 분류할 수 있는 방법은 무엇일까?
데이터 수집하기	남극 펭귄 신체 치수 데이터 수집하기
탐색적 데이터 분석과 전처리하기	결측치 확인 및 처리하기 펭귄 신체치수 상관관계 파악하기 데이터 스케일링하기 특징과 타깃 선정하기
모델 생성하기	펭귄 신체치수에 따라 펭귄 종을 예측하는 최근접 이웃 분류 모델 구현하기
모델 평가 및 예측하기	테스트 데이터를 이용해 모델 평가하고 예측하기
모델 활용하기	최근접 이웃 분류 모델을 이용해 펭귄 종 예측하기

*키워드 최근접 이웃 알고리즘(kNN), 데이터 스케일링

1 문제 정의하기

남극 일대 바닷물이 따뜻해지면서 빙하가 급속도로 녹아 펭귄을 비롯한 야생 동물의 서식지가 위험에 처했습니다. 펭귄의 신체 치수를 이용해 펭귄 종을 예측하고 분류하는 기계학습 모델을 구현해 봅시다.

문제 **펭귄 종을 분류할 수 있는 방법은 무엇일까?**

턱끈펭귄(Chinstrap Penguin)
공격 성향이 강해서 사람이 접근
해도 도망가지 않고 부리로 쪼아 댄다.

젠투펭귄(Gentoo Penguin)
온순하며 겁이 많다.

아델리펭귄(Adelie Penguin)
호기심이 많아 인간의 접근을
별로 두려워하지 않는다.

2 데이터는 어떻게 수집할까?

캐글 사이트에는 남극 펭귄 신체 치수 데이터가 있습니다.

❶ 캐글 사이트(https://www.kaggle.com)에 접속합니다. 'Palmer Archipelago (Antarctica) penguin data' 페이지에서 'penguins_size.csv' 파일을 다운로드합니다.

데이터셋 주소: https://www.kaggle.com/datasets/parulpandey/palmer-archipelago-antarctica-penguin-data

❷ 이 데이터는 아델리펭귄, 턱끈펭귄, 젠투펭귄의 신체 치수값으로, 총 7개의 열과 344행으로 구성되어 있고, 각 속성은 다음과 같습니다.

species	island	culmen_length_ mm	culmen_depth_ mm	flipper_length_ mm	body_mass_ g	sex
Adelie	Torgersen	39.1	18.7	181	3750	MALE
Adelie	Torgersen	39.5	17.4	186	3800	FEMALE
Adelie	Torgersen	40.3	18	195	3250	FEMALE

속성명	속성 설명
species	펭귄 종(Adelie, Chinstrap, Gentoo)
island	펭귄 서식지(Biscoe, Dream, Torgersen)
culmen_length_mm	부리 길이(mm)
culmen_depth_mm	부리 깊이(mm)
flipper_length_mm	날개 길이(mm)
body_mass_g	체질량(g)
sex	성별(MALE, FEMALE)

3 ▶ 펭귄 종 분류 모델은 어떻게 만들까?

펭귄 데이터 중 펭귄 종 분류 모델에 사용할 특징(feature)과 타깃(target)은 다음과 같습니다. 추후 body_mass_g 속성을 특징에 추가해 펭귄 종 분류 모델을 생성해 보세요.

표 4-1   펭귄 종 분류에 사용할 특징과 타깃

특징 (feature)	culmen_length_mm	부리 길이(mm)
	culmen_depth_mm	부리 깊이(mm)
	flipper_length_mm	날개 길이(mm)
타깃 (target)	species	펭귄 종(Adelie, Chinstrap, Gentoo)

펭귄 종을 예측하는 기계학습 분류 모델은 다음과 같은 과정으로 만듭니다. 특징과 타깃을 가진 데이터셋을 훈련 데이터와 테스트 데이터로 7:3으로 분할하고, 훈련 데이터를 기계학습 분류 알

고리즘인 최근접 이웃 알고리즘(kNN)을 이용해 모델을 학습하고, 테스트 데이터로 모델의 성능을 평가합니다.

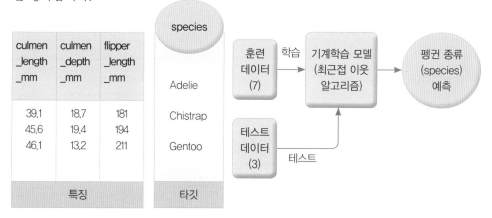

그림 4-1　펭귄 종 분류 모델

더 배우기 **쉽게 배우는 AI 지식: 최근접 이웃 알고리즘(kNN)**

최근접 이웃(kNN: k-Nearest Neighbor) 알고리즘은 새로운 데이터에서 가장 가까운 k개의 데이터를 이용해서 예측합니다. 분류를 할 경우 k개의 가장 가까운 이웃 중 다수가 속한 클래스로 예측 데이터의 클래스를 결정합니다. 예를 들어 k=3이면, 예측 데이터에서 가장 가까운 3개의 학습 데이터 중 다수의 클래스로 결정합니다.

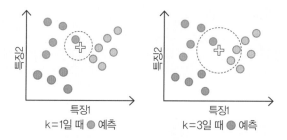

그림 4-2　최근접 이웃 알고리즘

최근접 이웃 알고리즘은 거리를 기반으로 예측을 수행합니다. 따라서 특징들의 단위나 범위가 크게 다르다면 최근접 이웃 알고리즘의 성능을 향상시키기 위해 데이터 범위를 조정하는 데이터 스케일링을 수행하는 것이 유용할 수 있습니다. 데이터 스케일링을 수행하는 방법에는 다음과 같은 방법이 있습니다.

- 표준화(Standardization): 데이터의 평균을 0으로, 표준편차를 1로 맞춥니다. 사이킷런의 StandardScaler를 이용합니다.
- 최소-최대 정규화(Min-Max Normalization): 데이터의 최소값과 최대값을 이용해 모든 값을 특정 범위 내의 값으로 변환합니다. 주로 데이터의 최소값을 0으로, 최대값을 1로 맞춥니다. 사이킷런의 MinMaxScaler를 이용합니다.

오렌지를 이용해 펭귄 종을 예측해 봅시다.

1 데이터 불러오기

❶ 'File' 위젯을 선택합니다. 펭귄 신체 치수 파일을
불러옵니다.

– 파일: penguins_size.csv

❷ 'Data Table' 위젯을 추가해 'File' 위젯과 연결합니다.

❸ 'Data Table' 위젯을 열면 펭귄 데이터 속성값을 확인할 수 있습니다. 총 344개의 데이터를
가지고 있지만 0.8% 결측치(missing data)가 있다고 써 있습니다. 오렌지3에서는 속성값에 '?'
가 결측치입니다.

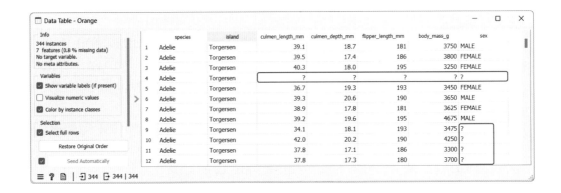

② 탐색적 데이터 분석 및 전처리하기

2.1 특징값 확인하기

❶ 'Feature Statistics' 위젯을 추가하고 'File' 위젯과 연결합니다.

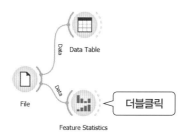

❷ Feature Statistics 창에서 Color: species를 선택합니다.

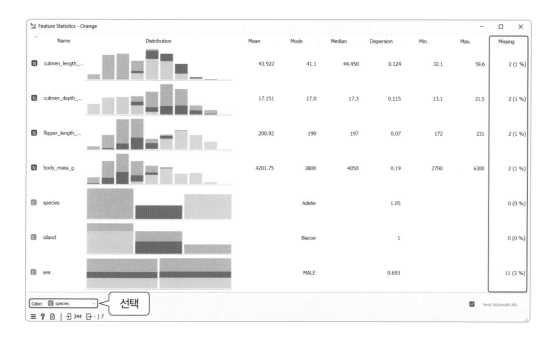

❸ 특징 통계(Feature Statistics)에서 막대 그래프(Distribution)를 보면, 아델리펭귄(Adelie)은 하늘색으로, 턱끈펭귄(Chinstrap)은 빨간색으로, 젠투펭귄(Gentoo)은 연두색으로 표시됩니다. 펭귄 신체 치수를 통해 아델리펭귄과 젠투펭귄을 많이 분류할 수 있는 것을 볼 수 있습니다. 턱끈펭귄은 다른 펭귄들의 신체 치수와 많이 겹치는 것을 볼 수 있습니다.

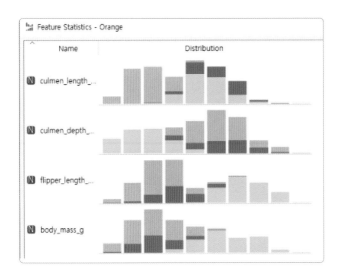

특징 통계 결과를 보면 'Missing'이 있습니다. Missing은 데이터의 결측치(missing values) 개수와 비율을 보여줍니다. 결측치(missing values)는 값이 없거나 유효하지 않은 값을 의미합니다. 데이터에 결측치가 있으면 기계학습 모델의 성능이 떨어질 수 있습니다. 펭귄 신체 치수 데이터에는 부리 길이(culmen_length_mm), 부리 깊이(culmen_depth_mm), 날개 길이(flipper_length_mm)는 각각 2개, 성별(sex)은 11개의 결측치를 가지고 있습니다.

2.2 데이터 전처리하기

최근접 이웃 알고리즘으로 모델의 성능을 높이기 위해서는 결측치를 처리하고 데이터 정규화를 수행해야 합니다. 결측치가 있는 모든 행을 삭제하고, 데이터 정규화로 최소-최대 정규화(Min-Max Normalization)를 수행합니다.

❶ 'Preprocess' 위젯을 추가하고 'File' 위젯과 연결합니다.

❷ 결측치가 있는 행을 삭제하고 최소–최대 정규화로 데이터 전처리를 하겠습니다. Preprocess 대화상자에서 Impute Missing Values의 'Remove rows with missing values'를 선택합니다. Normalize Features의 'Normalize to interval [0, 1]'을 선택합니다.

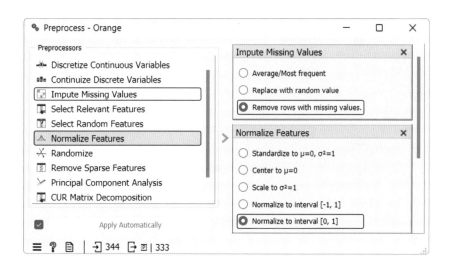

❸ 'Preprocess' 위젯에 'Data Table' 위젯을 추가하고 전처리한 데이터를 확인해보겠습니다. 총 344개의 데이터가 333개로 수정되었습니다. 사실 펭귄 데이터의 성별(sex) 값에는 'MALE', 'FEMALE' 외에 '.' 값이 하나 포함되어 있습니다. 파이썬에서는 '.'을 결측치로 취급하지 않는데, 오렌지에서는 '.' 값도 결측치로 취급하여 삭제해 11개의 값이 삭제되었으니 확인해주세요.

Gentoo	Biscoe	44.5	15.7	217	4875 .

성별(sex) 값이 '.'인 값

여기서 잠깐!

오렌지의 kNN 모델에서는 'Preprocess' 위젯을 사용하지 않으면 다음과 같이 자동으로 전처리를 수행합니다.
- 대상값을 알 수 없는 데이터는 제거합니다.
- 빈 열을 제거합니다.
- 결측치는 평균값으로 대체합니다.
- 평균을 중심, 표준편차 1로 스케일링해서 데이터를 정규화합니다.
- 범주형 값은 이진(0, 1) 형태로 변환하는 원핫 인코딩(one-hot encoding)을 합니다.

2.3 펭귄 종 빈도수 구하기

타깃인 'species'인 펭귄 종의 빈도수를 구할 수 있습니다.

❶ 'Distributions' 위젯을 추가하고 'Preprocess' 위젯과 연결합니다.

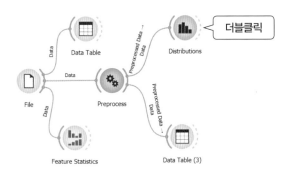

❷ Distributions 대화상자에서 Variable: species를 선택합니다.

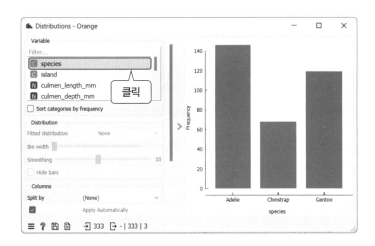

펭귄 종 빈도수를 막대 그래프로 시각화한 결과, 아델리펭귄(Adelie)의 개수가 가장 많고, 턱끈 펭귄(Chinstrap)의 개수가 가장 적은 것을 볼 수 있습니다.

2.4 펭귄 종별 특징값을 산점도로 시각화하기

산점도(Scatter Plot)를 이용하면 펭귄 특징값들의 관계를 펭귄 종별로 파악할 수 있습니다.

❶ 'Preprocess' 위젯과 'Scatter Plot' 위젯을 연결합니다.

❷ 산점도는 두 속성 간의 관계를 시각화하는 그래프입니다. 펭귄 부리 깊이(culmen_depth_
mm)와 부리 길이(culmen_length_mm)를 각각 x축과 y축으로 하는 산점도로 시각화한 결
과, 펭귄 부리 깊이와 부리 길이로 펭귄 종이 어느 정도 구분되는 것을 볼 수 있습니다.

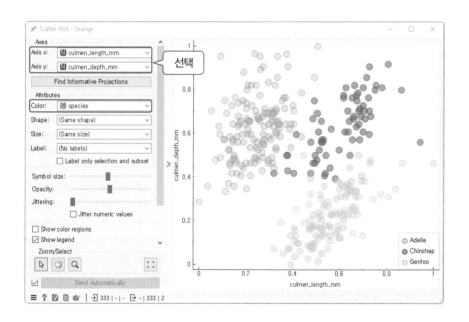

❸ 펭귄 부리 길이(culmen_length_mm)와 날개 길이(flipper_length_mm)를 각각 x축과 y축으
로 하는 산점도로 시각화한 결과, 펭귄 부리 길이와 날개 길이값을 이용하면 펭귄 종이 어느
정도 구분되는 것을 볼 수 있습니다. 펭귄 종을 분류하기 위해 특징으로 펭귄 부리 길이와 날
개 길이를 선정하고자 합니다.

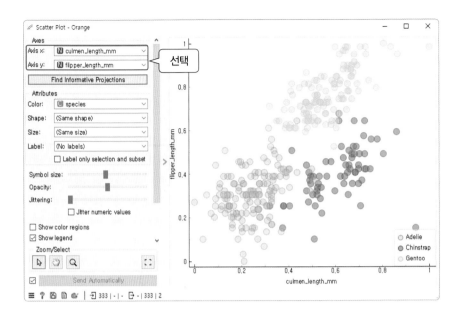

2.5 특징과 타깃 선정하기

펭귄 종을 예측하기 위한 특징과 타깃은 다음과 같습니다.

특징 (feature)	culmen_length_mm	부리 길이(mm)
	culmen_depth_mm	부리 깊이(mm)
	flipper_length_mm	날개 길이(mm)
타깃(target)	species	펭귄 종(Adelie, Chinstrap, Gentoo)

❶ 'Preprocess' 위젯과 'Select Columns' 위젯을 연결합니다.

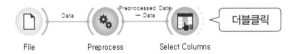

❷ 'Features'에는 부리 길이(culmen_length_mm), 부리 깊이(culmen_depth_mm), 날개 길이 (flipper_length_mm)를, 'Target'에는 species를 선택합니다.

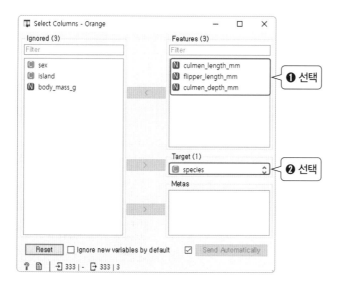

2.6 훈련, 테스트 데이터셋 분할하기

데이터셋을 모델 학습하는데 사용할 훈련 데이터와 테스트를 위해 사용할 테스트 데이터셋으로 분할합니다.

❶ 'Select Columns' 위젯과 'Data Sampler' 위젯을 연결합니다.

❷ Fixed proportion of data 옵션에서 70%를 선택합니다. 70%는 훈련 데이터, 나머지 30%는 테스트 데이터로 사용합니다.
타깃인 species의 레이블값을 훈련 데이터, 테스트 데이터에 균일한 비율로 나누기 위해서는 Stratify sample (when possible)을 선택합니다.

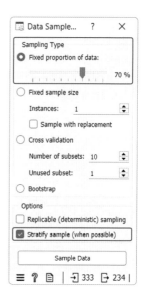

3 **모델 생성하기**

3.1 최근접 이웃 알고리즘으로 데이터 학습하기

최근접 이웃 알고리즘(kNN: k-Nearest Neighbor)은 새로운 데이터에서 가장 가까운 k개의 데이터를 이용해서 예측합니다.

'Data Sampler' 위젯과 'kNN' 위젯을 연결합니다. 'Data Sampler' 위젯에서 'kNN' 위젯을 연결할 때, 'Data Sampler' 위젯에서 선택한 70%의 데이터(Data Sample)를 최근접 이웃 알고리즘으로 학습합니다.

- Number of neighbors: 7
- Metric: Euclidean
- Weight: Uniform

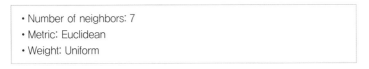

최근접 이웃 알고리즘인 'kNN' 위젯에는 이웃의 수와 거리 측정 방법을 설정할 수 있습니다.

① Number of neighbors: 가장 가까운 이웃의 수(k)

② Metric: 거리 측정 방법

- Euclidean(유클리디언): 데이터 간의 차이를 직선 거리로 계산합니다.
- Manhattan(맨해튼): 데이터 간의 x축 및 y축 좌표값의 차이를 절대값으로 더해 계산합니다.
- Chebyshev(체비쇼프): 데이터 간의 x축 및 y축 좌표값의 차이 중 최대값을 구합니다.
- Mahalanobis(마할라노비스): 데이터들이 다변량 정규분포를 따른다고 가정하여 거리를 측정하는 방법. 공분산 행렬을 사용하여 데이터 간의 거리를 계산합니다.

③ Weight: 가중치

- Uniform(균일): 각 이웃의 모든 값에 동일한 값을 부여합니다.
- Distance(거리): 더 가까운 이웃이 더 멀리 있는 이웃보다 더 큰 영향을 미칩니다.

3.2 최근접 이웃 알고리즘 성능 평가하기

❶ 최근접 이웃 알고리즘 성능을 알아보기 위해 'Test and Score' 위젯을 연결합니다. 이때 'Data Sampler' 위젯의 훈련 데이터(Data Sample)와 최근접 이웃 알고리즘인 'kNN' 위젯을 'Test and Score' 위젯에 연결합니다.

❷ 'Test and Score'의 Cross validation(교차검증)을 선택하고, Number of folds(폴드 수)는 5개로 지정하고, 교차검증 시 펭귄 종 개수가 균일하게 나누기 위해 Stratified에 체크합니다.

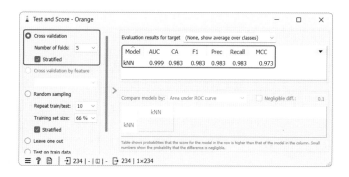

총 234개의 데이터를 교차 검증으로 학습한 결과, 모델 성능 결과 중 정확도(CA)는 0.983으로, 높은 분류 성능을 보이나 모든 결과를 다 맞추지 못한 걸 알 수 있습니다. 단, 훈련 데이터와 테스트 데이터를 무작위로 분할하므로, 모델 성능평가에 차이가 날 수 있습니다.

4 모델 평가 및 예측하기

❶ 'Data Sampler' 위젯에서 나머지 데이터(Remaining Data)로 펭귄 종을 예측하기 위해 'kNN', 'Predictions' 위젯을 연결합니다.

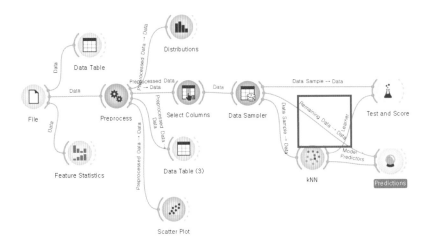

❷ 이때 'Data Sampler' 위젯의 나머지 데이터(Remaining Data)와 'Predictions' 위젯에 연결합니다.

❸ 'Predictions' 위젯의 'species' 열이 테스트 데이터의 실제값인 펭귄 종이고, 'kNN' 열이 테스트 데이터 예측값입니다. 총 99개의 데이터로 최근접 이웃 알고리즘으로 예측한 결과, 분류 정확도(CA)는 0.990으로, 거의 모든 펭귄 종을 예측한 것을 볼 수 있습니다.

'kNN' 열은 펭귄 종 예측값으로 'Adelie:Chinstrap:Gentoo' 펭귄 종 확률값으로 3개의 확률값의 합은 1이며, 가장 큰 값으로 펭귄 종을 예측하게 됩니다. 예를 들어, '0.71:0.29:0.00'라면 아델리펭귄(Adelie) 확률값이 가장 크므로, 아델리펭귄으로 예측하게 됩니다.

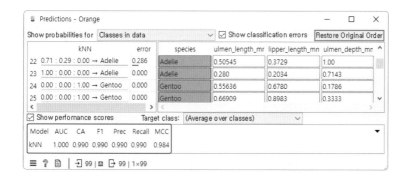

❹ 테스트 데이터의 예측 결과를 확인하기 위해 혼동 행렬(Confusion Matrix)을 사용할 수 있습니다. 혼동 행렬은 모델이 전체 데이터의 각 레이블을 얼마나 정확하게 예측했는지 표시한 행렬입니다. 혼동 행렬을 표시하려면 'Confusion Matrix' 위젯을 'Predictions' 위젯에 연결합니다.

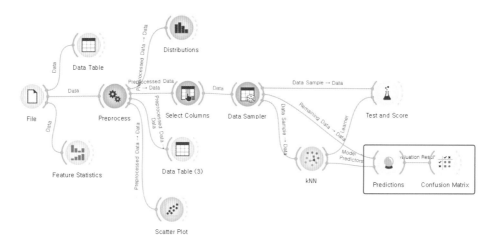

테스트 데이터 성능평가 결과(혼동 행렬)

혼동 행렬(Confusion Matrix)

혼동 행렬은 예측값을 x축, 실제값을 y축으로 표시합니다. 예를 들어 실제값이 턱끈(Chinstrap) 펭귄인 경우, 20마리 중 19마리를 정확히 예측하였고, 아델리(Adelie) 펭귄으로 잘못 예측한 것은 1개입니다.

5 모델 활용하기

최근접 이웃 알고리즘으로 펭귄 종을 예측해 보겠습니다.

❶ 기존의 펭귄 데이터를 이용해서 펭귄 신체 치수(부리 길이, 부리 깊이, 날개 길이) 데이터를 새로 만들어 봅니다. 스프레드시트에 3개의 데이터는 아델리펭귄, 턱끈펭귄, 젠투펭귄의 신체 치수와 비슷한 값으로 입력해 저장합니다. 단, 값들은 수치형으로 저장되어야 합니다.

표 4-2 새로운 데이터(파일명: penguin_new.csv)

culmen_depth_mm	culmen_length_mm	flipper_length_mm
18.7	39.1	181
18.5	46.9	200
14.5	50	250

❷ 'File' 위젯을 불러와 새로운 데이터 파일을 불러옵니다. 새로운 데이터는 타깃인 펭귄 종(species)이 없습니다. 'File' 위젯명을 'new'로 수정합니다.

❸ 데이터를 'Predictions' 위젯에 연결합니다. 'Predictions' 위젯을 더블클릭하면 펭귄 종을 예측한 결과가 나옵니다.

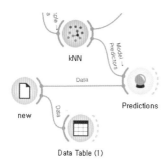

펭귄 종을 예측한 결과 아델리펭귄(Adelie), 턱끈펭귄(Chinstrap), 젠투펭귄(Gentoo)으로 예측한 것을 볼 수 있습니다.

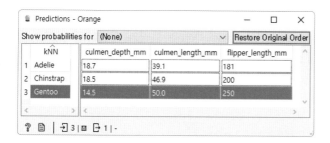

오렌지로 최근접 이웃 알고리즘을 이용해 펭귄 종을 예측하는 전체 과정은 다음과 같습니다.

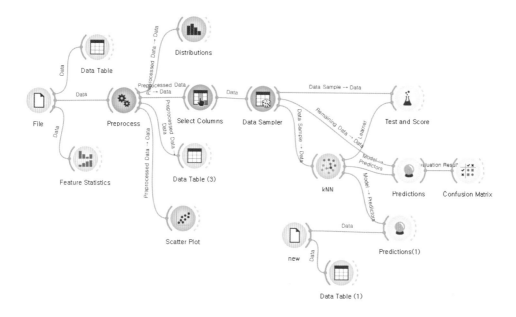

1 데이터 불러오기

1.1 파일 업로드하기

구글 코랩(Colab)에서 'penguins_size.csv' 파일을 업로드합니다.

```
from google.colab import files
uploaded = files.upload( )
```

1.2 데이터프레임 생성하기
File

판다스(pandas) 라이브러리를 이용해 'penguins_size.csv' 파일을 불러와 데이터프레임(df)을 생성합니다. 데이터프레임에 저장된 펭귄 데이터 상위 5개 자료를 출력하면 다음과 같습니다.

```
import pandas as pd
df = pd.read_csv('/content/penguins_size.csv')
df.head( )
```

	species	island	culmen_length_mm	culmen_depth_mm	flipper_length_mm	body_mass_g	sex
0	Adelie	Torgersen	39.1	18.7	181.0	3750.0	MALE
1	Adelie	Torgersen	39.5	17.4	186.0	3800.0	FEMALE
2	Adelie	Torgersen	40.3	18.0	195.0	3250.0	FEMALE
3	Adelie	Torgersen	NaN	NaN	NaN	NaN	NaN
4	Adelie	Torgersen	36.7	19.3	193.0	3450.0	FEMALE

> **NOTE**
> • df=pd.read_csv( ): csv 파일을 불러와 데이터프레임을 생성합니다.
> • df.head( ): 데이터프레임의 1~5행까지 출력합니다.

2 탐색적 데이터 분석 및 전처리하기

2.1 전체적인 데이터 살펴보기
Data Table

데이터 개수, 각 속성의 자료형, 결측치를 확인하고, 각 데이터의 속성 범위가 어떻게 되는지 확인하는 것이 중요합니다. 데이터프레임 요약 정보를 살펴보면 다음과 같습니다.

```
df.info( )
```

```
<class 'pandas.core.frame.DataFrame'>
RangeIndex: 344 entries, 0 to 343
Data columns (total 7 columns):
 #   Column             Non-Null Count  Dtype
---  ------             --------------  -----
 0   species            344 non-null    object
 1   island             344 non-null    object
 2   culmen_length_mm   342 non-null    float64
 3   culmen_depth_mm    342 non-null    float64
 4   flipper_length_mm  342 non-null    float64
 5   body_mass_g        342 non-null    float64
 6   sex                334 non-null    object
dtypes: float64(4), object(3)
memory usage: 18.9+ KB
```

총 344개 행(row), 7개의 열(column)로 구성되어 있는 데이터로, 펭귄 종(species), 서식지 (island)를 제외한 열들의 데이터가 344개가 아닌 것을 볼 수 있습니다. 즉, 데이터에 결측치가 있음을 예상할 수 있습니다.

2.2 결측치 처리하기

❶ 결측치 확인하기

결측치란 데이터에 값이 없는 것으로, 결측치가 있는 데이터로 모델을 생성하면 모델 정확도가 떨어질 수 있습니다. 데이터프레임에 각 열마다 결측치를 확인하려면 isnull( ) 명령을 사용합니다.

```
df.isnull( ).sum( )
```

```
species            0
island             0
culmen_length_mm   2
culmen_depth_mm    2
flipper_length_mm  2
body_mass_g        2
sex                10
dtype: int64
```

NOTE
- df.isnull( ): 결측치가 있으면 True, 결측치가 없으면 False를 반환합니다.
- df.isnull( ).sum( ): 결측치 개수(df.isnull( ) 값이 참(True))를 구합니다.

데이터프레임(df)의 결측치 총합을 확인한 결과, 부리 길이(culmen_length_mm), 부리 깊이 (culmen_depth_mm), 날개 길이(flipper_length_mm), 체질량(body_mass_g)에는 각각 2개의 결측치가 있고, 성별(sex)에는 10개의 결측치가 있습니다.

❷ 결측치 삭제하기

Preprocess

결측치가 있는 데이터를 처리하는 방법에는 결측치가 포함된 행 또는 열 삭제, 결측치 해당 열의 평균 또는 중앙값으로 대체하는 방법 등이 있습니다. 여기서는 결측치 데이터를 모두 삭제해보 겠습니다.

```
df.dropna(inplace=True)
df.isnull( ).sum( )
```

```
species             0
island              0
culmen_length_mm    0
culmen_depth_mm     0
flipper_length_mm   0
body_mass_g         0
sex                 0
dtype: int64
```

NOTE

• df.dropna(inplace=True): 결측치가 있는 데이터를 모두 삭제합니다. 원본 데이터프레임(df)을 수정합니다 (inplace=True).

2.3 펭귄 성별 고유값 구하기

펭귄의 성별(sex) 컬럼의 고유값을 구해봅니다.

```
df['sex'].unique( )
```

```
array(['MALE', 'FEMALE', '.'], dtype=object)
```

NOTE

• df['sex'].unique( ): 데이터프레임(df)의 성별(sex) 열에 있는 고유한 값을 반환합니다.

펭귄의 성별 열 고유값을 구하면 다음과 같이 MALE, FEMALE, . 값이 나오는 것을 볼 수 있습니다.

2.4 펭귄 성별 중 잘못된 값 삭제하기

펭귄 성별 열에서 .을 삭제하기 위해 성별 열의 '.' 값이 있는 데이터를 찾아봅니다.

```
df[df['sex']=='.']
```

	species	island	culmen_length_mm	culmen_depth_mm	flipper_length_mm	body_mass_g	sex
336	Gentoo	Biscoe	44.5	15.7	217.0	4875.0	.

> **NOTE**
> - df['sex']=='.': 성별(sex)의 '.'이 있는 행은 참(True), 그 외의 행은 거짓(False)을 반환합니다.
> - df[df['sex']=='.']: 성별(sex)의 '.'이 있는 행을 찾습니다.

성별 컬럼의 '.'이 있는 데이터는 336번 인덱스입니다. 데이터프레임의 인덱스를 이용해 행을 삭제할 수 있습니다.

```
df.drop(axis=0, inplace=True, index=336)
df.info( )
```

```
<class 'pandas.core.frame.DataFrame'>
Int64Index: 333 entries, 0 to 343
Data columns (total 7 columns):
 #   Column             Non-Null Count  Dtype
---  ------             --------------  -----
 0   species            333 non-null    object
 1   island             333 non-null    object
 2   culmen_length_mm   333 non-null    float64
 3   culmen_depth_mm    333 non-null    float64
 4   flipper_length_mm  333 non-null    float64
 5   body_mass_g        333 non-null    float64
 6   sex                333 non-null    object
dtypes: float64(4), object(3)
memory usage: 20.8+ KB
```

> **NOTE**
> - df.drop(axis=0, inplace=True, index=336): 인덱스 336번 행(axis=0) 값을 삭제합니다. 원본을 수정합니다(inplace=True).

결측치 처리 및 성별 열의 잘못된 값(.)까지 삭제한 결과, 총 333개의 데이터가 남았습니다.

2.5 펭귄 종별 개수 구하기

펭귄의 종류(species)별 빈도수를 구해봅니다.

```
df['species'].value_counts( )
```

```
Adelie        146
Gentoo        119
Chinstrap      68
Name: species, dtype: int64
```

펭귄 종별 빈도수를 막대 그래프로 그릴 수 있습니다.

```
import matplotlib.pyplot as plt
import seaborn as sns
sns.countplot(x='species', data=df)
plt.show( )
```

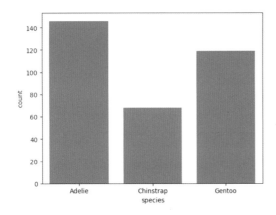

NOTE

- sns.countplot(x='species', data=df): 데이터 빈도수를 시각화합니다. 펭귄 종별(species) 빈도수를
막대 그래프로 시각화합니다.

펭귄 종 빈도수를 구한 결과, 아델리펭귄(Adelie) 데이터가 146개, 젠투펭귄(Gentoo) 데이터가
119개, 턱끈펭귄(Chinstrap) 데이터가 68개인 것을 볼 수 있다.

2.6 펭귄 종별 날개 길이를 박스 플롯으로 시각화하기

펭귄 종별(species) 날개 길이(flipper_length_mm)를 박스 플롯으로 시각화합니다.
박스 플롯은 데이터의 분포를 한 눈에 보여 주는 그래프입니다.

```
plt.figure(figsize=(8, 6))
sns.boxplot(x='species', y='flipper_length_mm', hue='species', data=df)
plt.show( )
```

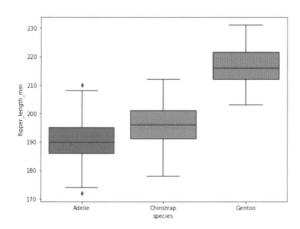

펭귄의 날개길이를 박스 플롯으로 시각화한 결과, 젠투(Gentoo) 펭귄의 날개 길이가 가장 길고, 아델리(Adelie) 펭귄이 가장 짧습니다.
턱끈(Chinstrap) 펭귄의 날개 길이는 아델리 펭귄과 비슷하나 조금 긴 것을 볼 수 있습니다. (박스 플롯에 대해서는 178쪽을 참고해 주세요.)

NOTE

• sns.boxplot(x='species', y='flipper_length_mm', data=df): 박스 플롯으로 시각화합니다. 펭귄 종별(species) 날개 길이(flipper_length) 값을 시각화합니다.

2.7 특징값을 산점도로 시각화하기

펭귄 특징 관계를 파악하고자 시본 라이브러리의 산점도(scatterplot)를 이용하여 시각화합니다.
산점도는 두 속성 간의 관계를 시각화하는 그래프입니다.

```
sns.scatterplot(x='culmen_depth_mm', y='culmen_length_mm',
hue='species', data=df)
plt.show( )
```

펭귄 부리 깊이와 부리 길이를 각각 x축과 y축으로 하는 산점도로 시각화한 결과, 펭귄 종이 뚜렷하게 구분되는 것을 볼 수 있습니다.

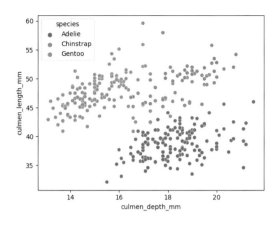

```
sns.scatterplot(x='flipper_length_mm', y='culmen_length_mm',
hue='species', data=df)
plt.show( )
```

펭귄 부리 길이와 날개 길이를 각각 x축과 y축으로 하는 산점도로 시각화한 결과, 펭귄 종이 뚜렷하게 구분되는 것을 볼 수 있습니다.

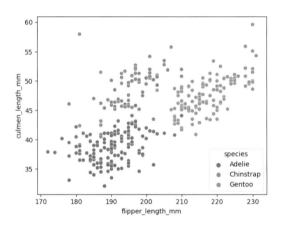

2.8 특징과 타깃 선정하기

펭귄 종을 분류하기 위해 특징으로 펭귄 부리 길이, 부리 깊이와 날개 길이를 선정하고자 합니다. 기계학습 분류 모델을 구현하기 위해 타깃을 결정하는 속성인 특징(Feature) X와 타깃(Target) y를 선정합니다.

특징과 타깃으로 사용할 속성들만 이용해 데이터프레임(df1)을 생성합니다.

```
df1 = df[['culmen_depth_mm', 'culmen_length_mm', 'flipper_length_mm',
'species']]
df1.head( )
```

	culmen_depth_mm	culmen_length_mm	flipper_length_mm	species
0	18.7	39.1	181.0	Adelie
1	17.4	39.5	186.0	Adelie
2	18.0	40.3	195.0	Adelie
4	19.3	36.7	193.0	Adelie
5	20.6	39.3	190.0	Adelie

특징과 타깃을 다음과 같이 선정합니다.

특징 (feature)	culmen_length_mm	부리 길이(mm)
	culmen_depth_mm	부리 깊이(mm)
	flipper_length_mm	날개 길이(mm)
타깃(target)	species	펭귄 종(Adelie, Chinstrap, Gentoo)

```
dataset = df1.values
X = dataset[:, :-1]
y = dataset[:, -1]
```

NOTE

- dataset = df1.values: 데이터프레임의 값을 NumPy 배열로 변환합니다.
- X = dataset[:, :−1]: 마지막 열을 제외한 모든 열을 포함합니다.
- y = dataset[:, −1]: 마지막 열(−1) 값을 y로 저장합니다.

데이터프레임의 마지막 컬럼(−1)인 펭귄 종(species)을 타깃(y)으로, 나머지 컬럼인 펭귄 부리 길이, 부리 깊이, 날개 길이 값을 특징(X)으로 지장합니다.

```
print("특징 모양: ", X.shape)
print("타깃 모양: ", y.shape)
```

```
특징 모양 :  (333, 3)
타깃 모양 :  (333,)
```

2.9 데이터 정규화하기
Preprocess

데이터 정규화는 데이터의 단위나 범위를 동일하게 맞춰주는 작업입니다. 최근접 이웃 알고리즘은 거리를 기반으로 예측을 수행하기 때문에, 데이터의 단위나 범위가 크게 다르면 거리 측정에 오류가 발생할 수 있습니다. 따라서 데이터 정규화를 통해 이러한 오류를 방지할 수 있습니다. 사이킷런의 MinMaxScaler는 데이터의 최소값을 0으로, 최대값을 1로 맞춥니다.

```
from sklearn.preprocessing import MinMaxScaler
scaler = MinMaxScaler( )
X_scaled = scaler.fit_transform(X)
X_scaled[0]
```

```
array([0.66666667, 0.25454545, 0.15254237])
```

NOTE

- scaler = MinMaxScaler( ): MinMaxScaler(최소-최대 정규화) 객체를 생성합니다.
- fit_transform(X): MinMaxScaler 객체를 사용하여 X 데이터를 정규화합니다.
  - fit( ) 메서드는 데이터의 분포를 학습합니다.
  - transform( ) 메서드는 학습된 분포를 사용하여 데이터를 변환합니다. 이 변환은 정규화, 표준화 등의 처리를 수행할 수 있습니다.

2.10 훈련 데이터, 테스트 데이터 분할하기
Data Sampler

정규화된 특징(X_scaled)과 타깃(y) 데이터를 7:3으로 분할해 훈련 데이터(X_train, y_train), 테스트 데이터(X_test, y_test)를 생성합니다.

```
from sklearn.model_selection import train_test_split
X_train, X_test, y_train, y_test = train_test_split(X_scaled, y, test_
size=0.3, stratify=y, random_state=0)
```

특징(X)과 타깃(y)을 훈련, 테스트 데이터셋으로 분할하면 다음과 같습니다.

```
print("훈련 데이터: ", X_train.shape, y_train.shape)
print("테스트 데이터: ", X_test.shape, y_test.shape)
```

```
훈련 데이터 :  (233, 3) (233,)
테스트 데이터 :  (100, 3) (100,)
```

훈련 데이터는 총 233개, 테스트 데이터는 100개로 분할되었습니다.

NOTE

- X_train, X_test, y_train, y_test = train_test_split(...): 정규화된 특징(X_scaled)과 타깃(y) 데이터를 훈련 데이터와 테스트 데이터로 70:30으로 분할합니다.
- stratify=y: 테스트 데이터와 훈련 데이터의 레이블 분포가 동일하도록 조정합니다.
- random_state = 0: 실행할 때마다 동일한 분할 결과를 얻을 수 있습니다.

3 모델 생성하기

3.1 최근접 이웃 알고리즘으로 학습하기
kNN

KNeighborsClassifier는 최근접 이웃(kNN) 분류 클래스입니다. KNeighborsClassifier를 훈련 데이터(X_train, y_train)를 이용해 모델로 학습시킵니다.

```python
from sklearn.neighbors import KNeighborsClassifier
knn = KNeighborsClassifier(n_neighbors=7)
knn.fit(X_train, y_train)
```

NOTE

- KNeighborsClassifier: 사이킷런의 최근접 이웃 분류 클래스입니다.
- knn = KNeighborsClassifier(n_neighbors=7): 최근접 이웃 분류 객체를 생성합니다. k=7로 설정합니다.
- knn.fit(X_train, y_train): 훈련 데이터셋의 특징과 타깃을 이용해 학습합니다.

최근접 이웃 분류 알고리즘으로 훈련 데이터를 학습했을 때 성능을 평가합니다. 모델의 분류 정확도를 구하면 다음과 같습니다. 단, 훈련 데이터와 테스트 데이터를 무작위로 분할하므로, 모델 성능평가에 차이가 날 수 있습니다.

```python
print("훈련 데이터를 이용한 모델 분류 정확도: ", knn.score(X_train, y_train))
```

```
훈련 데이터를 이용한 모델 분류 정확도 :  0.9828326180257511
```

④ 모델 평가 및 예측하기

4.1 모델 평가하기

테스트 데이터를 이용해 모델의 성능을 평가합니다.

```
print("테스트 데이터를 이용한 모델 성능 평가: ", knn.score(X_test, y_test))
```

```
테스트 데이터를 이용한 모델 성능 평가 :  0.97
```

4.2 최적의 k 구하기

최근접 이웃 알고리즘에서 최적의 k를 구하기 위해 KNeighborsClassifier 모델을 사용하여, k의 값을 2부터 10까지 변화시키면서 학습을 수행하고, 각 k값에 대한 모델의 정확도를 출력합니다.

```
for k in range(2, 11):
    knn = KNeighborsClassifier(n_neighbors=k)
    knn.fit(X_train, y_train)
    score = knn.score(X_test, y_test)
    print('k: %d, accuracy: %.2f' % (k, score*100))
```

```
k: 2, accuracy: 95.00
k: 3, accuracy: 96.00
k: 4, accuracy: 96.00
k: 5, accuracy: 97.00
k: 6, accuracy: 96.00
k: 7, accuracy: 97.00
k: 8, accuracy: 97.00
k: 9, accuracy: 97.00
k: 10, accuracy: 97.00
```

k가 5 또는 7~10일 때까지 모델의 정확도는 97%입니다. k값을 5, 7, 8, 9, 10 중 하나로 설정하면 좋은 성능을 낼 수 있다는 것을 알 수 있습니다.

NOTE

- knn = KNeighborsClassifier(n_neighbors=k): k-최근접 이웃 알고리즘 객체를 생성합니다.
- knn.fit(X_train, y_train): 훈련 데이터로 k-최근접 이웃 알고리즘을 학습합니다.
- score = knn.score(X_test, y_test): 테스트 데이터에 대한 정확도를 측정합니다.
- print('k: %d, accuracy: %.2f' % (k, score*100)): k값과 정확도를 출력합니다.

4.3 테스트 데이터 예측하기

훈련 데이터로 모델을 학습한 후 테스트 데이터로 결과값을 예측하고, 실제 테스트 데이터의 타깃값과 비교해 보았습니다.

```
predictions = knn.predict(X_test)
```

```
print(predictions[:5])
print(y_test[:5])
```

```
['Adelie' 'Adelie' 'Chinstrap' 'Gentoo' 'Adelie']
['Adelie' 'Adelie' 'Chinstrap' 'Gentoo' 'Adelie']
```

NOTE

　model.predict(X_test): 테스트 특징 데이터(X_test)의 결과를 예측합니다.

실행 결과 대부분의 예측값은 테스트 데이터 타깃값과 일치하나 얼마나 많이 맞췄는지 정확히 알 수 없습니다.

혼동 행렬(confusion matrix)을 이용하면 테스트 데이터의 예측값이 실제값을 얼마나 정확히 예측했는지 확인할 수 있습니다. 단, 훈련 데이터와 테스트 데이터를 무작위로 분할하므로 성능평가에 차이가 날 수 있습니다.

```
from sklearn.metrics import confusion_matrix
plt.figure(figsize=(8, 6))

conf = confusion_matrix(y_test, predictions)
sns.heatmap(conf, annot=True, cmap="BuPu")

plt.title("Penguin Classification")
plt.xlabel("Predicted")
plt.ylabel("Actual")
plt.show( )
```

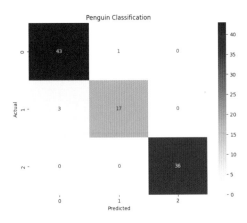

- confusion_matrix(y_test, predictions): 테스트 타깃 데이터인 실제값(y_test)과 테스트 데이터 예측값(predictions)에 대한 혼동 행렬을 구합니다.
- sns.heatmap(conf, annot=True, cmap="BuPu"): 혼동 행렬을 히트맵으로 표현합니다. 각 셀의 값을 표기(annot=True)하고 히트맵의 색상을 선택합니다.

가로축에는 예측값(Predicted), 세로축에는 실제값(Actual)이 제시되고 있습니다.

혼동 행렬을 구한 결과, 실제 아델리펭귄(0)은 44개 중 43개를 맞추고, 1개를 턱끈펭귄(1)으로 잘못 분류하였습니다. 턱끈펭귄(1)은 20개 중 17개를 맞추고, 3개를 아델리펭귄(0)으로 잘못 분류하였습니다. 젠투펭귄(2)은 36개 모두 맞게 분류하였습니다.

5 모델 활용하기

5.1 새로운 데이터프레임 생성하기 📄
File

최근접 이웃 알고리즘을 이용하여 펭귄 종을 예측해 보겠습니다. 오렌지3에서 만들었던 파일을 이용합니다.

표 4-3   새로운 데이터(파일명: penguin_new.csv)

culmen_depth_mm	culmen_length_mm	flipper_length_mm
18.7	39.1	181
18.5	46.9	200
14.5	50	250

구글 코랩(Colab)에서 'penguins_new.csv' 파일을 업로드합니다.

```
from google.colab import files
uploaded = files.upload( )
```

특징값만 저장된 'penguins_new' 파일로 데이터프레임(df_new)을 생성합니다.

```
df_new = pd.read_csv('/content/penguin_new.csv')
df_new.head( )
```

	culmen_depth_mm	culmen_length_mm	flipper_length_mm
0	18.7	39.1	181
1	18.5	46.9	200
2	14.5	50.0	250

5.2 데이터 정규화하기

특징값에 대해 최소-최대 정규화를 수행합니다.

```
dataset_new = df_new.values
new_scaled = scaler.fit_transform(dataset_new)
```

5.3 새로운 데이터 예측하기
Predictions

새로운 데이터로 결과를 예측해 보겠습니다.

```
print(knn.predict(new_scaled))
```

```
['Adelie' 'Chinstrap' 'Gentoo']
```

예측 결과, 아델리펭귄, 턱끈펭귄, 젠투펭귄으로 예측할 수 있습니다.

파이썬으로 펭귄 종을 예측하는 최근접 이웃 분류 모델 전체 코드는 다음과 같습니다.

```
# 1.1 파일 업로드하기
from google.colab import files
uploaded = files.upload( )

# 1.2 데이터프레임 생성하기
import pandas as pd
df = pd.read_csv('/content/penguins_size.csv')
df.head( )

# 2.1 전체적인 데이터 살펴보기
df.info( )

# 2.2 결측치 처리하기
df.isnull( ).sum( )
df.dropna(inplace=True)

# 2.3 펭귄 성별 고유값 구하기
df['sex'].unique( )

# 2.4 펭귄 성별 중 잘못된 값 삭제하기
df[df['sex']=='.']
df.drop(axis=0, inplace=True, index=336)

# 2.5 펭귄 종별 개수 구하기
df['species'].value_counts( )
import matplotlib.pyplot as plt
import seaborn as sns
sns.countplot(x='species', data=df)
plt.show( )

# 2.6 펭귄 종별 날개 길이를 박스 플롯으로 시각화하기
plt.figure(figsize=(8, 6))
sns.boxplot( x='species', y='flipper_length_mm', hue='species', data=df)
plt.show( )

# 2.7 특징값을 산점도로 시각화하기
sns.scatterplot(x='culmen_depth_mm', y='culmen_length_mm', hue='species',
data=df)
plt.show( )
```

```python
sns.scatterplot(x='flipper_length_mm', y='culmen_length_mm',
hue='species', data=df)
plt.show( )

# 2.8 특징과 타깃 선정하기
df1 = df[['culmen_depth_mm', 'culmen_length_mm', 'flipper_length_mm',
'species']]
dataset = df1.values
X = dataset[:, :-1]
y = dataset[:, -1]
print("특징 모양: ", X.shape)
print("타깃 모양: ", y.shape)

# 2.9 데이터 정규화하기
from sklearn.preprocessing import MinMaxScaler
scaler = MinMaxScaler( )
X_scaled = scaler.fit_transform(X)
X_scaled[0]

# 2.10 훈련 데이터, 테스트 데이터 분할하기
from sklearn.model_selection import train_test_split
X_train, X_test, y_train, y_test = train_test_split(X_scaled, y, test_
size=0.3, stratify=y, random_state=0)
print("훈련 데이터: ", X_train.shape, y_train.shape)
print("테스트 데이터: ", X_test.shape, y_test.shape)

# 3.1 최근접 이웃 알고리즘으로 학습하기
from sklearn.neighbors import KNeighborsClassifier
knn = KNeighborsClassifier(n_neighbors=7)
knn.fit(X_train, y_train)

print("훈련 데이터를 이용한 모델 분류 정확도: ", knn.score(X_train, y_train))

# 4.1 모델 평가하기
print("테스트 데이터를 이용한 모델 성능 평가: ", knn.score(X_test, y_test))

# 4.2 최적의 k 구하기
for k in range(2, 11):
    knn = KNeighborsClassifier(n_neighbors=k)
    knn.fit(X_train, y_train)
    score = knn.score(X_test, y_test)
    print('k: %d, accuracy: %.2f' % (k, score*100))
```

```python
# 4.3 테스트 데이터 예측하기
predictions = knn.predict(X_test)
print(predictions[:5])
print(y_test[:5])

# 혼동 행렬 구하기
from sklearn.metrics import confusion_matrix
plt.figure(figsize=(8, 6))

conf = confusion_matrix(y_test, predictions)
sns.heatmap(conf, annot=True, cmap="BuPu")

plt.title("Penguin Classification")
plt.xlabel("Predicted")
plt.ylabel("Actual")
plt.show( )

# 5.1 새로운 데이터프레임 생성하기
from google.colab import files
uploaded = files.upload( )
df_new = pd.read_csv('/content/penguin_new.csv')
df_new.head( )

# 5.2 데이터 정규화하기
dataset_new = df_new.values
new_scaled = scaler.fit_transform(dataset_new)

# 5.3 새로운 데이터 예측하기
print(knn.predict(new_scaled))
```

펭귄 신체 치수 데이터를 이용해 펭귄 종을 예측하는 최근접 이웃 분류 모델을 수행하였습니다.

최근접 이웃 알고리즘(kNN)은 기계학습에서 분류(Classification) 또는 회귀(Regression) 모두 가능한 지도학습 모델 중 하나입니다. 사이킷런의 KNeighborsClassifier 클래스는 최근접 이웃 분류 모델을 만들 수 있는 클래스입니다.

펭귄 부리 길이, 부리 깊이, 날개 길이 데이터로 최근접 이웃 분류 모델을 생성하면, 대부분의 펭귄 종을 예측할 수 있습니다.

그 외에 펭귄의 다른 속성들을 특징으로 선정해 모델을 만들어 볼 수 있습니다. 다른 속성들을 특징으로 추가해서 분류 모델을 만들어 보세요.

오렌지	파이썬
kNN	`from sklearn.neighbors import KNeighborsClassifier` `knn = KNeighborsClassifier(n_neighbors=7)`

2040년 자장면 가격을 예측할 수 있을까?

2040년 자장면 가격을 예측할 수 있을까?

어떤 과정으로 해결할까?

인공지능(기계학습)으로 2040년 자장면 가격을 예측하는 과정은 다음과 같습니다.

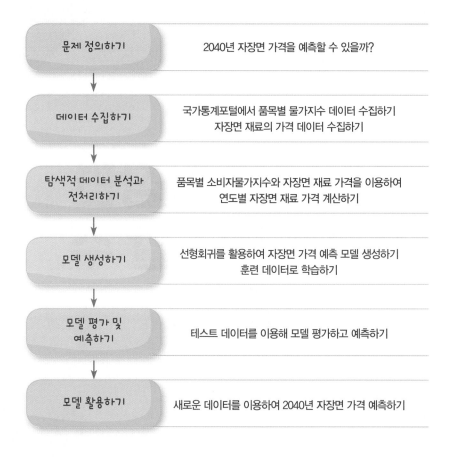

문제 정의하기	2040년 자장면 가격을 예측할 수 있을까?
데이터 수집하기	국가통계포털에서 품목별 물가지수 데이터 수집하기 자장면 재료의 가격 데이터 수집하기
탐색적 데이터 분석과 전처리하기	품목별 소비자물가지수와 자장면 재료 가격을 이용하여 연도별 자장면 재료 가격 계산하기
모델 생성하기	선형회귀를 활용하여 자장면 가격 예측 모델 생성하기 훈련 데이터로 학습하기
모델 평가 및 예측하기	테스트 데이터를 이용해 모델 평가하고 예측하기
모델 활용하기	새로운 데이터를 이용하여 2040년 자장면 가격 예측하기

*키워드 선형회귀(Linear Regression), 상관계수(Correlation Coefficient), 회귀 모델 성능평가 지표

1 ▶ 문제 정의하기

2022년 6월 통계청 국가통계포털(KOSIS)에 따르면 외식 품목 중 자장면의 소비자물가가 10.4% 올랐습니다. 자장면 물가가 급등한 것은 핵심 재료인 밀가루, 돼지고기, 양파 등의 가격상승이 원인이 되고 있습니다. 이런 추세로 물가가 상승하면 2040년에는 자장면 가격은 얼마일까요?

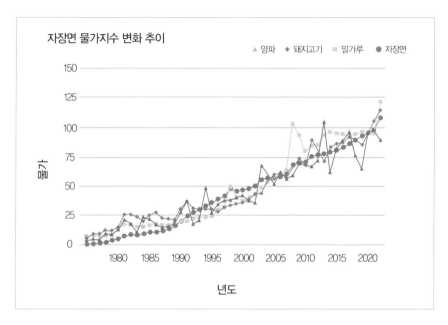

그림 5-1 　자장면 물가 추이

(출처) 조선비즈 뉴스 2022.06.12. 일자
https://n.news.naver.com/mnews/article/366/0000820227

문제 **2040년 자장면 가격을 예측할 수 있을까?**

2 ▶ 데이터는 어떻게 수집할까?

1 품목별 소비자물가지수 데이터 수집하기

연도별 자장면 가격 데이터를 준비하기 위해 국가통계포털에서 품목별 소비자물가지수 데이터를 수집합니다. 국가통계포털에서 제공하는 소비자물가지수는 2020년을 기준으로 합니다. 연도별 자장면 소비자물가지수와 기준 연도인 2020년 자장면 가격 데이터를 수집하여 계산하면 연도별 자장면 가격을 구할 수 있습니다.

❶ 국가통계포털(https://kosis.kr/)에서 '품목별 소비자물가지수'를 검색합니다.

다음의 품목별 소비자물가지수 중 첫 번째 항목을 선택합니다. (2020=100)은 기준년도 2020년의 소비자물가지수가 100이라는 의미입니다.

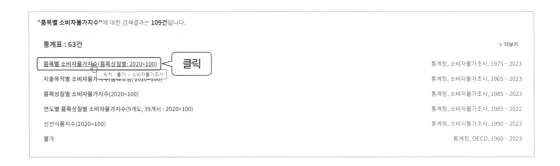

❷ 검색된 결과에서 품목별 소비자물가지수를 선택하면 다음과 같은 화면이 나타납니다.

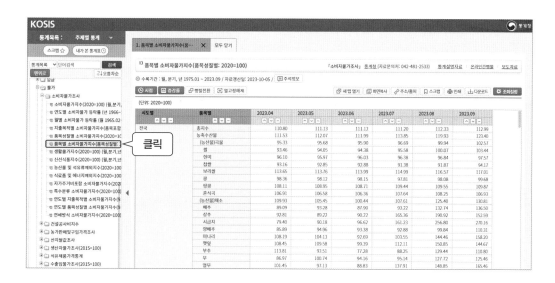

❸ 검색된 [품목별 소비자물가지수] 창에서 연도별 소비자물가지수 데이터를 다운로드합니다. 다음 화면에서 [시점]을 클릭한 후, 새 창에서 [년]을 선택하고 [전체 선택]을 눌러서 1975년부터 2022년까지 모든 연도에 체크합니다. 데이터는 조회하는 시점에 따라 달라질 수 있습니다. 여기서는 2022까지 물가지수 데이터를 수집하겠습니다.

❹ 다운로드 파일 형태를 'CSV'로 선택하고 '다운로드'를 클릭합니다.

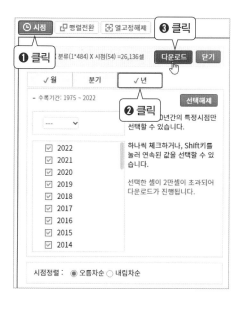

다운로드한 파일을 열어보면 다음과 같이 여러 품목의 소비자물가지수가 하나의 파일에 저장되어 있습니다. 소비자물가지수는 2020년을 기준으로 100으로 설정되어 있고, 다른 연도는 기준연도의 상대적인 지수를 나타냅니다.

	A	B	C	D	E	F	G	H	I	J	K	L	M	N
1	시도별	품목별	항목	단위	2023.04 월	2023.05 월	2023.06 월	2023.07 월	2023.08 월	2023.09 월	1975 년	1976 년	1977 년	1978 년
377	전국	불고기	소비자물가	2020=100	115.32	115.44	115.48	115.62	115.67	115.96				
378	전국	쇠고기(외	소비자물가	2020=100	116.28	116.27	116.51	116.35	116.62	116.92				
379	전국	돼지갈비(	소비자물가	2020=100	117.68	118.28	118.4	118.88	118.66	119.09				
380	전국	삼겹살(외	소비자물가	2020=100	117.52	117.64	117.85	118.04	117.91	117.96				
381	전국	오리고기(	소비자물가	2020=100	116.54	117.28	117.87	118.44	118.68	118.84				
382	전국	냉면	소비자물가	2020=100	117.8	118.51	119.23	119.72	119.84	120.35	5.175	6.89	7.58	8.297
383	전국	칼국수	소비자물가	2020=100	118.64	118.8	119.03	119.24	119.53	119.61				
384	전국	죽(외식)	소비자물가	2020=100	118.47	118.47	118.47	118.47	118.47	118.47				
385	전국	생선초밥	소비자물가	2020=100	113.33	113.42	113.58	113.92	114.07	114.1				
386	전국	생선회(외	소비자물가	2020=100	122.22	122.6	122.92	122.98	122.9	123.24				
387	전국	자장면	소비자물가	2020=100	121.97	122.09	121.73	122.21	122.89	123.9	2.894	3.193	4.078	4.277
388	전국	짬뽕	소비자물가	2020=100	118.76	118.96	119.02	119.2	119.62	120.11	3.351	3.798	4.01	4.197
389	전국	탕수육	소비자물가	2020=100	113.7	113.77	114.4	114.54	114.83	115.13				
390	전국	볶음밥	소비자물가	2020=100	118.7	118.94	119.16	119.32	119.76	120.48				
391	전국	돈가스	소비자물가	2020=100	119.09	119.39	120.12	120.58	120.8	121.05				
392	전국	스테이크	소비자물가	2020=100	113.61	114.06	114.13	114.67	114.76	114.82				
393	전국	스파게티	소비자물가	2020=100	112.03	112.48	112.61	112.97	113.2	113.31				
394	전국	라면(외식)	소비자물가	2020=100	122.25	122.59	122.79	122.85	123.38	123.41				

❺ 이렇게 수집한 데이터 파일에서 자장면, 밀가루, 돼지고기, 양파의 소비자물가지수만 남기고, 항목, 월별 물가지수 등 필요하지 않은 셀은 그림과 같이 삭제합니다. 왼쪽의 '시도별' 열도 같은 방법으로 삭제합니다.

이렇게 편집한 데이터는 그림과 같이 4가지 품목의 소비자물가지수로 이루어져 있습니다.

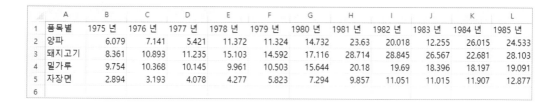

	A	B	C	D	E	F	G	H	I	J	K	L
1	품목별	1975 년	1976 년	1977 년	1978 년	1979 년	1980 년	1981 년	1982 년	1983 년	1984 년	1985 년
2	양파	6.079	7.141	5.421	11.372	11.324	14.732	23.63	20.018	12.255	26.015	24.533
3	돼지고기	8.361	10.893	11.235	15.103	14.592	17.116	28.714	28.845	26.567	22.681	28.103
4	밀가루	9.754	10.368	10.145	9.961	10.503	15.644	20.18	19.69	18.396	18.197	19.091
5	자장면	2.894	3.193	4.078	4.277	5.823	7.294	9.857	11.051	11.015	11.907	12.877
6												

데이터 분석을 위해 연도, 돼지고기, 밀가루, 자장면 소비자물가지수가 데이터의 속성(열)이 될 수 있도록 행/열 변환을 수행합니다.

❻ 총 5줄로 이루어져 있는 데이터를 전체 복사하여 [A6] 셀에 [선택하여 붙여넣기]합니다. 그런 다음 그림과 같은 창에서 [행/열 바꿈]을 선택합니다.

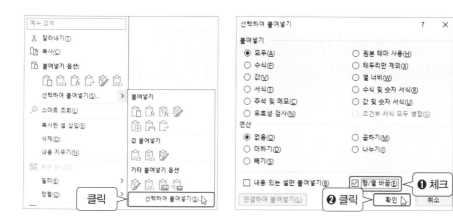

❼ 행/열 변환 후 필요 없는 데이터는 지우고 다음과 같은 형태로 정리합니다.

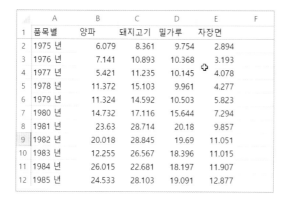

	A	B	C	D	E	F
1	품목별	양파	돼지고기	밀가루	자장면	
2	1975 년	6.079	8.361	9.754	2.894	
3	1976 년	7.141	10.893	10.368	3.193	
4	1977 년	5.421	11.235	10.145	4.078	
5	1978 년	11.372	15.103	9.961	4.277	
6	1979 년	11.324	14.592	10.503	5.823	
7	1980 년	14.732	17.116	15.644	7.294	
8	1981 년	23.63	28.714	20.18	9.857	
9	1982 년	20.018	28.845	19.69	11.051	
10	1983 년	12.255	26.567	18.396	11.015	
11	1984 년	26.015	22.681	18.197	11.907	
12	1985 년	24.533	28.103	19.091	12.877	

❽ 마지막으로 '품목별'이라는 값이 속성명으로 적절하지 않기 때문에 '연도'로 수정합니다. 그리고 데이터 분석을 위해 '1975년'과 같이 문자열로 저장된 연도 값을 '1975'의 수치형 데이터로 변환합니다. 그림과 같이 [A2] 셀에 숫자 '1975'를 입력하고 셀을 선택한 상태에서 Ctrl키를 누르고 + 기호를 드래그하면 연속적으로 변화하는 수치로 바뀝니다.

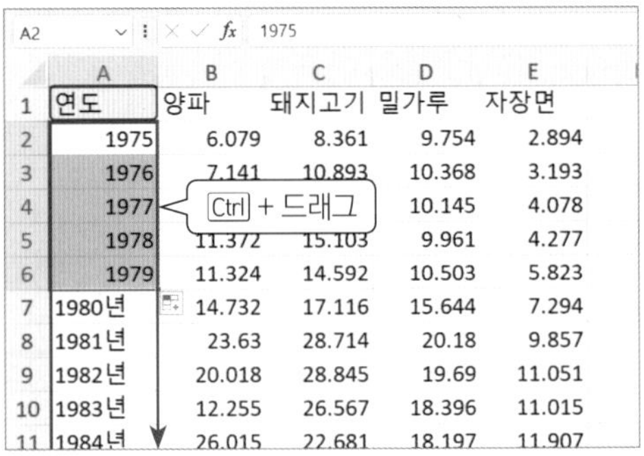

A2			×✓fx	1975	
	A	B	C	D	E
1	연도	양파	돼지고기	밀가루	자장면
2	1975	6.079	8.361	9.754	2.894
3	1976	7.141	10.893	10.368	3.193
4	1977		10.145	4.078	
5	1978	11.372	15.103	9.961	4.277
6	1979	11.324	14.592	10.503	5.823
7	1980년	14.732	17.116	15.644	7.294
8	1981년	23.63	28.714	20.18	9.857
9	1982년	20.018	28.845	19.69	11.051
10	1983년	12.255	26.567	18.396	11.015
11	1984년	26.015	22.681	18.197	11.907

(Ctrl + 드래그)

이렇게 편집한 1975년부터 2022년까지 연도별 자장면 재료의 물가지수 데이터를 '자장면소비자물가지수(1975-2022).csv' 파일로 저장합니다. 정리한 파일은 아래의 표와 같습니다.

표 5-1 　자장면 재료별 소비자물가지수

연도	양파	돼지고기	밀가루	자장면
1975	6.08	8.36	9.75	2.89
1976	7.14	10.89	10.37	3.19
1977	5.42	11.24	10.15	4.08
1978	11.37	15.10	9.96	4.28
1979	11.32	14.59	10.50	5.82
1980	14.73	17.12	15.64	7.29
1981	23.63	28.71	20.18	9.86
1982	20.02	28.85	19.69	11.05
1983	12.26	26.57	18.40	11.02
1984	26.02	22.68	18.20	11.91
1985	24.53	28.10	19.09	12.88
1986	19.11	30.76	20.35	13.48
...	...	...	...	...
2018	80.86	93.98	99.40	94.98
2019	68.75	90.31	101.07	98.59
2020	100	100	100	100
2021	103.56	111.11	100.67	103.07
2022	94.42	120.09	128.83	114.20

* 자장면소비자물가지수(1975-2022).csv　　　데이터 다운로드: https://bit.ly/imcpi

2 자장면 재료 가격 탐색하기

국가통계포털에서 다운로드한 자료는 품목별 소비자물가지수이기 때문에 자장면 가격 데이터는 아닙니다. 연도별 자장면 재료의 가격 데이터를 얻을 수 없는 경우, 기준 연도의 가격을 알면 소비자물가지수 값을 이용하여 계산할 수 있습니다. 이를 위해서는 물가지수 기준(100)이 되는 2020년 자장면 재료의 가격 데이터를 수집해야 합니다. 한국소비자원 참가격 사이트(https://www.price.go.kr/)의 외식비 페이지에서 2020년 자장면 가격 데이터를 얻을 수 있습니다.

양파가격은 생필품 상품별 가격동향 페이지에서 가격동향-생필품을 선택하면 다음과 같은 창이 나타납니다. 기간비교, 연도별, 2020년부터 최대 4년간, 신선식품 중 채소류-양파를 선택한 후 조회하면 2020년부터 양파가격을 확인할 수 있습니다.

밀가루 가격도 같은 메뉴에서 가공식품–곡물가공품–밀가루를 선택하여 2020년 밀가루 가격을 얻을 수 있습니다.

또한 축산물품질평가원 축산유통정보(https://www.ekapepia.com/)에서 2020년 돼지고기 평균 가격을 구할 수 있습니다. 여기서는 자장면 재료로 사용될 수 있는 목심 부위의 가격을 조사하였습니다. 상단 메뉴에서 소비자가격 – 기간별가격 – 연도별가격을 선택하고, 조회 기간과 축종, 부위/규격을 선택합니다.

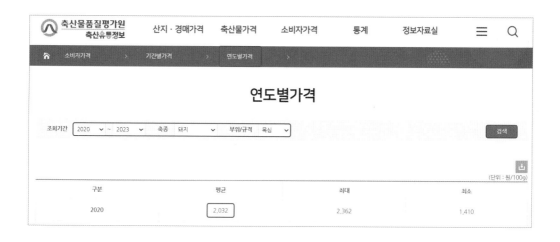

위와 같은 방법으로 자장면을 만드는 데 필요한 밀가루, 양파, 돼지고기의 2020년 가격을 정리하면 다음과 같습니다.

표 5-2　2020년 자장면 재료별 소비자가격

연도별	양파 가격(1.5kg)	돼지고기 가격(100g)	밀가루 가격(1kg)	자장면 가격
2020년	3734	2032	1356	5195

[표 5-1]의 '자장면 재료별 소비자물가지수' 데이터와 [표 5-2]의 '2020년 자장면 재료별 소비자가격'을 이용하면 연도별 자장면 가격을 계산할 수 있습니다.

③ 　어떤 데이터 처리가 필요할까?

자장면 가격을 예측하는 인공지능 모델을 만들어야 하기 때문에 소비자물가지수를 가격 데이터로 변환해야 합니다. 연도별 물가지수와 기준이 되는 2020년 품목별 가격 데이터를 이용하면 연도별 자장면 재료의 가격을 계산할 수 있습니다.

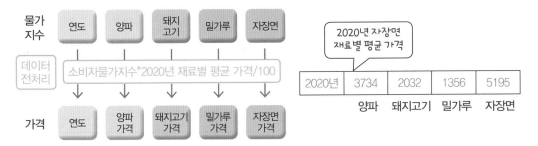

그림 5-2   연도별 자장면 재료의 가격 계산 과정

소비자물가지수 데이터를 가격 데이터로 변환하는 과정은 다음과 같습니다.

> ...
> 2020년 자장면 가격 = (2020년 자장면 평균 가격 * 2020년 자장면 소비자물가지수) / 100
> 2021년 자장면 가격 = (2020년 자장면 평균 가격 * 2021년 자장면 소비자물가지수) / 100
> ...

이와 같은 방법으로 연도별 소비자물가지수를 2020년 자장면 재료의 평균 가격을 이용하여 1975년부터 2022년까지 자장면 재료의 가격을 구할 수 있습니다.

표 5-3   연도별 자장면 재료 가격

연도	양파 가격	돼지고기 가격	밀가루 가격	자장면 가격
1975	226.99	169.90	132.26	150.34
1976	266.65	221.35	140.59	165.88
1977	202.42	228.30	137.57	211.85
1978	424.63	306.89	135.07	222.19
1979	422.84	296.51	142.42	302.51
1980	550.09	347.80	212.13	378.92
1981	882.34	583.47	273.64	512.07
1982	747.47	586.13	267.00	574.10
1983	457.60	539.84	249.45	572.23
1984	971.40	460.88	246.75	618.57
1985	916.06	571.05	258.87	668.96
...	...	...	...	...
2020	3734	2032	1356	5195

연도	양파 가격	돼지고기 가격	밀가루 가격	자장면 가격
2021	3866.93	2257.76	1365.09	5354.49
2022	3525.64	2440.23	1746.93	5932.69

데이터 전처리를 통해 정리한 자장면 가격 데이터는 총 5개의 속성을 가지고 있습니다.

표 5-4   자장면 가격 데이터 속성과 의미

속성	의미
연도	1975년~2022년
양파 가격	양파 1.5kg 가격
돼지고기 가격	돼지고기 목살 100g 가격
밀가루 가격	밀가루 1kg 가격
자장면 가격	자장면 1그릇 가격

4   자장면 가격 예측 모델은 어떻게 만들까?

앞서 수집한 데이터를 이용하여 2040년 자장면 가격을 예측하는 모델은 어떻게 구현할 수 있을까요?

1975년부터 2022년까지 가공한 데이터를 활용하여 자장면 가격을 예측하는 모델을 구현하기 위해 데이터셋에서 데이터 속성의 역할을 설정해야 합니다. 총 5개의 속성 중 연도와 재료 가격은 독립변수인 특징(feature), 자장면 가격은 종속변수인 타깃(target)으로 지정합니다.

표 5-5   자장면 가격 데이터의 특징과 타깃

특징(feature)				타깃 (target)
연도	양파 가격	돼지고기 가격	밀가루 가격	자장면 가격
1975	226.99	169.90	132.26	150.34
1976	266.65	221.35	140.59	165.88
1977	202.42	228.30	137.57	211.85

연도	양파 가격	돼지고기 가격	밀가루 가격	자장면 가격
1983	457.6	539.8	249.5	572.2
1978	424.6	306.9	135.1	222.2
1981	882.3	583.5	273.6	512.1
2014	2425.7	1788.7	1376.0	4332.5
2008	2333.8	1461.6	1474.4	3770.3
1988	672.3	509.0	259.6	824.9
...				
2015	3249.0	1854.2	1363.8	4452.3
2001	1511.8	867.6	596.3	2638.5
2018	3019.2	1909.7	1347.8	4934.3

그림 5-3   자장면 가격을 예측하기 위한 독립변수와 종속변수

자장면 가격을 예측하는 문제는 종속변수가 수치형 데이터이기 때문에 선형회귀 모델을 구현하여 해결할 수 있습니다. 자장면 가격을 예측하는 선형회귀 모델은 다음과 같은 형태로 동작합니다. 그림에서 연도, 밀가루 가격, 돼지고기 가격, 양파 가격 등을 독립변수로 설정하고 자장면 가격을 종속변수로 설정하여 자장면 가격을 예측하는 다중 회귀 모델을 만들 수 있습니다.

그림 5-4   연도와 재료에 따른 자장면 가격 예측 모델의 동작

선형회귀는 한 개 이상의 독립변수(x)와 종속변수(y)의 선형 관계를 모델링하는 분석 기법입니다. 기계학습 모델을 구현할 때 실제값과 예측값의 차이, 즉 오차를 최소로 하는 모델을 선택하는 것이 중요합니다. 선형회귀에서 오차를 최소로 하는 모델을 만들어 가는 과정은 다음과 같습니다.

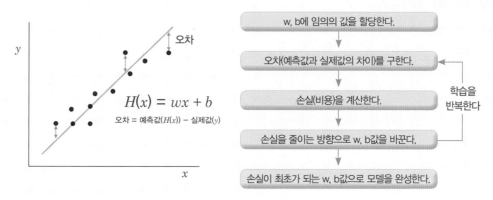

그림 5-5 선형회귀 모델링 과정

선형회귀 모델은 $H(x) = wx + b$로 표현할 수 있습니다. 한 개의 독립변수로 모델을 만들 경우 단순 선형회귀, 둘 이상의 독립변수의 선형 관계를 바탕으로 모델을 만드는 경우 다중 선형회귀라고 합니다.

3개의 독립변수를 특성으로 하는 다중 선형회귀 모델은 $H(x) = w_1x_1 + w_2x_2 + w_3x_3 + b$로 표현될 수 있습니다. 선형회귀 모델의 학습은 훈련 데이터를 이용하여 비용을 최소로 하는 회귀계수(w)와 절편(b)의 값을 추정하는 것입니다. 회귀계수와 절편에 따라 선형회귀 모델의 예측값이 달라집니다. 훈련 데이터를 이용해 최소제곱법으로 손실을 최소로 하는 w와 b를 구할 수 있습니다. 최소제곱법은 오차의 제곱합이 최소가 되는 추정량을 구하는 방법입니다.

오렌지를 이용하여 자장면 가격을 예측하는 선형회귀 모델을 구현해 봅시다.

1 데이터 불러오기

❶ 'File' 위젯을 추가합니다.

❷ 'File' 위젯을 더블클릭하고 자장면 소비자
물가지수 파일을 불러옵니다.

– 파일 : 자장면소비자물가지수(1975-2022).csv

❸ 'File' 위젯에 'Data Table' 위젯을 연결하고 'Data Table' 위젯을 더블클릭하면 새 창에서 소
비자물가지수 파일에 저장된 내용을 확인할 수 있습니다.

2 데이터 전처리와 탐색하기

2.1 자장면 재료별 가격 구하기

자장면 소비자물가지수 데이터에 2020년 자장면 재료별 소비자가격을 이용하여 계산하면 자장면 재료별 가격을 구할 수 있습니다.

❶ 'Transform' 카테고리에서 'Formula' 위젯을 선택하고, 캔버스에서 'File' 위젯과 'Formula' 위젯을 연결합니다. 여기서는 알아보기 쉽게 'File' 위젯에서 마우스 오른쪽 버튼을 클릭하고 'Rename'을 클릭한 후 위젯 이름을 '자장면소비자물가지수'라고 수정해 두었습니다.

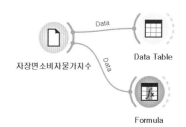

❷ 'Formula' 위젯을 더블클릭합니다. Formula 창에서 'New' → 'Numeric'을 선택한 후 '자장면 가격'이라는 새로운 변수를 추가합니다. '자장면*5195/100'과 같은 수식으로 자장면 가격을 계산합니다. 양파, 돼지고기, 밀가루에 대해서도 같은 방식으로 계산식을 추가한 후 'send'를 누릅니다.

❸ 'Data Table' 위젯을 추가하고 'Formula' 위젯과 연결하면 그림과 같이 4가지 새로운 속성이 추가된 것을 확인할 수 있습니다.

❹ 'Save Data' 위젯을 추가하고 'Formula' 위젯과 연결합니다. 'Save Data' 위젯을 더블클릭해 변환된 데이터를 '자장면재료가격(1975−2022).csv'로 저장합니다.

2.2 독립변수와 종속변수 선정하기

❶ 'File' 위젯을 새로 추가하고 앞서 저장한 '자장면재료가격(1975−2022).csv' 파일을 불러옵니다. 'File' 위젯 이름을 '자장면재료가격'으로 수정하겠습니다.

❷ 독립변수와 종속변수를 설정하기 위하여 'Transform' 카테고리의 'Select Columns' 위젯을 추가하고 'File' 위젯(자장면재료가격)과 연결합니다. 'Select Columns' 위젯을 더블클릭합니다. 연도, 양파 가격, 돼지고기 가격, 밀가루 가격 속성은 특징(Feature)으로 설정하고, 자장면 가격 속성은 타깃(Target)으로 설정합니다.

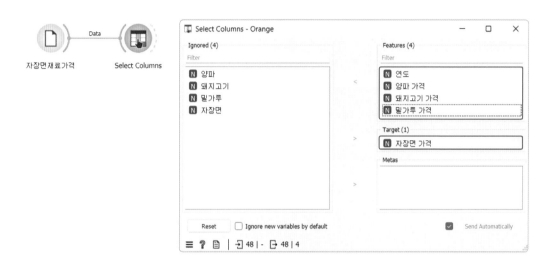

❸ 'Select Columns' 위젯에 'Data Table' 위젯을 연결하고 데이터 테이블의 내용을 확인합니다. 종속변수로 설정된 자장면 가격 속성이 앞쪽에 나타나 있고, 왼쪽 Info 항목을 보면 Numeric outcome이라고 표시되어 있습니다.

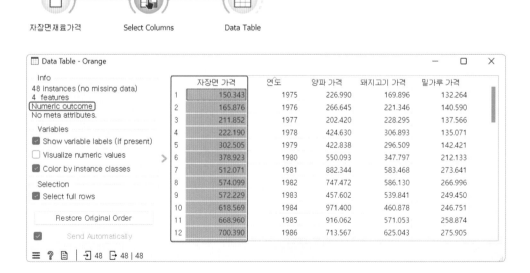

❹ 데이터 속성 간의 관계를 알아보기 위해 산점도를 표시해보겠습니다. 'Visualize' 카테고리의 'Scatter Plot' 위젯을 추가하고 'Select Columns' 위젯과 연결합니다. Scatter Plot 창을 열고 x축에 '연도'와 y축에 '자장면 가격'을 선택하면 데이터 속성 간의 상관관계를 확인할 수 있습니다. Show regression line에 체크하면 회귀선과 상관계수(r=0.99)를 보여줍니다. 상관관계

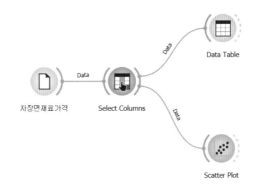

를 통해 연도 속성뿐만 아니라 밀가루 등 자장면 재료의 가격도 자장면 가격과 상관이 높은 것을 알 수 있습니다.

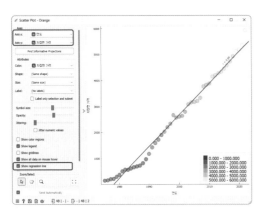

연도와 자장면 가격의 상관관계

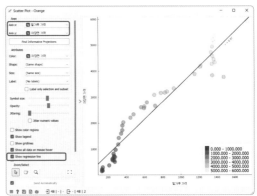

밀가루 가격과 자장면 가격의 상관관계

🖥 더 배우기 **쉽게 배우는 AI 지식 : 상관계수**

상관관계는 2개의 변수 x와 y가 있을 때 x의 변화에 따라 y도 변화하는 관계를 의미합니다.
상관계수는 상관관계가 얼마나 강한지를 나타내며 -1에서 +1 사이의 값을 가집니다. r의 절대값이 1에 가까울수록 두 변수의 상관관계가 높습니다. 다음 표는 상관계수의 상관 정도를 판단하는 기준을 보여줍니다.

상관계수(r)	상관 정도
$\lvert r \rvert < 0.2$	거의 상관이 없다.
$0.2 <= \lvert r \rvert < 0.4$	약한 상관이 있다.
$0.4 <= \lvert r \rvert < 0.6$	상관이 있다.
$0.6 <= \lvert r \rvert < 0.8$	강한 상관이 있다.
$0.8 <= \lvert r \rvert <= 1$	매우 강한 상관이 있다.

2.3 훈련 데이터와 테스트 데이터 분할하기

모델 학습과 성능 평가를 위해 훈련 데이터와 테스트 데이터로 분할합니다. 'Transform' 카테고리의 'Data Sampler' 위젯을 추가하고 'Select Columns' 위젯과 연결합니다. Data Sampler 창에서 훈련 데이터의 비율을 70%로 설정합니다.

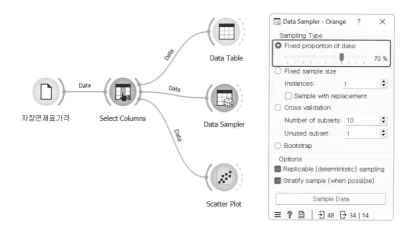

3 모델 생성하기

3.1 선형회귀 모델 학습하기

❶ 'Data Sampler' 위젯으로 분할한 훈련 데이터를 'Linear Regression' 위젯에 연결합니다. 두 위젯의 연결 선을 더블클릭합니다. 전체 48개의 데이터 중 'Data Sampler' 위젯에 의해 분할된 70%인 34개의 데이터가 선형회귀 모델 학습에 사용됩니다.

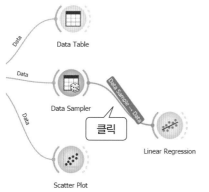

❷ 'Linear Regression' 위젯을 더블클릭하면 선형회
   귀의 정규화 옵션을 설정할 수 있습니다. 여기서는
   Lasso regression(L1)을 선택하겠습니다.

쉽게 배우는 AI 지식: Linear Regression 위젯

'Linear Regression' 위젯은 입력 데이터에서 선형
함수를 학습하는 학습자와 예측자를 구성합니다.
독립변수 X와 종속변수 y 사이의 관계를 식별하여
선형회귀 모델을 생성합니다. 또한 Lasso 및 Ridge
정규화 매개변수를 지정할 수 있습니다.

매개변수

Fit intercept(절편 맞춤) 옵션을 선택하지 않으면
절편이 0이 됩니다.

정규화

Ridge와 Lasso 정규화는 모델의 과적합(Over-
fitting)을 방지하고 일반화하여 성능을 향상시키는
데 도움을 줍니다.

① Ridge regression(L2 정규화): L2 정규화는 모델의 가중치(weight)들을 제한하고, 각 가중치의 크기를 작게
   만들어서 모델이 훈련 데이터에 과적합되는 것을 방지합니다.

② Lasso regression (L1 정규화): L1 정규화는 모델의 가중치들을 0으로 만드는 경향이 있습니다. 모델에서
   중요하지 않은 특성들을 제거하는 역할을 하여, 특징 선택(feature selection) 효과를 얻을 수 있습니다.

③ Elastic net regression: Ridge의 L2와 Lasso의 L1 정규화를 혼합한 것입니다.

Ridge는 입력변수가 전반적으로 비슷한 수준으로 출력변수에 영향을 미치는 경우 사용하고, Lasso의 경우
입력변수의 가중치 차이가 큰 경우에 사용합니다.

❸ 모델 학습한 결과를 확인하기 위해 'Test and Score' 위젯을 'Data Sampler' 위젯과 연결합니다. 이때 'Data Sampler' 위젯으로 분할한 전체 데이터 중 훈련 데이터로 사용한 70%의 데이터로 성능을 검증합니다.

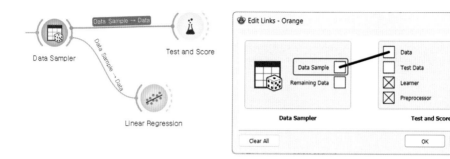

3.2 모델 성능 확인하기

'Linear Regression' 위젯과 'Test and Score' 위젯을 연결합니다. 'Test and Score' 위젯을 더블클릭하면 34개의 훈련 데이터로 학습한 결과를 확인할 수 있습니다. 선형회귀 모델의 성능을 확인할 수 있는 4가지 지표값을 보여줍니다. 그중 모델이 실제 데이터를 얼마나 잘 설명하는지 나타내는 결정계수(R2)는 0.988로 나타났습니다.

Data Sampler를 통해 무작위로 70%의 훈련 데이터를 선정하기 때문에 결과가 다를 수 있습니다.

3.3 회귀계수와 절편 확인하기

'Linear Regression' 위젯에 'Data Table' 위젯을 연결하면 선형회귀 모델의 회귀계수와 절편을 확인할 수 있습니다. 70%의 랜덤 데이터를 사용하기 때문에 실행 결과가 달라질 수 있습니다.

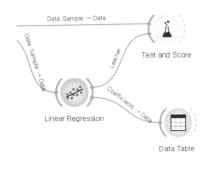 

학습을 통해 생성된 선형회귀 모델을 식으로 나타내면 다음과 같습니다.

$$y = 89.4x_1 + 0.17x_2 - 0.14x_3 + 0.74x_4 - 176782$$

y : 자장면 가격, x_1 : 연도, x_2 : 양파 가격, x_3 : 돼지고기 가격, x_4 : 밀가루 가격

자장면 가격을 예측하는 모델은 연도가 가장 큰 영향을 미치는 것으로 나타났습니다. 자장면 재료 중에는 밀가루 가격, 양파 가격순으로 영향을 주고 있습니다.

4 모델 평가 및 예측하기

❶ 학습이 이루어진 모델에 테스트 데이터를 입력하여 모델의 성능을 평가하기 위하여 'Predictions' 위젯에 추가해 'Data Sampler' 위젯과 'Linear Regression' 위젯에 각각 연결합니다. 연결선을 더블클릭하고 전체 데이터 중 남은 데이터를 사용하도록 Remaining Data를 연결합니다.

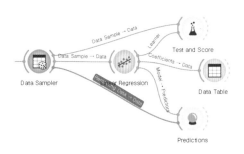 

❷ 'Predictions' 위젯을 더블클릭하면 모델의 성능평가 결과를 확인할 수 있습니다. 학습에 사용하지 않은 테스트 데이터로 선형회귀 모델의 성능을 평가한 결과, 결정계수(R^2)의 값이 0.984로 나타났습니다.

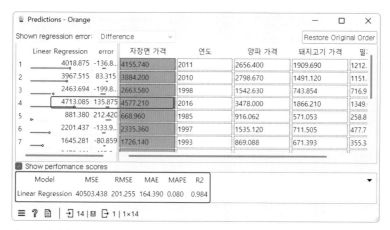

테스트 데이터의 성능평가 및 예측 결과

❸ 'Predictions' 위젯을 활용하면 실제 자장면 가격과 Linear Regression 모델이 예측한 자장면 가격을 비교해 볼 수 있습니다. Linear Regression 모델은 2016년 자장면 가격을 약 4,713원으로 예측하였습니다. 이는 실제 가격 4,577원과 약간의 차이가 있습니다.

테스트 데이터 또한 무작위로 분할된 30%의 남은 데이터를 사용하기 때문에 모델의 예측값이 달라질 수 있습니다.

5 모델 활용하기

이렇게 만들어진 모델을 활용하여 2030년과 2040년, 2050년 자장면 가격을 예측해보겠습니다. 이를 위해 2030년, 2040년, 2050년의 양파, 돼지고기, 밀가루 가격을 단순 선형회귀로 예측하여 'new_data.csv' 파일에 저장하였습니다. 2030년, 2040년, 2050년 자장면 재료 가격은 연도를 독립 변수로 하여 단순 선형회귀를 통해 예측한 값입니다.

표 5-6   새로운 데이터(new_data.csv)

연도	양파 가격	돼지고기 가격	밀가루 가격
2030	4176.51	2371.04	1752.46
2040	4972.20	2794.36	2085.39
2050	5637.62	3217.69	2418.36

❶ 'File' 위젯을 새로 추가합니다. 여기서는 위젯 이름을 'new_Data'로 변경했습니다. 이 위젯을 더블클릭하고 새로운 데이터(new_data.csv)를 가져옵니다. 자장면 가격을 예측하기 위한 데이터이므로 4가지 속성(Role)은 모두 feature로 설정합니다.

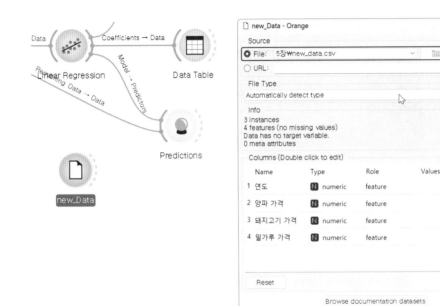

❷ 2040년 자장면 가격을 예측하기 위해 그림과 같이 선형회귀 모델의 출력과 새로운 데이터를 'Predictions' 위젯에 연결합니다. 'Predictions' 위젯을 더블클릭하면 인공지능이 예측한 결과를 보여줍니다. 선형회귀 모델은 2040년 자장면 가격은 7526.87원으로 예측하였습니다.

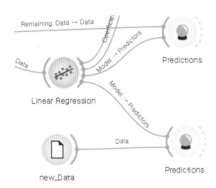

오렌지로 2040년 자장면 가격을 예측하는 모델을 구현하는 과정은 다음과 같습니다.

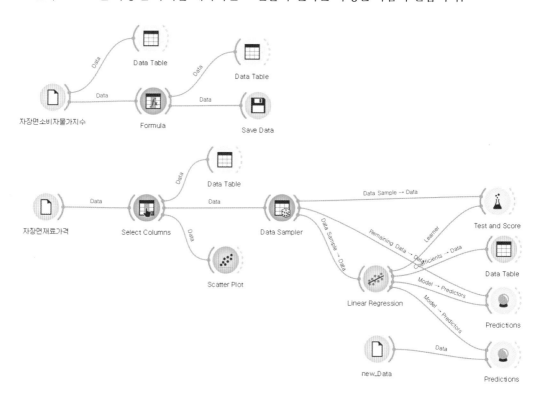

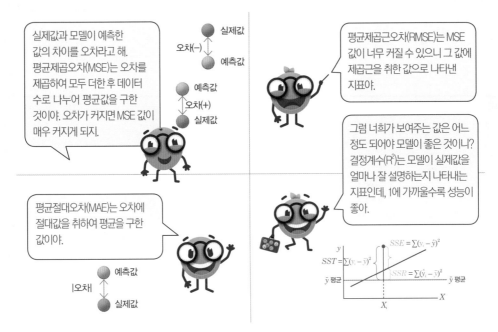

그림 5–6   선형회귀의 성능평가지표

선형회귀 모델이 얼마나 성능이 좋은지 성능을 평가하기 위해 MSE 나 $RMSE$, MAE, R^2와 같은 지표를 사용합니다. 실제값 y_i와 모델이 예측한 값 $\hat{y}_i$를 비교하여 모델의 성능을 평가합니다.

오차 = 예측값($\hat{y}_i$) - 실제값(y_i), $\bar{y}$는 y값의 평균입니다.

오차지표는 0에 가까울수록, 결정계수(R^2)는 1에 가까울수록 좋은 모델입니다.

성능평가지표	의미	수학적 계산
MSE	평균제곱오차	$MSE = \dfrac{1}{N} \displaystyle\sum_{i=1}^{N} (\hat{y}_i - y_i)^2$
$RMSE$	평균제곱근오차	$RMSE = \sqrt{MSE}$
MAE	평균절대오차	$MAE = \dfrac{1}{N} \displaystyle\sum_{i=1}^{N} \lvert \hat{y}_i - y_i \rvert$
R^2	결정계수	$R^2 = \dfrac{\sum(\hat{y}_i - \bar{y})^2}{\sum(y_i - \bar{y})^2}$ $R^2 = \dfrac{SSR}{SST} = 1 - \dfrac{SSE}{SST}$

- SSR(Sum of Squares due to Regression) : 모델의 예측값($\hat{y}_i$)과 y평균($\bar{y}$)의 차이를 제곱하여 합한 것으로, 회귀 모델이 종속변수를 얼마나 잘 설명하는지를 나타내는 값입니다.
- SST(Sum of Squares Total) : 종속변수(y_i)와 y평균($\bar{y}$)과의 차이를 제곱하여 합한 값입니다.

이제 구글 코랩에서 파이썬으로 이 문제를 선형회귀 모델로 구현해보겠습니다.

1 데이터 불러오기
File

1.1 파일 업로드하기

자장면 재료의 연도별 소비자물가지수는 '자장면소비자물가지수(1975−2022).csv' 파일에 저장되어 있습니다. 구글 코랩에서 다음 코드를 입력한 후 '자장면소비자물가지수(1975−2022).csv' 파일을 업로드합니다.

```
from google.colab import files
uploaded = files.upload( )
```

1.2 데이터 프레임에 저장하기

csv 파일에 저장된 데이터를 읽어오기 위해 판다스 라이브러리를 가져옵니다.

```
import pandas as pd
```

파일에서 데이터를 읽어서 데이터프레임에 저장합니다. 속성명이 한글로 저장되어 있기 때문에 encoding='cp949'를 추가합니다. utf8로 저장된 CSV 파일의 경우 인코딩 오류가 발생할 수 있습니다. 이런 경우 encoding='cp949'를 삭제하고 다시 실행해보세요.

```
df=pd.read_csv('/content/자장면소비자물가지수(1975-2022).csv', encoding='cp949')
df.head( )
```

NOTE

- encoding='cp949' : 파이썬의 read_csv 함수에서 encoding 옵션은 파일의 문자 인코딩 방식을 지정하는 것입니다. cp949는 한국어 텍스트 파일을 위한 문자 인코딩입니다.

데이터프레임 df에 저장된 자장면 물가지수의 상위 5개 자료를 출력하면 다음과 같습니다.

	연도	양파	돼지고기	밀가루	자장면
0	1975	6.079	8.361	9.754	2.894
1	1976	7.141	10.893	10.368	3.193
2	1977	5.421	11.235	10.145	4.078
3	1978	11.372	15.103	9.961	4.277
4	1979	11.324	14.592	10.503	5.823

2 데이터 탐색과 전처리하기

Data Table   Formula   Select Columns

2.1 데이터 둘러보기

df 데이터프레임의 info( ) 함수를 이용하여 정보를 살펴보면 자장면 소비자물가지수 데이터는
48행 5개의 속성으로 이루어져 있습니다.

```
df.info( )     #데이터 속성 정보를 확인합니다.
```

```
RangeIndex: 48 entries, 0 to 47
Data columns (total 5 columns):
 #   Column  Non-Null Count  Dtype
---  ------  --------------  -----
 0   연도       48 non-null     int64
 1   양파       48 non-null     float64
 2   돼지고기     48 non-null     float64
 3   밀가루      48 non-null     float64
 4   자장면      48 non-null     float64
dtypes: float64(4), int64(1)
```

df 데이터프레임의 describe( ) 함수를 이용하여 자장면 소비자물가지수의 평균(mean), 표준편
차(std), 최소값(min), 최대값(max)과 같은 통계값을 확인할 수 있습니다.

```
df.describe( )
```

	연도	양파	돼지고기	밀가루	자장면
count	48.00	48.000000	48.000000	48.000000	48.000000
mean	1998.50	47.748896	51.061083	51.886542	48.127208
std	14.00	30.117020	30.454378	36.139933	33.056687
min	1975.00	5.421000	8.361000	9.754000	2.894000
25%	1986.75	20.161250	28.561250	20.057500	13.962750
50%	1998.50	41.212500	38.639500	42.547500	49.810500
75%	2010.25	71.345000	76.485250	92.172000	76.074750
max	2022.00	110.109000	120.090000	128.830000	114.200000

2.2 데이터 전처리하기

자장면 재료의 소비자물가지수 데이터를 가격 데이터로 변환하기 위해 데이터 전처리가 필요합니다.

표 5-7   2020년 자장면 재료별 소비자 가격

연도	양파 가격(1.5kg)	돼지고기 가격	밀가루 가격(1kg)	자장면 가격
2020년	3734	2032	1356	5195

2020년 자장면 재료의 가격을 price2020 배열에 저장합니다.

```
price2020=[3734, 2032, 1356, 5195]  # 2020년 자장면 재료가격
```

2020년 자장면 재료가격을 이용하여 연도별 자장면 재료가격을 계산합니다.

```
df['양파 가격']=round(df['양파']*price2020[0]/100,2)
df['돼지고기 가격']=round(df['돼지고기']*price2020[1]/100,2)
df['밀가루 가격']=round(df['밀가루']*price2020[2]/100,2)
df['자장면 가격']=round(df['자장면']*price2020[3]/100,2)
```

NOTE

• round(값,2): 소수점 세 번째 자리에서 반올림하여 두 번째 자리까지 출력합니다.

위와 같은 명령어로 새로운 속성을 추가한 후 출력해보면 다음과 같습니다. 2020년 소비자물가지수는 100이고, 가격은 price2020에 저장된 값과 같습니다.

```
df[41:48]     # 데이터프레임의 index 41행부터 47행까지 출력합니다.
```

	연도	양파	돼지고기	밀가루	자장면	양파 가격	돼지고기 가격	밀가루 가격	자장면 가격
41	2016	93.144	91.841	99.484	88.108	3478.00	1866.21	1349.00	4577.21
42	2017	100.359	97.522	98.352	90.933	3747.41	1981.65	1333.65	4723.97
43	2018	80.856	93.981	99.398	94.982	3019.16	1909.69	1347.84	4934.31
44	2019	68.748	90.311	101.074	98.589	2567.05	1835.12	1370.56	5121.70
45	2020	100.000	100.000	100.000	100.000	3734.00	2032.00	1356.00	5195.00
46	2021	103.560	111.110	100.670	103.070	3866.93	2257.76	1365.09	5354.49
47	2022	94.420	120.090	128.830	114.200	3525.64	2440.23	1746.93	5932.69

2.3 탐색적 데이터 분석하기

❶ 자장면 재료 가격 속성 추출하기
Select Columns

df 데이터프레임에서 연도와 자장면 재료 가격을 추출하여 df2 데이터프레임에 저장합니다.

```
df2=df.iloc[:,[0,5,6,7,8]]
df2.head( )
```

	연도	양파 가격	돼지고기 가격	밀가루 가격	자장면 가격
0	1975	226.99	169.90	132.26	150.34
1	1976	266.64	221.35	140.59	165.88
2	1977	202.42	228.30	137.57	211.85
3	1978	424.63	306.89	135.07	222.19
4	1979	422.84	296.51	142.42	302.50

NOTE

- df2=df.iloc[:,[0,5,6,7,8]]: 데이터 테이블에서 열 인덱스를 이용하여 특정 속성을 추출합니다. 그림과 같이 df 데이터프레임의 0, 5, 6, 7, 8번 속성 데이터를 추출하여 df2에 저장합니다.

df

		소비자물가지수			소비자 가격			
연도	양파	돼지고기	밀가루	자장면	양파 가격	돼지고기 가격	밀가루 가격	자장면 가격
1975	6,079	8,361	9,754	2,894	226,99	169,90	132,26	150,34
1976	7,141	10,893	10,368	3,193	266,65	221,35	140,59	165,88
1977	5,421	11,235	10,145	4,078	202,42	228,30	137,57	211,85
1978	11,372	15,103	9,961	4,277	424,63	306,89	135,07	222,19
1979	11,324	14,592	10,503	5,823	422,84	296,51	142,42	302,51
0	1	2	3	4	5	6	7	8

df2

연도	양파 가격	돼지고기 가격	밀가루 가격	자장면 가격
1975	226,99	169,90	132,26	150,34
1976	266,65	221,35	140,59	165,88
1977	202,42	228,30	137,57	211,85
1978	424,63	306,89	135,07	222,19
1979	422,84	296,51	142,42	302,51

df2=df.iloc[:,[0,5,6,7,8]]

❷ 데이터 시각화하기

데이터 속성 간의 관계를 파악하기 위하여 상관관계를 출력해보면 다음과 같습니다.

```
df2.corr( )
```

자장면 가격은 연도와 상관관계가 0.99로 상관관계가 매우 높고, 다음으로 밀가루 가격과 상관관계가 높다는 것을 알 수 있습니다. 돼지고기 가격과 양파 가격도 상관관계가 높습니다.

	연도	양파 가격	돼지고기 가격	밀가루 가격	자장면 가격
연도	1.000000	0.945968	0.957698	0.951221	0.992918
양파 가격	0.945968	1.000000	0.937265	0.929358	0.948798
돼지고기 가격	0.957698	0.937265	1.000000	0.968510	0.964789
밀가루 가격	0.951221	0.929358	0.968510	1.000000	0.965574
자장면 가격	0.992918	0.948798	0.964789	0.965574	1.000000

NOTE

• df2.corr( ): corr( ) 함수는 데이터프레임의 모든 속성 간의 상관관계를 찾습니다.

이와 같은 상관관계 계산 결과를 히트맵(heatmap)으로 시각화하면 다음과 같습니다.

```
!pip install koreanize-matplotlib      # 한글 폰트 라이브러리 추가하기
import koreanize_matplotlib            # 한글 폰트 라이브러리 가져오기
import matplotlib.pyplot as plt
import seaborn as sns
sns.heatmap(df2.corr( ), annot=True, cmap='Greens')
```

히트맵을 살펴보면 자장면 가격은 연도와 상관관계가 0.99로 가장 높았고, 밀가루 가격, 돼지고기 가격, 양파 가격순으로 상관관계가 높습니다.

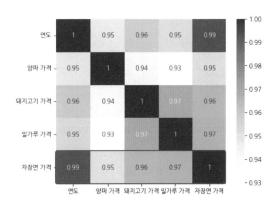

- heatmap: 데이터들의 관계를 색상으로 표현해주는 그래프입니다. 변수들 간의 관계를 직관적으로 나타냅니다.
- annot: True/False로 셀의 값 표시 여부를 설정합니다.
- cmap='Greens': 히트맵의 색을 초록색 계열로 나타냅니다.

다음과 같이 시본의 pairplot을 이용하면 상관계수를 통해 살펴본 속성 간의 상관관계를 시각화하여 확인할 수 있습니다.

```
sns.pairplot(df2)
```

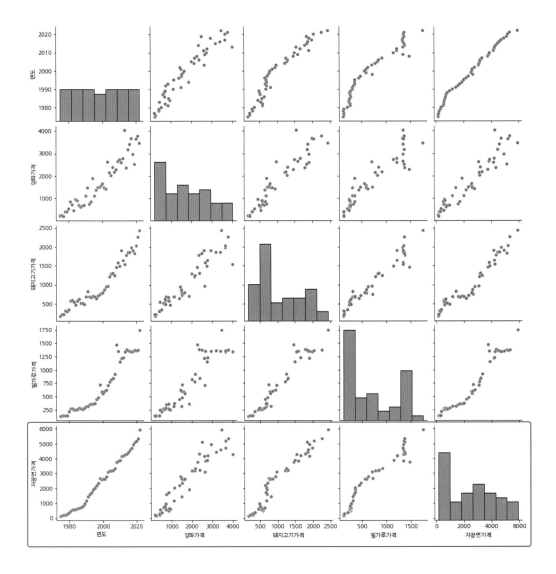

2.4 독립변수와 종속변수 선정하기

자장면 가격을 예측하는 다중 선형회귀 모델을 구현하기 위해 연도, 양파 가격, 돼지고기 가격, 밀가루 가격을 독립변수(X)로, 자장면 가격을 종속변수(y)로 설정하였습니다.

```
X=df2.iloc[:,0:4]        # X 독립변수: 연도, 양파 가격, 돼지고기 가격, 밀가루 가격
y=df2.iloc[:,4]          # y 종속변수: 자장면 가격
```

X를 출력하면 다음과 같이 4개의 속성으로 이루어져 있습니다.

	연도	양파 가격	돼지고기 가격	밀가루 가격
0	1975	226.99	169.90	132.26
1	1976	266.64	221.35	140.59
2	1977	202.42	228.30	137.57
3	1978	424.63	306.89	135.07
4	1979	422.84	296.51	142.42

NOTE

- X=df2.iloc[:, 0:4]: X 변수에 df2 데이터프레임의 0, 1, 2, 3 속성의 값이 저장됩니다.
- y=df2.iloc[:,4]: y 변수에 df2 데이터프레임의 4번 속성 값이 저장됩니다.

2.5 훈련 데이터와 테스트 데이터 분할하기
Data Sampler

훈련 데이터와 테스트 데이터를 분할하기 위해 사이킷런의 train_test_split을 가져옵니다. 훈련 데이터와 테스트 데이터의 비율을 7:3으로 설정합니다.

```
from sklearn.model_selection import train_test_split
X_train, X_test, y_train, y_test=train_test_split(X,y,test_size=0.3,
random_state=42)
```

NOTE

- 데이터를 분할할 때 훈련 데이터(X_train), 테스트 데이터(X-test), 훈련 데이터(y_train), 테스트 데이터(y_test)의 순서대로 기술하는 것에 주의합니다. 변수 이름은 달라질 수 있습니다.
- test_size=0.3: 훈련 데이터와 테스트 데이터의 비율을 7:3으로 분할하도록 설정합니다.

3.1 선형회귀 모델 학습하기

사이킷런의 LinearRegression 라이브러리를 가져와서 모델 학습을 수행합니다.

훈련 데이터로 모델 학습하고, 모델의 회귀계수와 절편을 출력합니다.

```
from sklearn.linear_model import LinearRegression
model=LinearRegression( )
model.fit(X_train, y_train)
```

3.2 회귀계수와 절편 확인하기

모델의 회귀계수와 절편 값은 다음과 같이 출력할 수 있습니다.

```
print(model.coef_, model.intercept_)
```

```
[ 9.05236512e+01 -5.16598841e-02 -1.42036958e-02  1.11373327e+00] -179072.91073198337
```

NOTE

- **model.fit( )**: 훈련 데이터(X_train, y_train)로 학습합니다.
- model.coef_와 model.intercept_는 생성한 모델의 회귀계수와 절편의 값을 의미합니다.

다음과 같은 명령어를 실행하면 회귀계수와 절편을 보다 잘 나타낼 수 있습니다. 독립변수가 4개의 속성으로 이루어져 있기 때문에 range(4)로 4번 반복하여 출력합니다. 훈련 데이터와 테스트 데이터를 무작위 분할했기 때문에 결과는 다를 수 있습니다.

```
for i in range(4):
   print("w%d = %.3f"%(i+1,model.coef_[i]))
print("b = %.3f"%(model.intercept_))
```

```
w1 = 90.524
w2 = -0.052
w3 = -0.014
w4 = 1.114
b = -179072.911
```

위의 출력 결과를 바탕으로 연도를 x_1, 양파 가격을 x_2, 돼지고기 가격을 x_3, 밀가루 가격을 x_4라고 할 때 자장면 가격(y)을 예측하는 선형회귀 모델의 식은 다음과 같습니다.

$$y = 90.524x_1 - 0.052x_2 - 0.014x_3 + 1.114x_3 - 179072.911$$

3.3 모델 성능 확인하기

자장면 가격을 예측하는 선형회귀 모델은 연도의 가중치가 가장 높다는 것을 알 수 있습니다. 훈련 데이터로 학습한 모델의 성능은 다음과 같이 나타났습니다.

```
print('훈련 데이터로 학습한 모델의 성능(R2):', model.score(X_train, y_train))
```

훈련 데이터로 학습한 모델의 성능(R2): 0.990367142834585

4 모델 평가 및 예측하기

Test and Score   Predictions

4.1 모델 성능 평가하기

이렇게 만들어진 모델은 실제값을 얼마나 정확하게 예측할까요? 테스트 데이터를 이용하여 모델이 학습하지 않은 데이터를 얼마나 잘 설명해주는지 확인해보겠습니다.

```
print('테스트 데이터로 모델의 성능(R2) 평가:', model.score(X_test, y_test))
```

테스트 데이터로 모델의 성능(R2) 평가: 0.9868577505270044

model.score( )는 R^2으로 모델 적합도를 평가한 것입니다. 테스트 데이터로 모델의 성능을 평가한 결과, 테스트 데이터를 98% 설명할 수 있는 것으로 나타났습니다.

> **NOTE**
> • model.score( ): 모델의 성능평가지표 중 결정계수(R^2)의 값을 나타냅니다. 매개변수에는 x값과 y값을 입력합니다.

평균제곱오차(MSE), 평균절대오차(MAE), 결정계수(R^2)의 성능평가지표를 확인해보겠습니다.

```
from sklearn.metrics import mean_squared_error, r2_score, mean_absolute_
error
y_pred=model.predict(X_test)
print('Mean squared error :', mean_squared_error(y_pred, y_test))
print('Mean absolute error :', mean_absolute_error(y_pred, y_test))
print('R2 score : ', r2_score(y_pred, y_test))
```

위 코드의 출력 결과, 모델의 평균제곱오차는 34028.108, 평균절대오차는 138.226, 결정계수는 0.987로 나타났습니다.

```
Mean squared error : 34028.10861126105
Mean absolute error : 138.2266301742925
R2 score :  0.9878606453693126
```

NOTE

- mean_squared_error( ): 모델이 예측한 값(y_pred)과 실제값(y_test)의 평균제곱오차를 계산합니다.
- mean_absolute_error( ): 모델이 예측한 값(y_pred)과 실제값(y_test)의 평균절대오차를 계산합니다.
- r2_score( ): 모델이 예측한 값(y_pred)과 실제값(y_test)을 이용하여 결정계수를 계산합니다.

테스트 데이터의 실제값(y_test)과 선형회귀 모델이 예측값(y_pred)을 비교하여 성능을 평가한 결과를 정리하면 다음과 같습니다. 오렌지3에서 계산한 모델의 성능과 어떤 차이가 있는지 확인 해볼 수 있습니다.

표 5-8 자장면 가격 예측 선형회귀 모델의 성능평가 결과

성능평가지표	MSE	MAE	R^2
성능평가 값	34028.108	138.226	0.987

4.2 모델 예측하기

완성한 모델에 테스트 데이터를 입력하면 모델이 예측한 값을 확인할 수 있습니다.
모델의 성능 평가 결과는 실제값과 예측값을 비교하여 계산한 것입니다.

```
y_pred=model.predict(X_test)
print('실제값:')
print(y_test[:5])
print('예측값:', y_pred[:5])
```

```
실제값 :
27    2794.18
40    4452.27
26    2638.49
43    4934.31
24    2569.40
Name: 자장면 가격, dtype: float64
예측값 : [2762.6087711  4656.94528288 2638.6135125  4921.85751123 2449.88162111]
```

완성된 모델은 실제 자장면 가격 2794.18을 2762.61로 예측하여 약간의 오차가 있습니다.

5 모델 활용 문제 해결하기

File   Predictions

이제 처음에 설정한 문제를 해결해 봅시다.

> 2040년 자장면 가격을 예측할 수 있을까?

2030년, 2040년, 2050년 자장면 재료 가격이 저장된 새로운 데이터를 불러옵니다.

이 데이터는 연도를 독립변수로, 자장면 재료 가격을 종속변수로 설정하여 단순 선형회귀 모델이 예측한 값입니다.

```
df_new=pd.read_csv('/content/new_data.csv', encoding='cp949')
df_new
```

	연도	양파 가격	돼지고기 가격	밀가루 가격
0	2030	4176.51	2371.04	1752.46
1	2040	4972.20	2794.36	2085.39
2	2050	5737.62	3217.69	2418.36

인공지능은 미래의 자장면 가격을 어떻게 예측할까요? 새로운 데이터를 입력하면 2030년, 2040년, 2050년 자장면 가격을 다음과 같이 예측합니다. 참고로 훈련 데이터와 테스트 데이터를 랜덤하게 분할하여 모델 학습하기 때문에 실행할 때마다 결과가 달라질 수 있습니다.

```
print(model.predict(df_new))
```

```
[6392.43863948 7621.35240743 8851.87432737]
```

우리가 구현한 다중 선형회귀 모델은 2040년 자장면 가격을 7621.35원으로 예측합니다.

파이썬으로 자장면 가격을 예측하는 전체 코드는 다음과 같습니다.

```python
# 1.1 파일 업로드하기
from google.colab import files
uploaded = files.upload( )

# 1.2 데이터프레임에 저장하기
import pandas as pd
df=pd.read_csv('/content/자장면소비자물가지수(1975-2022).csv',
encoding='cp949')
df.head()

# 2.1 데이터 둘러보기
df.info()
df.describe()

# 2.2. 데이터 전처리하기
# 자장면 재료별 소비자물가지수를 가격 데이터로 변환
price2020=[3734, 2032, 1356, 5195]
df['양파 가격']=round(df['양파']*price2020[0]/100,2)
df['돼지고기 가격']=round(df['돼지고기']*price2020[1]/100,2)
df['밀가루 가격']=round(df['밀가루']*price2020[2]/100,2)
df['자장면 가격']=round(df['자장면']*price2020[3]/100,2)

df[41:48]

# 2.3 탐색적 데이터 분석하기
df2=df.iloc[:,[0,5,6,7,8]]
df2.head()

df2.corr()   #속성간 상관관계 출력

# 한글 폰트 라이브러리 설치하기
!pip install koreanize-matplotlib

# 히트맵으로 상관관계 시각화하기
import koreanize_matplotlib
import matplotlib.pyplot as plt
import seaborn as sns
sns.heatmap(df2.corr(),annot=True, cmap='Greens')
```

```python
# pairplot으로 시각화하기
sns.pairplot(df2)

# 2.4 독립변수와 종속변수 선정하기
X=df2.iloc[:,0:4]
y=df2.iloc[:,4]
X.head()

# 2.5 훈련 데이터와 테스트 데이터 분할하기
from sklearn.model_selection import train_test_split
X_train, X_test, y_train, y_test=train_test_split(X, y, test_
size=0.3, random_state=42)

# 3.1 선형회귀 모델 학습하기
from sklearn.linear_model import LinearRegression
model=LinearRegression()
model.fit(X_train, y_train)     # 모델 학습하기

# 3.2 회귀계수와 절편 확인하기
print(model.coef_, model.intercept_)     # 회귀계수와 절편 출력하기
for i in range(4):                        # 회귀계수 다른 방법으로 출력하기
  print("w%d = %.3f"%(i+1,model.coef_[i]))
print("b = %.3f"%(model.intercept_))

# 3.3 모델 성능 확인하기
print('훈련 데이터로 학습한 모델의 성능(R2):', model.score(X_train, y_
train))

# 4.1 모델 성능 평가하기
print('테스트 데이터로 모델의 성능(R2) 평가:', model.score(X_test, y_
test))

# 다양한 모델 성능평가지표 출력하기
from sklearn.metrics import mean_squared_error, mean_absolute_
error,r2_score
y_pred=model.predict(X_test)
print('Mean squared error :', mean_squared_error(y_pred, y_test))
print('Mean absolute error :', mean_absolute_error(y_pred, y_test))
print('R2 score :', r2_score(y_pred, y_test))
```

```
# 4.2 모델 예측하기
y_pred=model.predict(X_test)
print('실제값:')
print(y_test[:5])
print('예측값:', y_pred[:5])
```

5. 모델 활용하기
```
# 새로운 데이터 불러오기
df_new=pd.read_csv('/content/new_data.csv', encoding='cp949')
df_new
```

```
# 2030년, 2040년, 2050년 자장면 가격 예측하기
print(model.predict(df_new))
```

이번 장에서는 2040년 자장면 가격을 예측하는 선형회귀 모델을 구현하였습니다. 이를 위해 품목별 소비자물가지수와 2020년 자장면 재료 가격 데이터를 수집하여 기계학습에 필요한 형태로 전처리하였습니다. 데이터 속성 간의 상관관계를 비교한 결과 자장면 가격과 연도가 가장 상관관계가 높은 것으로 나타났고, 밀가루 가격도 상관관계가 높게 나타났습니다.

연도와 자장면 가격의 상관관계가 매우 높아 단순 선형회귀로도 문제를 해결할 수 있지만, 자장면 재료가 자장면 가격에 미치는 영향을 알아보기 위해 다중 선형회귀 모델을 구현하였습니다. 오렌지로 구현한 다중 선형회귀 모델은 2040년 자장면 가격을 7526.87원으로 예측했습니다. 파이썬으로 구현한 다중 선형회귀 모델은 2040년 자장면 가격을 7621.35원으로 예측하였습니다.

오렌지	파이썬
Linear Regression	`from sklearn.linear_model import LinearRegression` `model=LinearRegression( )`

 **Chapter 6**

건강 상태를 알면 당뇨병을 예측할 수 있을까?

6 건강 상태를 알면 당뇨병을 예측할 수 있을까?

어떤 과정으로 해결할까?

당뇨병 분류 모델을 구현하는 과정은 다음과 같습니다.

문제 정의하기	건강상태를 알면 당뇨병을 예측할 수 있을까?
데이터 수집하기	피마 인디언 당뇨병 데이터 수집하기
탐색적 데이터 분석과 전처리하기	이상치 확인 및 처리하기 데이터 정규화하기
모델 생성하기	당뇨병 분류 모델 구현하기
모델 평가 및 예측하기	테스트 데이터를 이용해 모델 평가하고 예측하기
모델 활용하기	새로운 데이터를 이용하여 당뇨병 예측하기

*키워드 로지스틱 회귀 알고리즘, 이상치 처리, 데이터 정규화, 데이터 불균형

당뇨병은 고혈압과 함께 대표적인 만성질환으로 손꼽힙니다. 2020년 국민건강영양조사 결과에 의하면 국내 30세 이상 성인 인구의 7명 중 1명(16.7%)이 당뇨병을 가지고 있는 것으로 나타났으며, 65세 이상 성인에서는 10명 중 3명이 당뇨병을 앓고 있습니다. 사회가 고령화됨에 따라 당뇨병 환자는 더욱 늘어날 것으로 예측됩니다. 당뇨병은 혈당이 매우 높지 않을 때는 증상을 거의 느끼지 못하는 경우가 많습니다. 하지만 몸이 지속적으로 고혈당에 노출되면 여러 장기에 위험한 합병증이 발생할 수 있어 주의가 필요합니다.

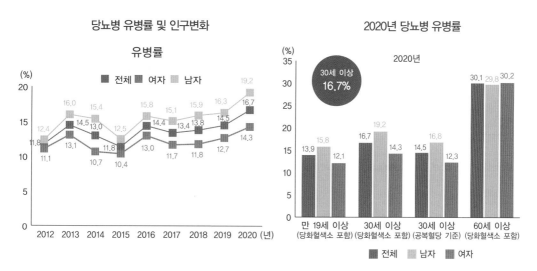

〈출처〉 헬스인뉴스, http://www.healthinnews.co.kr
〈그래프 출처〉 당뇨병 팩트 시트 (https://www.diabetes.or.kr/bbs/?code=fact_sheet&mode=view&number=2390&page=1&code=fact_sheet)

문제 **건강 상태를 알면 당뇨병을 예측할 수 있을까?**

피마 인디언은 미국 애리조나주에 살던 아메리카 원주민 부족입니다. 유전적으로 당뇨병에 취약해 당뇨 연구에 자주 활용되었습니다. 피마 인디언 당뇨병 데이터셋을 활용하여 당뇨병 예측 문제를 해결해보겠습니다.

❶ 캐글 사이트(https://www.kaggle.com)에 접속합니다. 'Pima Indians Diabetes Database'를 검색하여 당뇨병 데이터셋(diabetes.csv)을 다운로드합니다.

데이터셋 주소: https://www.kaggle.com/uciml/pima-indians-diabetes-database

❷ 피마 인디언 당뇨병 데이터의 속성을 살펴보면 임신 횟수, BMI, 인슐린 수치, 나이 등 9개의 속성으로 구성되어 있습니다. 당뇨병 발병 여부를 나타내는 Outcome 속성의 값은 최초 측정 후 5년 내 당뇨병이 발병하면 1이고, 그렇지 않으면 0의 값을 가지고 있습니다.

	속성명	의미	비고
1	Pregnancies	임신 횟수	
2	Glucose	혈당	정상 범위 70
3	BloodPressure	이완기 혈압	정상 범위 80~120
4	SkinThickness	팔 삼두근 뒤쪽의 피하지방 측정값(mm)	
5	Insulin	혈청 인슐린	
6	BMI	체질량 지수	
7	DiabetesPedigreeFunction	당뇨병 가족력	
8	Age	나이	
9	Outcome	당뇨병 여부(0,1)	

❸ 피마 인디언 데이터셋은 당뇨병 진단을 위한 미국 국가건강검진 프로그램에 참여한 21세 이상의 피마 인디언 출신 여성 768명의 데이터로 구성되어 있습니다.

Pregnancies	Glucose	BloodPressure	SkinThickness	Insulin	BMI	Diabetes Pedigree Function	Age	Outcome
6	148	72	35	0	33.6	0.627	50	1
1	85	66	29	0	26.6	0.351	31	0
8	183	64	0	0	23.3	0.672	32	1
1	89	66	23	94	28.1	0.167	21	0
0	137	40	35	168	43.1	2.288	33	1

...

3 ▶ 당뇨병 분류 모델은 어떻게 만들까?

당뇨병 분류 모델에 사용할 특징(feature)과 타깃(target)은 다음과 같습니다.

특징(feature)	Pregnancies	임신 횟수
	Glucose	혈당
	BloodPressure	이완기 혈압
	SkinThickness	피부 두께
	...	...
타깃(target)	Outcome	당뇨병 발병 여부(0,1)

당뇨병을 예측하는 기계학습 분류 모델은 다음과 같은 과정으로 만듭니다. 특징과 타깃을 가진 데이터셋을 훈련 데이터와 테스트 데이터로 7:3으로 분할합니다. 훈련 데이터는 로지스틱 회귀와 같은 기계학습 모델의 학습에 사용되고, 테스트 데이터로 모델의 성능을 평가합니다.

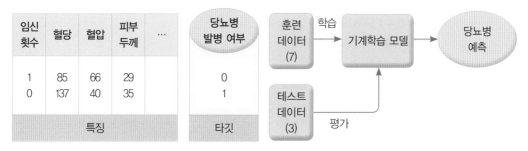

그림 6-1   당뇨병을 예측하는 기계학습 분류 모델 동작

- 선형회귀는 연속적인 수치를 예측하기 때문에 몇 가지 클래스로 분류하는 문제에 적합하지 않습니다.
- 로지스틱 회귀 모델은 선형회귀의 출력값을 입력으로 받아 특정 레이블로 분류할 수 있습니다.

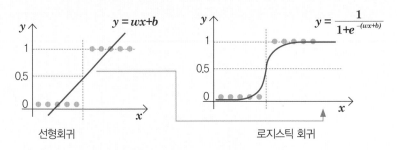

그림 6-2   선형회귀와 로지스틱 회귀

- 왼쪽 선형회귀의 출력은 $wx + b$로 표현할 수 있습니다. 이 선형회귀의 결과값을 시그모이드 함수에 입력하면 오른쪽 그래프와 같이 0과 1에 가까워지는 값으로 출력할 수 있습니다. 시그모이드 함수는 0, 1 클래스를 구분하는 곳에서 급격하게 변화함으로써 이진 분류가 필요한 데이터에 적절하게 작동합니다.

> 선형회귀 $y = wx + b$
> 로지스틱 회귀 $y = \dfrac{1}{1 + e^{-(wx+b)}}$

- 나이브 베이즈는 데이터의 각 특징이 독립적인 사건이라고 가정하고, 베이즈 이론에 따라 각 특징이 특정 클래스에 속할 확률을 계산하여 가장 높은 확률의 클래스로 분류하는 알고리즘입니다.
- 나이브 베이즈 이론은 다음과 같은 공식으로 표현합니다.

$$P(A \mid B) = \frac{P(B \mid A)P(A)}{P(B)}$$

> $P(A \mid B)$: 어떤 사건 B가 일어났을 때 A가 일어날 확률
> $P(B \mid A)$: 어떤 사건 A가 일어났을 때 B가 일어날 확률
> $P(A)$: 어떤 사건 A가 일어날 확률

- 피마 인디언 당뇨병 데이터셋을 나이브 베이즈에 적용하면 다음과 같습니다.
  P(당뇨병 여부 | 데이터 특징) = P(데이터 특징 | 당뇨병 여부) * P(당뇨병 여부) / P(데이터 특징)
  당뇨병의 여러 특징(나이, 혈압, BMI 등)이 발생할 확률과 클래스(당뇨병 여부)의 확률을 계산하여 구할 수 있습니다.

오렌지를 이용해 건강 상태에 따라 당뇨병을 예측해 봅시다.

1 데이터 불러오기

❶ 'File' 위젯을 추가합니다.

❷ 당뇨병 데이터 파일을 불러옵니다.

– 파일: diabetes.csv

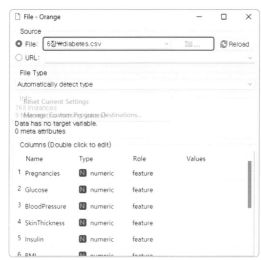

2 탐색적 데이터 분석 및 전처리하기

2.1 전체 데이터 살펴보기

파일 위젯에 데이터 테이블 위젯을 연결하면 데이터값을 확인할 수 있습니다.

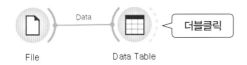

전체 768개의 데이터 샘플이 있고, 9개의 데이터 속성으로 구성되어 있습니다. 몇 개의 속성에는 0의 값이 많이 보입니다. 임신 횟수는 0의 값을 가질 수 있지만 혈압(BloodPressure), 피부 두께(SkinThickness), BMI 등은 최소값이 0을 가질 수 없으므로 이상치임을 알 수 있습니다.

이상치는 데이터 분포에서 벗어난 값으로, 모델의 성능을 떨어뜨릴 수 있습니다.

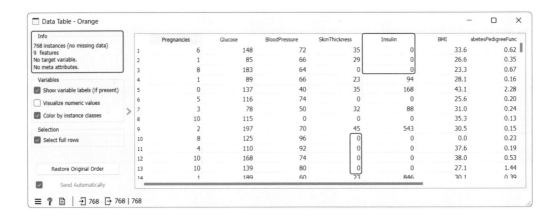

2.2 빈도수 확인하기

전체 데이터에서 당뇨병 발병 여부(Outcome)의 빈도수를 확인해보겠습니다.

❶ 'Visualize' 카테고리에서 'Distributions' 위젯을 추가하고 'File' 위젯에 연결합니다. 'Distributions' 위젯을 더블클릭합니다.

❷ Variable(변수)에서 'Outcome'을 선택하고 Split by 옵션에서 'Outcome'을 선택합니다.

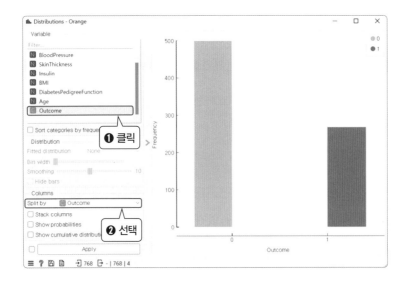

전체 768개의 데이터 중 당뇨병이 발병하지 않은 데이터는 500개, 당뇨병이 발병한 데이터는 268개이며, 두 클래스의 데이터 수에 불균형이 있다는 것을 알 수 있습니다.

Split by를 'None'으로 되돌리고 각 변수를 선택해 그래프를 살펴봅니다. 다른 속성들의 분포도 시각화해보면 인슐린 속성에 0의 값이 상당히 많다는 것을 알 수 있습니다. 인슐린 값이 0이라는 것 또한 이상치에 해당되며, 무려 300개 이상 많은 데이터에 이상치가 있다는 것을 알 수 있습니다.

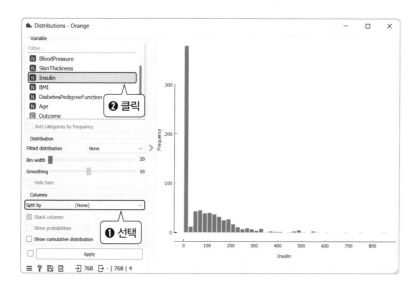

2.3 특징 통계값 확인하기

'Feature Statistics' 위젯을 이용하면 속성별 평균값, 중간값, 표준편차, 최소값, 최대값, 결측치 등의 통계값을 확인할 수 있습니다.

❶ 'File' 위젯에 'Feature Statistics' 위젯을 연결합니다. 'Feature Statistics' 위젯을 더블클릭합니다.

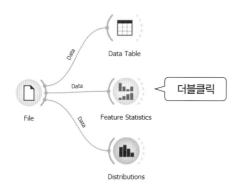

❷ 색으로 두 가지 카테고리로 구분하기 위해 Color: Outcome을 선택합니다.

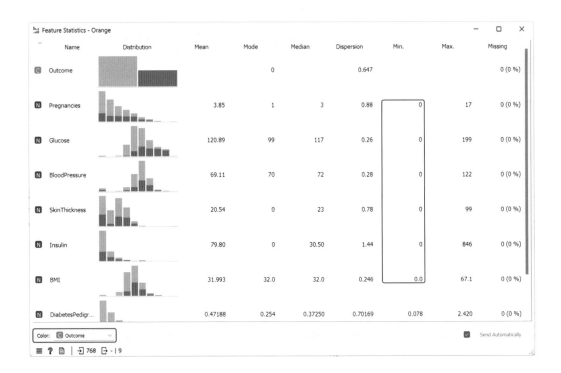

특징 통계값을 보면 피부 두께(SkinThickness)와 BMI 속성의 최소값에 0이 있습니다. 이는 잘못된 값으로 이상치에 해당됩니다. 그러나 모든 속성에 0의 값이 잘못된 것은 아닙니다. 임신 횟수(Pregnancies)와 당뇨병 발병 여부(Outcome)는 0의 값을 가질 수 있으므로, 이를 제외한 속성들에 0의 값이 있는 경우 전처리가 필요하다는 것을 알 수 있습니다.

2.4 이상치 확인하기

❶ 속성 간의 상관 정도와 이상치 등을 확인하기 위하여 산점도로 데이터의 분포를 알아보겠습니다. 'Scatter Plot' 위젯을 추가하고 나이(Age)와 혈압(BloodPressure)을 x, y축에 놓고 산점도를 살펴보면 나이에는 0의 값이 없지만, 혈압에는 0의 값이 많이 있습니다. 그래프에서 혈압이 0인 데이터는 정상 범위를 벗어난 이상치입니다.

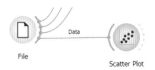

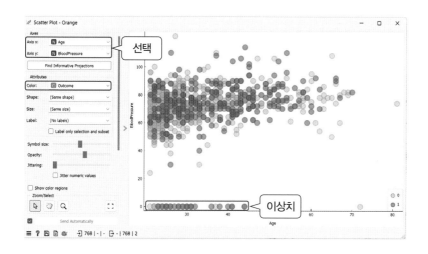

❷ 0의 값 이외에도 이상치가 있는지 확인해보겠습니다. 혈압과 인슐린 속성의 조합으로 산점도를 살펴보면 인슐린 속성에 이상치가 있습니다.

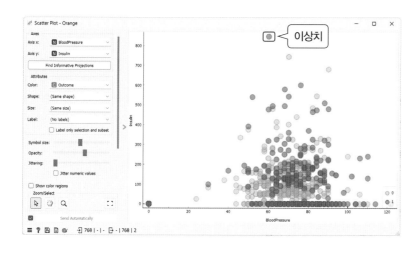

❸ 박스 플롯을 이용하여 데이터에 포함된 이상치를 확인해보겠습니다. 먼저 'File' 위젯에 'BoxPlot' 위젯을 연결합니다.

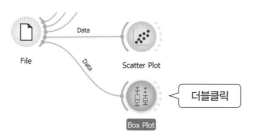

❹ 박스 플롯에서 각 변수를 선택하면 1사분위수, 3사분위수의 값을 확인하여 이상치를 판단하는 범위를 알 수 있습니다.

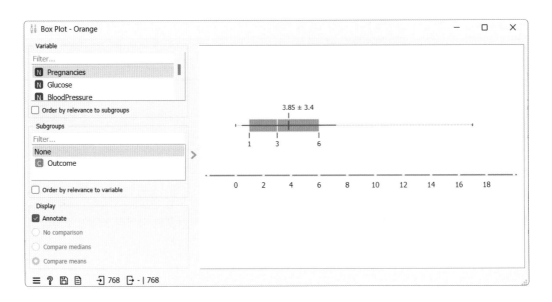

쉽게 배우는 AI 지식 : 박스 플롯으로 이상치 확인하기

이상치(Outlier)는 잘못 입력되었거나 정상 범위에서 많이 벗어난 데이터를 말합니다. 박스 플롯을 이용하면 정상 범위를 벗어나는 이상치가 있는지 확인할 수 있습니다. 박스 플롯의 구성에서 사분위수 범위(IQR)를 이용하여 최소값과 최대값을 구하고 최소값과 최대값 밖의 값을 이상치로 판단합니다.

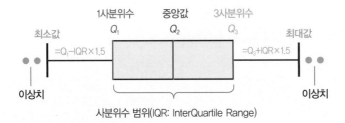

그림 6-3　박스 플롯의 구성

2.5 이상치 처리하기

박스 플롯을 이용하여 이상치 판단 기준인 최소값과 최대값을 구하면 다음과 같습니다.

속성	1사분위수	3사분위수	IQR*1.5	최소값	최대값
Pregnancies	1	6	7.50	−6.50	13.50
Glucose	99	140.5	62.25	36.75	202.75
BloodPressure	62	80	27.00	35.00	107.00
SkinThickness	0	32	48.00	−48.00	80.00
Insulin	0	127.5	191.25	−191.25	318.75
BMI	27.3	36.6	13.95	13.35	50.55
DiabetesPedigreeFunction	0.25	0.64	0.59	−0.34	1.23
Age	24	41	25.50	−1.50	66.50

- IQR = 3사분위수 − 1사분위수
- 최소값 = 1사분위수 − IQR*1.5 = 1 − 7.50 = −6.50
- 최대값 = 3사분위수 + IQR*1.5 = 6 + 7.50 = 13.50

❶ 이상치를 처리하기 위해 'Select Rows' 위젯을 추가하고 'File' 위젯과 연결합니다.

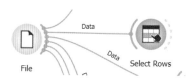

❷ 'Select Rows' 위젯을 더블클릭하고, 다음과 같은 조건을 추가하여 행을 선택합니다.
- 조건에서 'is between'을 이용하여 최소값과 최대값 사이의 데이터를 선택합니다.
- Pregnancies(임신 횟수)는 0의 값을 가질 수 있기 때문에 0을 포함하도록 범위를 설정하였습니다.
- SkinThickness, BMI 등 데이터에 0의 값이 있어서 이를 제외하기 위해 최소값을 1로 설정하였습니다.
- Age는 특성 통계표에서 21이 최소값이기 때문에 21부터 시작하도록 하였습니다.

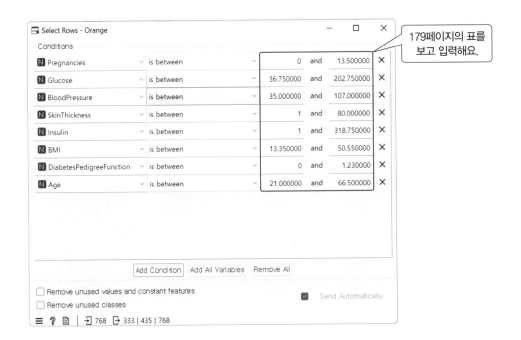

179페이지의 표를 보고 입력해요.

❸ 'Data Table' 위젯을 추가하고 'Select Rows' 위젯과 연결합니다. 'Data Table' 위젯을 더블클릭하면 전처리한 후 데이터의 수를 확인할 수 있는데, 다음과 같이 333개로 줄어들었습니다.

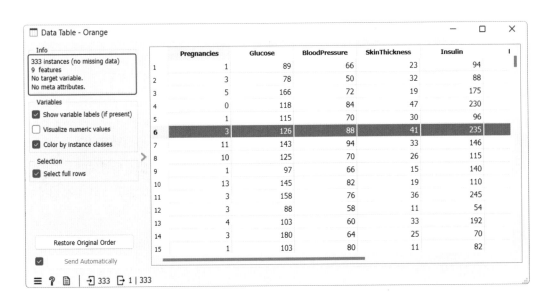

2.6 데이터 정규화하기

데이터 속성 값을 살펴보면 임신횟수, 피부두께, 혈압 등의 크기에 차이가 크므로 데이터 정규화가 필요하다는 것을 알 수 있습니다.

❶ 데이터 스케일링을 위해 'Select Rows' 위젯에서 'Preprocess' 위젯을 연결하고, 'Preprocess' 위젯을 더블클릭합니다.

❷ Preprocessors 옵션에서 'Normalize Features'을 선택하고 0~1 사이의 값으로 정규화합니다.

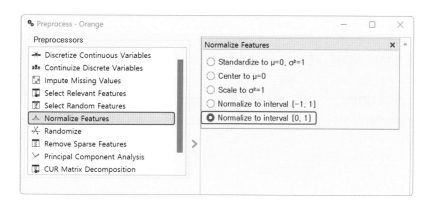

전처리 후 타깃인 'Outcome'의 빈도수를 살펴보면 당뇨병이 발병하지 않은 데이터 빈도가 당뇨병이 발병한 경우보다 훨씬 적습니다. 이 데이터는 데이터 불균형이 심하다는 것을 알 수 있습니다.

❸ 'Preprocess' 위젯과 'Distributions' 위젯을 연결합니다. 'Distributions' 위젯을 더블클릭합니다.

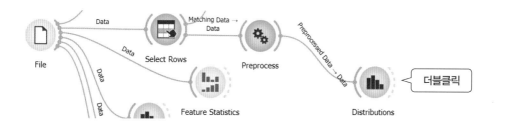

❹ Variable에서 'Outcome'을 선택합니다. 전체 333개의 데이터 중 당뇨병이 발병하지 않은 데이터는 230개 이상이고, 당뇨병이 발병하지 않은 데이터 빈도는 100개 미만입니다.

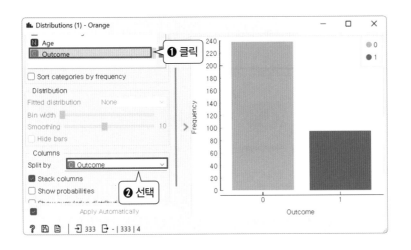

더 배우기 쉽게 배우는 AI 지식 : 데이터 정규화

데이터 정규화는 데이터 분석과 기계학습에서 중요한 개념 중 하나로, 데이터를 일정한 범위로 스케일링하여 모든 데이터를 동일한 범위로 조정하는 과정을 말합니다. 최소-최대 정규화는 다음과 같이 계산하여 데이터를 0과 1 사이의 값으로 변환합니다.

$$X_{norm} = \frac{X - X_{min}}{X_{max} - X_{min}}$$

(X_{norm}은 정규화된 값, X는 원래 데이터 값, X_{min}은 최소값, X_{max}은 최대값)

2.7 특징과 타깃 선정하기

당뇨병을 예측하기 위한 특징과 타깃은 다음과 같습니다.

특징 (feature)	Pregnancies	임신 횟수
	Glucose	혈당
	BloodPressure	이완기 혈압
	SkinThickness	피부 두께
	...	...
타깃 (target)	Outcome	당뇨병 발병 여부(0,1)

❶ 'Preprocess' 위젯과 'Select Columns' 위젯을 연결합니다.

❷ Features에는 'Outcome'을 제외한 8개의 속성을 선택하고, Target에는 'Outcome'을 선택합니다.

2.8 훈련, 테스트 데이터셋 분할하기

데이터셋을 훈련 데이터와 테스트로 분할하기 위해 'Data Sampler' 위젯을 이용합니다.

❶ 'Select Columns' 과 'Data Sampler' 위젯을 연결하고 'Data Sampler' 위젯을 더블클릭합니다.

❷ Fixed proportion of data 옵션에서 70%를 선택합니다. 70%
는 훈련 데이터, 나머지 30%는 테스트 데이터로 사용합니
다. 타깃인 'Outcome'의 레이블값을 훈련 데이터, 테스트 데
이터에 균일한 비율로 나누기 위해서 Stratify sample(when
possible)에 체크합니다.

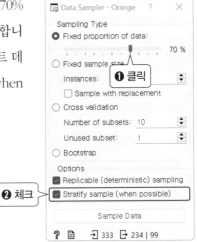

③ 모델 생성하기

3.1 기계학습 알고리즘 선택하기

당뇨병 발병 여부(0,1)의 두 가지 상태를 분류하는 문제를 해결하기 위해 로지스틱 회귀 알고리
즘과 나이브 베이즈 알고리즘을 이용하여 모델을 생성합니다. 두 개의 모델을 동시에 연결하는
이유는 두 모델의 성능을 비교해보기 위해서입니다.

❶ 'Data Sampler' 위젯에 'Logistic Regression' 위젯과 'Naive Bayes' 위젯을 추가해 연결합
니다.

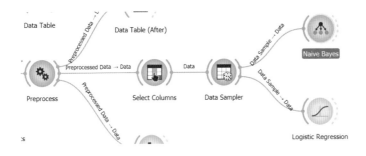

❷ 'Data Sampler' 위젯에서 선택한 70%의 데이터(Data Sample)를 모델 학습에 활용합니다.

로지스틱 회귀 위젯은 선형회귀와 마찬가지로 정규화 유형을 설정할 수 있습니다.

Ridge와 Lasso 정규화는 모델의 과적합(Overfitting)을 방지하고 모델의 일반화 성능을 향상시키는 데 도움을 줍니다. Ridge와 Lasso의 선택은 데이터셋과 모델에 따라 다릅니다.

① Ridge Regression(L2 정규화): L2 정규화는 모델의 가중치(Weight)들을 제한하고, 각 가중치의 크기를 작게 만들어서 모델이 훈련 데이터에 과적합되는 것을 방지합니다.

② Lasso Regression (L1 정규화): L1 정규화는 모델의 가중치들을 0으로 만드는 경향이 있습니다. 모델에서 중요하지 않은 특성들을 제거하는 역할을 하여, 특성 선택(Feature Selection) 효과를 얻을 수 있습니다.

피마 인디언 당뇨병 데이터는 데이터 불균형이 심하고 이상치가 많아서 일부 특성값이 평균값이나 최빈값으로 대체되는 등 실제 데이터에 손실이 있습니다. 따라서 분류 모델의 성능을 개선하기 위해 특성을 선택하는 것이 중요하므로 Lasso 정규화를 선택합니다.

3.2 모델 학습하기

❶ 모델의 성능을 알아보기 위해 'Data Sampler' 위젯의 훈련 데이터(Data Sample)와 'Naive Bayes'와 'Logistic Regression' 위젯을 'Test and Score' 위젯에 연결합니다.

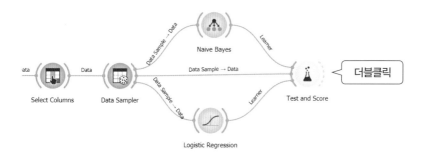

❷ 'Test and Score' 위젯의 Cross validation(교차검증)을 선택하고, 교차검증 시 당뇨병 발병 여부의 개수가 균일하게 나누어지기 위해 Stratified에 체크합니다. 두 모델의 학습 과정에 성능을 살펴보면 로지스틱 회귀 모델의 분류 정확도(CA)가 0.812로 나이브 베이즈 모델보다 더 우수합니다.

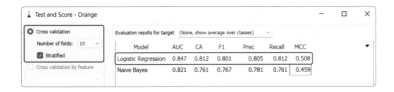

4 모델 평가 및 예측하기

❶ 테스트 데이터로 모델을 평가하기 위해 'Data Sampler' 위젯에서 분할한 나머지 데이터 (Remaining Data)를 이용하여 'Predictions' 위젯으로 예측합니다.

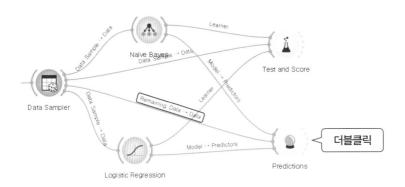

❷ Predictions 위젯에서 모델의 성능평가지표와 예측 결과를 살펴보면 로지스틱 회귀 모델의 성능이 나이브 베이즈에 비해서 높은 것으로 나타났습니다.

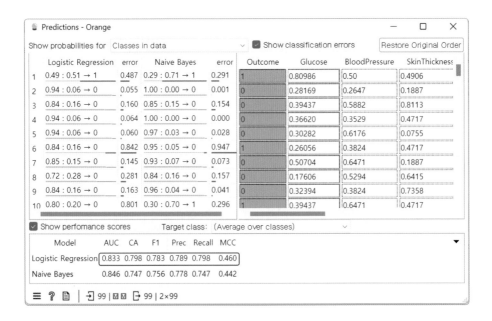

❸ 혼동 행렬(Confusion Matrix)을 이용하면 모델이 실제값을 얼마나 잘 예측하는지 확인할 수 있습니다. 'Confusion Matrix' 위젯을 'Predictions' 위젯에 연결합니다.

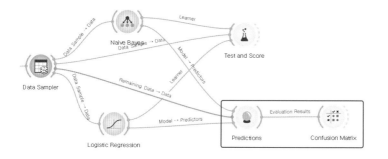

❹ 로지스틱 회귀 모델의 혼동 행렬을 살펴보면, 실제 당뇨병이 아닌(0) 데이터 71개 중 66개를 당뇨병이 아닌 것으로 예측하였고, 당뇨병(1)인 데이터 28개 중 13개를 당뇨병인 것으로 예측하였습니다.

위 혼동 행렬을 이용하여 로지스틱 회귀 모델의 분류 정확도(CA)는 다음과 같이 계산할 수 있습니다. 로지스틱 회귀 모델의 분류 정확도는 0.798로 전체 99개의 데이터 중에 79개를 정확히 예측하였습니다.

$$\frac{66 + 13}{66 + 5 + 15 + 13} = 0.798$$

한편, 나이브 베이즈 모델의 혼동 행렬을 살펴보겠습니다. 나이브 베이즈 모델은 실제 당뇨병이 아닌(0) 데이터 71개 중 54개를 당뇨병이 아닌 것으로 예측하고, 당뇨병(1)인 데이터 28개 중 20개를 당뇨병인 것으로 예측하였습니다.

나이브 베이즈 모델의 분류 정확도(CA)를 계산해보면 0.747로 나타났습니다. 이는 100개의 데이터 중에 74개를 정확히 예측할 수 있다는 의미입니다.

$$\frac{54 + 20}{54 + 17 + 8 + 20} = 0.747$$

Q&A 어떤 모델을 선택하면 좋을까?

피마 인디언 당뇨병 데이터를 이용하여 로지스틱 회귀 모델과 나이브 베이즈 모델을 생성하였습니다. 두 모델의 혼동 행렬이 아래와 같을 때 어떤 모델을 선택하면 좋을까요?

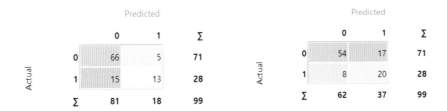

로지스틱 회귀 모델의 예측   나이브 베이즈 모델의 예측

당뇨병을 예측하는 문제는 질병을 제대로 진단하는 것이 중요합니다. 이는 성능평가지표 중 분류 정확도와 재현율과 관련이 있습니다. 다음은 두 모델이 예측한 값을 실제값과 비교하여 분류 정확도와 재현율을 계산한 것입니다.

성능평가지표	로지스틱 회귀 모델	나이브 베이즈 모델
분류 정확도(CA)	$\dfrac{66 + 13}{66 + 5 + 15 + 13} = 0.798$	$\dfrac{54 + 20}{54 + 17 + 8 + 20} = 0.747$
재현율(Recall)	$\dfrac{13}{15 + 13} = 0.464$	$\dfrac{20}{8 + 20} = 0.714$

① 로지스틱 회귀 모델의 분류 정확도는 0.798로, 전체 99개의 데이터 중 79개를 정확히 예측하여 나이브 베이즈 0.747보다 우수한 결과를 보였습니다.

② 재현율은 실제 당뇨병(1)인 것을 당뇨병(1)으로 예측한 비율로, 로지스틱 회귀 모델의 재현율은 0.464로 나이브 베이즈 모델의 재현율 0.714보다 낮은 결과를 보였습니다.

☑ Show perfomance scores			Target class:	1		
Model	AUC	CA	F1	Prec	Recall	MCC
Logistic Regression	0.833	0.798	0.565	0.722	0.464	0.460
Naive Bayes	0.846	0.747	0.615	0.541	0.714	0.442

피마 인디언 당뇨병 데이터를 학습하여 만들어진 로지스틱 회귀 모델의 분류 정확도는 나이브 베이즈 모델보다 우수하지만, 실제 당뇨병인 것을 당뇨병으로 예측하는 재현율은 낮습니다. 따라서 질병을 진단하는 분야에서 인공지능을 도입한다면 분류 정확도 뿐만 아니라 재현율도 고려할 필요가 있다는 것을 알 수 있습니다.

5 모델 활용하기

개선된 모델을 이용하여 당뇨병을 진단하는 문제를 해결하기 위해 새로운 데이터를 입력합니다. 새로운 데이터는 결측치가 있어 삭제한 피마 인디언 당뇨병 데이터의 일부를 수정하여 만들었습니다. 이 데이터에는 타깃인 당뇨병 여부(Outcome) 속성이 없습니다.

– 파일명: new_diabetes.csv

표 6-1 　새로운 당뇨병 데이터

Pregnancies	Glucose	BloodPressure	SkinThickness	Insulin	BMI	Diabetes Pedigree Function	Age
10	168	74	30	100	38	0.537	34
4	129	86	20	270	35.1	0.231	23
7	155	54	35	180	30.5	0.588	40
2	75	64	25	50	29.7	0.37	33
1	99	65	16	55	23.6	0.666	27

❶ 'File' 위젯에서 새로운 데이터 파일을 불러옵니다.

❷ 새로 입력한 데이터로 모델이 예측한 결과를 확인하기 위해 'Logistic Regression' 위젯을 'Predictions' 위젯에 연결합니다. 'Predictions' 위젯을 더블클릭하면, 모델이 예측한 결과를 보여줍니다.

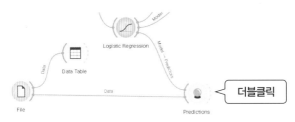

새로운 데이터로 모델 예측

완성된 로지스틱 회귀 모델은 임신 횟수가 4, 혈당이 129, 혈압이 186, 피부 두께가 20, 인슐린이 270, BMI가 35.1인 사람은 당뇨병이 발병하지 않은 0으로 예측하였습니다.

오렌지로 두 가지 모델을 이용해 당뇨병을 예측하는 전체 과정은 다음과 같습니다.

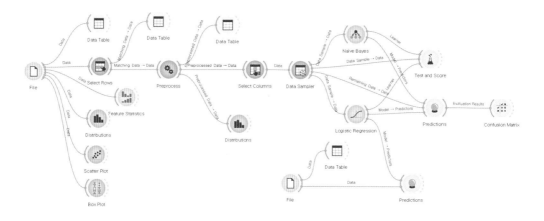

5 파이썬을 이용해 당뇨병 예측하기

1 데이터 불러오기

1.1 파일 업로드하기

구글 코랩에서 다음 코드를 작성한 후 'diabetes.csv' 파일을 업로드합니다.

```
# 파일 업로드
from google.colab import files
uploaded = files.upload( )
```

1.2 데이터프레임에 저장하기

판다스(pandas) 라이브러리를 이용해 'diabetes.csv' 파일을 불러와 df 데이터프레임을 생성합니다. 데이터프레임에 저장된 데이터 상위 5개 자료를 출력하면 다음과 같습니다.

```
import pandas as pd
df = pd.read_csv('/content/diabetes.csv')
df.head( )
```

	Pregnancies	Glucose	BloodPressure	SkinThickness	Insulin	BMI	DiabetesPedigreeFunction	Age	Outcome
0	6	148	72	35	0	33.6	0.627	50	1
1	1	85	66	29	0	26.6	0.351	31	0
2	8	183	64	0	0	23.3	0.672	32	1
3	1	89	66	23	94	28.1	0.167	21	0
4	0	137	40	35	168	43.1	2.288	33	1

NOTE

- df=pd.read_csv( ): csv 파일을 불러와 데이터프레임을 생성합니다.
- df.head( ): 데이터프레임의 1~5행까지 출력합니다.

2 탐색적 데이터 분석 및 전처리하기

2.1 데이터 살펴보기

Data Table

데이터프레임에서 데이터 개수, 속성별 자료형, 결측치를 확인해 봅니다.

```
df.info( )
```

데이터프레임 요약 정보를 살펴보면 총 768개 행(row), 9개의 열(column)로 구성되어 있으며 데이터에 결측치가 없습니다.

```
RangeIndex: 768 entries, 0 to 767
Data columns (total 9 columns):
 #   Column                    Non-Null Count  Dtype
---  ------                    --------------  -----
 0   Pregnancies               768 non-null    int64
 1   Glucose                   768 non-null    int64
 2   BloodPressure             768 non-null    int64
 3   SkinThickness             768 non-null    int64
 4   Insulin                   768 non-null    int64
 5   BMI                       768 non-null    float64
 6   DiabetesPedigreeFunction  768 non-null    float64
 7   Age                       768 non-null    int64
 8   Outcome                   768 non-null    int64
dtypes: float64(2), int64(7)
memory usage: 54.1 KB
```

2.2 빈도수 확인하기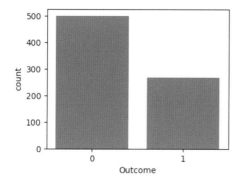
Distributions

당뇨병 발병 여부의 빈도수를 시각화해 보면 다음과 같습니다.

```
import matplotlib.pyplot as plt
import seaborn as sns
plt.figure(figsize=(4,3))
sns.countplot(x='Outcome', data=df)
plt.show( )
```

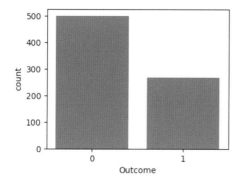

NOTE

• sns.countplot( ): 빈도수를 그래프로 출력합니다.

당뇨병이 발병하지 않은 0의 빈도수가 1보다 훨씬 많습니다. 두 클래스에 데이터 불균형이 있는 데이터셋입니다.

2.3 특징 통계값 확인하기

데이터의 평균, 표준편차, 최소값, 최대값 등 기술 통계값을 확인해보면 속성들에 0의 값이 많고 속성 값의 크기에 차이가 있습니다.

```
df.describe( )
```

	Pregnancies	Glucose	BloodPressure	SkinThickness	Insulin	BMI	DiabetesPedigreeFunction	Age	Outcome
count	768.000000	768.000000	768.000000	768.000000	768.000000	768.000000	768.000000	768.000000	768.000000
mean	3.845052	120.894531	69.105469	20.536458	79.799479	31.992578	0.471876	33.240885	0.348958
std	3.369578	31.972618	19.355807	15.952218	115.244002	7.884160	0.331329	11.760232	0.476951
min	0.000000	0.000000	0.000000	0.000000	0.000000	0.000000	0.078000	21.000000	0.000000
25%	1.000000	99.000000	62.000000	0.000000	0.000000	27.300000	0.243750	24.000000	0.000000
50%	3.000000	117.000000	72.000000	23.000000	30.500000	32.000000	0.372500	29.000000	0.000000
75%	6.000000	140.250000	80.000000	32.000000	127.250000	36.600000	0.626250	41.000000	1.000000
max	17.000000	199.000000	122.000000	99.000000	846.000000	67.100000	2.420000	81.000000	1.000000

> **NOTE**
> • df.describe( ): 평균, 표준편차, 최소값 등 기술통계값을 확인할 수 있습니다.

다음과 같은 코드를 실행하면 속성별 0의 개수를 확인할 수 있습니다.

```
print("Number of rows with 0 values for each variable")
for col in df.columns:
    missing_rows=df.loc[df[col]==0].shape[0]
    print(col+":", missing_rows)
```

```
Number of rows with 0 values for each variable
Pregnancies:111
Glucose:5
BloodPressure:35
SkinThickness:227
Insulin:374
BMI:11
DiabetesPedigreeFunction:0
Age:0
Outcome:500
```

> **NOTE**
> • missing_rows=df.loc[df[col]==0].shape[0]: 속성별로 값이 0인 행의 개수를 계산하여 missing_rows 변수에
>   할당합니다.

피부 두께와 인슐린 속성에 0의 값이 많습니다. Pregnancies(임신)와 Outcome은 0의 값을 가질
수 있으므로 잘못된 값은 아닙니다.

2.4 이상치 확인하기

산점도의 데이터 분포를 통해 이상치를 확인할 수 있습니다.

```
sns.scatterplot(x='Age', y='BloodPressure', hue='Outcome', data=df)
plt.show( )
```

나이와 혈압의 산점도를 살펴보면 혈압과 나이에 이상치가 있습니다.

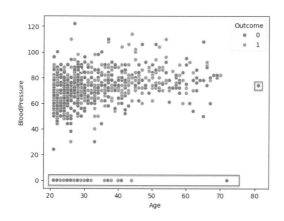

혈압과 인슐린의 산점도를 살펴보면 이상치를 확인할 수 있습니다. 특히 인슐린의 값에 이상치가 많이 있습니다.

```
sns.scatterplot(x='BloodPressure', y='Insulin', hue='Outcome',
data=df)
plt.show( )
```

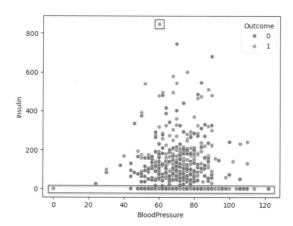

박스 플롯을 이용하면 Outcome 속성을 제외한 모든 속성에 이상치가 있는 것을 확인할 수 있습니다. 특히 인슐린 값에 이상치가 많습니다.

```
plt.figure(figsize=(10,6))
sns.boxplot(data=df, orient='h')
```

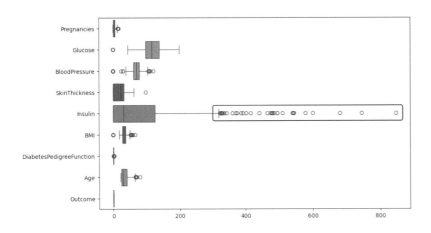

2.5 이상치 처리하기

오렌지의 박스 플롯을 이용하여 확인한 사분위수를 활용하여 이상치를 처리하여 df2 데이터프레임에 저장합니다.

```
Preg_range=(df.Pregnancies>=0)&(df.Pregnancies<=13.5)
Gluc_range=(df.Glucose>=36.75)&(df.Glucose<=202.75)
Bloo_range=(df.BloodPressure>=35)&(df.BloodPressure<=107)
Skin_range=(df.SkinThickness>=1)&(df.SkinThickness<=80)
Insu_range=(df.Insulin>=1)&(df.Insulin<=318.75)
BMI_range=(df.BMI>=13.35)&(df.BMI<=50.55)
diab_range=(df.DiabetesPedigreeFunction>=0)&(df.
DiabetesPedigreeFunction<=1.23)
Age_range=(df.Age>=21)&(df.Age<=65.5)
df2=df.loc[Preg_range&Gluc_range&Bloo_range&Skin_range&Insu_
range&BMI_range&diab_range&Age_range,:]
df2
```

179페이지의 표를 참고하여 이상치를 제외하니 데이터의 개수가 333개로 줄어들었습니다.

	Pregnancies	Glucose	BloodPressure	SkinThickness	Insulin	BMI	DiabetesPedigreeFunction	Age	Outcome
3	1	89	66	23	94	28.1	0.167	21	0
6	3	78	50	32	88	31.0	0.248	26	1
14	5	166	72	19	175	25.8	0.587	51	1
16	0	118	84	47	230	45.8	0.551	31	1
19	1	115	70	30	96	34.6	0.529	32	1

NOTE

- df.loc[행 라벨, 열 라벨]: 데이터프레임의 행과 열 라벨을 사용하여 인덱싱하는 방법입니다.
- df.loc[Preg_range& ... &Age_range,:]: 조건을 만족하는 행의 모든 열을 선택합니다.

2.6 독립변수와 종속변수 선정하기
Select Columns

기계학습 분류 모델을 구현하기 위해 특징(feature) X와 타깃(target) y를 선정합니다. Outcome 을 제외한 모든 속성을 특징으로 설정하고, 결과값인 Outcome은 타깃으로 설정합니다.

```
X = df2.drop('Outcome', axis = 1)
y = df2['Outcome']
```

```
print("특징 모양: ", X.shape)
print("타깃 모양: ", y.shape)
```

```
특징 모양 :  (333, 8)
타깃 모양 :  (333,)
```

NOTE

- df2.drop('Outcome', axis=1): df2 데이터프레임에서 'Outcome' 속성의 전체 행을 삭제합니다.

2.7 데이터 정규화하기

속성 간의 크기 차이가 크기 때문에 데이터값을 0~1의 값으로 변환하는 데이터 정규화를 수행합니다.

```
# 최소-최대 정규화하기
X_scaled = (X-X.min( ))/(X.max( )-X.min( ))
X_scaled.head( )
```

	Pregnancies	Glucose	BloodPressure	SkinThickness	Insulin	BMI	DiabetesPedigreeFunction	Age
3	0.076923	0.232394	0.411765	0.301887	0.260726	0.314286	0.071993	0.000000
6	0.230769	0.154930	0.176471	0.471698	0.240924	0.406349	0.143108	0.119048
14	0.384615	0.774648	0.500000	0.226415	0.528053	0.241270	0.440737	0.714286
16	0.000000	0.436620	0.676471	0.754717	0.709571	0.876190	0.409131	0.238095
19	0.076923	0.415493	0.470588	0.433962	0.267327	0.520635	0.389816	0.261905

2.8 훈련 데이터, 테스트 데이터 분할하기
Data Sampler

특징(X)과 타깃(y) 데이터를 7:3으로 분할해 훈련 데이터(X_train, y_train), 테스트 데이터(X_test, y_test)를 생성합니다.

```
from sklearn.model_selection import train_test_split
X_train, X_test, y_train, y_test = train_test_split(X_scaled, y, test_
size=0.3, stratify=y)
```

전체 데이터 중에서 70%는 학습 데이터로 사용하고 나머지는 모델을 평가하기 위해 사용합니다.

```
print("훈련 데이터: ", X_train.shape, y_train.shape)
print("테스트 데이터: ", X_test.shape, y_test.shape)
```

```
훈련 데이터 : (233, 8) (233,)
테스트 데이터 : (100, 8) (100,)
```

훈련 데이터는 233개, 테스트 데이터는 100개로 분할되었습니다.

3 모델 생성하기

3.1 로지스틱 회귀 모델 학습하기
Logistic Regression

사이킷런의 로지스틱 회귀 라이브러리를 가져온 후, 로지스틱 회귀 모델을 생성합니다. 훈련 데이터(X_train, y_train)를 이용해 로지스틱 회귀 모델을 학습시킵니다.

```
from sklearn.linear_model import LogisticRegression
model = LogisticRegression(solver='lbfgs', max_iter=1000, random_
state=42)
model.fit(X_train,y_train)      # 훈련 데이터로 학습
```

NOTE

- LogisticRegression( ) 함수는 로지스틱 회귀 모델을 생성합니다.
- solver: 최적화에 사용하는 알고리즘을 설정합니다. lbfgs는 제한된 메모리를 사용하여 최적화하여 메모리가 절약됩니다. 대용량 데이터셋에서는 매우 빠르지 않습니다.
- max_iter: solver가 수렴하게 만드는 최대 반복 횟수를 설정합니다.
- random_state: 데이터를 섞을 때 사용하는 랜덤 번호 생성기의 시드 값을 설정합니다.

3.2 회귀계수와 절편 확인하기

학습한 모델의 회귀계수와 절편을 출력하면 다음과 같습니다.

```
import numpy as np
w=model.coef_
b=model.intercept_
print("w= ", np.round(w,2))
print("b= ", np.round(b,2))
```

w의 값은 8개 특징의 회귀계수, b는 절편을 의미합니다. 랜덤 샘플러를 이용하여 전체 데이터 중 70%를 무작위로 선택했기 때문에 모델의 회귀계수와 절편은 달라질 수 있습니다.

```
w=  [[0.66 3.04 0.55 0.54 1.15 0.77 1.13 1.23]]
b=  [-4.68]
```

NOTE

- np.round(b, 2): b값을 소수점 2자리까지 출력합니다.

3.3 모델 성능 확인하기

Test and Score

훈련 데이터를 이용하여 학습한 로지스틱 회귀 모델의 성능을 확인해 보면 분류 정확도는 0.83 으로 나타났습니다.

```
print("훈련 데이터로 학습한 모델 분류 정확도: ", model.score(X_train, y_
train))
```

훈련 데이터로 학습한 모델 분류 정확도 : 0.8283261802575107

4 모델 평가 및 예측하기

4.1 모델 평가하기

테스트 데이터를 이용해 모델의 성능을 평가한 결과 0.74의 분류 정확도를 보여주었습니다. 데 이터를 훈련 데이터와 테스트 데이터로 무작위 분할하기 때문에 성능도 달라질 수 있습니다.

```
print("테스트 데이터를 이용한 모델 성능 평가: ", model.score(X_test, y_
test))
```

테스트 데이터를 이용한 모델 성능 평가 : 0.74

4.2 모델 예측하기

Predictions

테스트 데이터로 모델이 예측한 값과 실제값을 비교해 보면 다음과 같습니다. 데이터를 무작위로 분할하므로 실행할 때마다 결과가 달라질 수 있습니다.

```
y_pred = model.predict(X_test)
```

```
print(y_pred[5:10])
print(y_test[5:10])
```

```
[0 0 0 1 0]
644     0
275     0
389     0
614     1
652     0
Name: Outcome, dtype: int64
```

실행 결과 5개의 테스트 데이터 타깃 중 5개가 맞는 정확도를 보여줍니다.

• print(y_test[5:10]): y_test의 5번째부터 9번째 값을 출력합니다.

혼동 행렬(confusion_matrix)을 이용하면 테스트 데이터의 예측값이 실제값을 얼마나 정확히 예측했는지 확인할 수 있습니다.

```
from sklearn.metrics import confusion_matrix
plt.figure(figsize=(6, 4))

conf = confusion_matrix(y_test, y_pred)
sns.heatmap(conf, annot=True, cmap='Blues',fmt='g')

plt.title("Diabetes Classification")
plt.xlabel("Predicted")
plt.ylabel("Actual")
plt.show( )
```

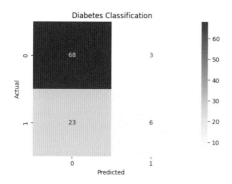

혼동 행렬의 결과를 보면 실제값이 0인 데이터 71개 중 68개를 정확히 예측하였지만, 실제값이 1인 29개의 데이터 중 6개만 올바르게 예측하였습니다. 당뇨병을 당뇨병으로 예측하는 확률이 낮은 이유는 데이터 불균형, 모델의 유형 및 최적화 등의 문제가 될 수 있습니다.

• 데이터의 불균형: Outcome이 1인 경우가 0인 경우보다 훨씬 적기 때문에 Outcome이 1인 경우를 잘 예측하지 못할 수 있습니다.

• 모델의 성능: 모델의 성능이 충분하지 않은 경우 다른 알고리즘을 적용하거나 하이퍼파라미터 등을 조정하여 모델의 성능을 개선할 수 있습니다.

4.3 모델 개선하기

피마 인디언 당뇨병 데이터는 당뇨병 발병 여부를 기준으로 클래스의 데이터 불균형 문제가 심하여 실제 당뇨병인 1의 값을 잘 예측하지 못했습니다. 이러한 문제를 개선하기 위해서 클래스 1의 데이터 수를 오버샘플링하여 모델을 개선해 보겠습니다.

(1) SMOTE 활용 오버샘플링

먼저 두 클래스 간 데이터 수에 얼마나 차이가 나는지 알아보겠습니다. y의 빈도수를 출력해보면 당뇨병이 발병하지 않은 데이터는 238개, 당뇨병 발병한 데이터는 95개로 차이가 큽니다.

```
y.value_counts()
```

```
0    238
1     95
Name: Outcome, dtype: int64
```

오버 샘플링 하기 위해 SMOTE 객체를 이용하여 불균형이 있는 클래스의 데이터를 생성합니다. SMOTE(Synthetic Minority Over-sampling Technique)는 소수 클래스의 데이터를 합성하여 데이터셋의 클래스 간 균형을 맞추는 방법입니다.

```
from imblearn.over_sampling import SMOTE
oversample = SMOTE()
X2, y2 = oversample.fit_resample(X,y)
```

NOTE

oversample.fit_resample(X,y) : fit_resample() 함수를 사용하여 오버샘플링된 데이터를 생성합니다. 이 함수는 X와 y를 입력 받아서 클래스 불균형을 해소하기 위해 소수 클래스의 데이터를 합성하여 데이터셋의 균형을 맞춥니다.

오버샘플링 후, y2의 빈도수를 확인해보면 0과 1의 두 클래스의 데이터가 균형이 맞습니다.

```
y2.value_counts()
```

```
0    238
1    238
Name: Outcome, dtype: int64
```

(2) 데이터 정규화하기

오버샘플링한 X2 데이터를 사용하여 최소-최대 정규화를 수행한 후 X2_scaled 데이터프레임에 저장합니다.

```
X2_scaled= (X2-X2.min())/(X2.max()-X2.min())
X2_scaled.head()
```

	Pregnancies	Glucose	BloodPressure	SkinThickness	Insulin	BMI	DiabetesPedigreeFunction	Age
0	0.076923	0.232394	0.411765	0.301887	0.260726	0.314286	0.071993	0.000000
1	0.230769	0.154930	0.176471	0.471698	0.240924	0.406349	0.143108	0.119048
2	0.384615	0.774648	0.500000	0.226415	0.528053	0.241270	0.440737	0.714286
3	0.000000	0.436620	0.676471	0.754717	0.709571	0.876190	0.409131	0.238095
4	0.076923	0.415493	0.470588	0.433962	0.267327	0.520635	0.389816	0.261905

(3) 훈련 데이터와 테스트 데이터 분할하기

앞에서 수행한 것과 같은 방법으로 X2_scaled 데이터와 y2를 훈련 데이터와 테스트 데이터로 분할합니다.

```
X_train, X_test, y_train, y_test = train_test_split(X2_scaled, y2,
test_size=0.3, stratify=y2)
```

(4) 개선된 모델 생성하기

개선된 로지스틱 회귀 model2를 생성하고 오버샘플링한 훈련 데이터로 학습합니다. 개선된 모델의 분류 정확도를 살펴보면 앞서 생성한 모델과 분류 정확도에서는 큰 차이가 없습니다. 훈련 데이터와 테스트 데이터를 무작위 분할했기 때문에 실행 시 결과가 달라질 수 있습니다.

```
model2 = LogisticRegression( solver='lbfgs', max_iter=1000, random_
state=42)
model2.fit(X_train,y_train)
print("개선된 모델 분류 정확도 : ", model2.score(X_train, y_train))
```

```
개선된 모델 분류 정확도 :   0.7837837837837838
```

(5) 개선된 모델 성능 평가하기

개선된 모델에 테스트 데이터를 입력하여 성능을 평가해 보겠습니다.

```
from sklearn import metrics
y_pred2 = model2.predict(X_test)
print("개선된 모델 성능 평가:",metrics.accuracy_score(y_test, y_pred2))
```

결과를 살펴보면 개선된 모델의 성능이 향상된 것을 확인할 수 있습니다.

개선된 모델 성능 평가: 0.7622377622377622

NOTE

from sklearn import metrics: 사이킷런 라이브러리의 metrics 모듈을 가져옵니다. metrics 모듈은 다양한
성능평가지표를 계산하는 함수들을 포함하고 있습니다.
metrics.accuracy_score(y_test, y_pred2): accuracy_score 함수는 실제값과 예측값을 비교하여 모델의
정확도를 계산합니다.

혼동 행렬을 통해 개선된 모델이 얼마나 잘 예측했는지 확인해 보겠습니다.

```
from sklearn.metrics import confusion_matrix
plt.figure(figsize=(6, 4))
conf = confusion_matrix(y_test,y_pred2)
sns.heatmap(conf, annot=True, cmap="Greens",fmt="g")
plt.title("Diabetes Classification(2)")
plt.xlabel("Predicted")
plt.ylabel("Actual")
plt.show()
```

혼동 행렬을 살펴보면 실제 당뇨병 71개 중 52개를 당뇨병으로 예측하여 앞선 모델보다 재현율
이 향상된 것을 확인할 수 있습니다.

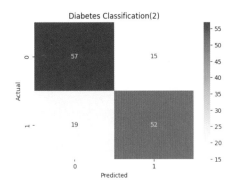

개선된 모델의 재현율은 다음과 같습니다.

$$\frac{52}{19 + 52} = 0.73$$

5 모델 활용하기

5.1 새로운 데이터 불러오기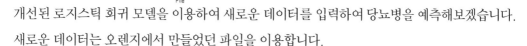
File

개선된 로지스틱 회귀 모델을 이용하여 새로운 데이터를 입력하여 당뇨병을 예측해보겠습니다. 새로운 데이터는 오렌지에서 만들었던 파일을 이용합니다.

Pregnancies	Glucose	BloodPressure	SkinThickness	Insulin	BMI	Diabetes Pedigree Function	Age
10	168	74	30	100	38	0.537	34
4	129	86	20	270	35.1	0.231	23
7	155	54	35	180	30.5	0.588	40
2	75	64	25	50	29.7	0.37	33
1	99	65	16	55	23.6	0.666	27

특징값만 저장된 'new_diabetes.csv' 파일을 업로드하고 df_new 데이터프레임을 생성합니다.

```
df_new = pd.read_csv('/content/new_diabetes.csv')
df_new.head( )
```

	Pregnancies	Glucose	BloodPressure	SkinThickness	Insulin	BMI	DiabetesPedigreeFunction	Age
0	10	168	74	30	100	38.0	0.537	34
1	4	129	86	20	270	35.1	0.231	23
2	7	155	54	35	180	30.5	0.588	40
3	2	75	64	25	50	29.7	0.370	33
4	1	99	65	16	55	23.6	0.666	27

5.2 새로운 데이터 정규화하기

최소−최대 정규화로 새로운 데이터를 정규화합니다. 새로운 데이터를 정규화할 때 최소값과 최대값은 오버샘플링한 X2 데이터 중에서 최소값과 최대값을 구해야 하는 것에 주의합니다.

```
df_new_scaled = (df_new-X2.min())/(X2.max()-X2.min())
df_new_scaled
```

	Pregnancies	Glucose	BloodPressure	SkinThickness	Insulin	BMI	DiabetesPedigreeFunction	Age
0	0.769231	0.788732	0.529412	0.433962	0.280528	0.628571	0.396839	0.309524
1	0.307692	0.514085	0.705882	0.245283	0.841584	0.536508	0.128183	0.047619
2	0.538462	0.697183	0.235294	0.528302	0.544554	0.390476	0.441615	0.452381
3	0.153846	0.133803	0.382353	0.339623	0.115512	0.365079	0.250219	0.285714
4	0.076923	0.302817	0.397059	0.169811	0.132013	0.171429	0.510097	0.142857

5.3 새로운 데이터 예측하기
Predictions

새로운 데이터로 결과를 예측해 보면 5개의 데이터 중 2개를 당뇨병으로 예측하였습니다.

```
print(model2.predict(df_new_scaled))
```

```
[1 0 1 0 0]
```

190페이지 오렌지의 예측 결과와 비교해 보면 같은 결과를 확인할 수 있습니다.

파이썬으로 당뇨병을 예측하는 전체 코드는 다음과 같습니다.

```python
# 1.1 파일 업로드하기
from google.colab import files
uploaded = files.upload()

# 1.2 데이터프레임에 저장하기
import pandas as pd
df = pd.read_csv('/content/diabetes.csv')
df.head()

# 2.1 데이터 살펴보기
df.info()

# 2.2 빈도수 확인하기
import matplotlib.pyplot as plt
import seaborn as sns
plt.figure(figsize=(4,3))
sns.countplot(x='Outcome', data=df)
plt.show()

# 2.3 특징 통계값 확인하기
df.describe()

# 속성별 0의 개수 확인하기
print("Number of rows with 0 values for each variable")
for col in df.columns:
  missing_rows=df.loc[df[col]==0].shape[0]
  print(col+":", missing_rows)

# 2.4 이상치 확인하기
# 산점도로 이상치 확인하기
sns.scatterplot(x='Age', y='BloodPressure', hue='Outcome', data=df)
plt.show()
sns.scatterplot(x='BloodPressure', y='Insulin', hue='Outcome',
data=df)
plt.show()

# 박스 플롯으로 이상치 확인하기
plt.figure(figsize=(10,6))
sns.boxplot(data=df, orient='h')
```

```python
# 2.5 이상치 처리하기
Preg_range=(df.Pregnancies>=0)&(df.Pregnancies<=13.5)
Gluc_range=(df.Glucose>=36.75)&(df.Glucose<=202.75)
Bloo_range=(df.BloodPressure>=35)&(df.BloodPressure<=107)
Skin_range=(df.SkinThickness>=1)&(df.SkinThickness<=80)
Insu_range=(df.Insulin>=1)&(df.Insulin<=318.75)
BMI_range=(df.BMI>=13.35)&(df.BMI<=50.55)
diab_range=(df.DiabetesPedigreeFunction>=0)&(df.
DiabetesPedigreeFunction<=1.23)
Age_range=(df.Age>=21)&(df.Age<=65.5)
df2=df.loc[Preg_range&Gluc_range&Bloo_range&Skin_range&Insu_
range&BMI_range&diab_range&Age_range,:]
df2


# 2.6 독립변수와 종속변수 선정하기
X = df2.drop('Outcome', axis = 1)
y = df2['Outcome']
print("특징 모양: ", X.shape)
print("타깃 모양: ", y.shape)


# 2.7 데이터 정규화하기
# 최소-최대 정규화하기
X_scaled = (X-X.min())/(X.max()-X.min())
X_scaled.head()


# 2.8 훈련 데이터, 테스트 데이터 분할하기
from sklearn.model_selection import train_test_split
X_train, X_test, y_train, y_test = train_test_split(X_scaled, y,
test_size=0.3, stratify=y)
print("훈련 데이터 : ", X_train.shape, y_train.shape)
print("테스트 데이터 : ", y_test.shape, y_test.shape)


# 3.1 로지스틱 회귀 모델 학습하기
from sklearn.linear_model import LogisticRegression
model = LogisticRegression(solver='lbfgs', max_iter=1000, random_
state=42)
model.fit(X_train,y_train)      # 훈련 데이터로 학습
```

```python
# 3.2 회귀계수와 절편 확인하기
import numpy as np
w=model.coef_          #회귀계수
b=model.intercept_     #절편
print("w= ", np.round(w,2))
print("b= ", np.round(b,2))


# 3.3 모델 성능 확인하기
print("훈련 데이터로 학습한 모델 분류 정확도 : ", model.score(X_train, y_
train))


# 4.1 모델 평가하기
print("테스트 데이터를 이용한 모델 성능 평가 : ", model.score(X_test, y_
test))


# 4.2 모델 예측하기
y_pred = model.predict(X_test)

print(y_pred[5:10])
print(y_test[5:10])


# 혼동 행렬 확인하기
from sklearn.metrics import confusion_matrix
plt.figure(figsize=(6, 4))
conf = confusion_matrix(y_test, y_pred)
sns.heatmap(conf, annot=True, cmap='Blues', fmt='g')
plt.title("Diabetes Classification")
plt.xlabel("Predicted")
plt.ylabel("Actual")
plt.show()


# 4.3 모델 개선하기
# (1) SMOTE 활용 오버샘플링
y.value_counts()          # y의 빈도수 확인
from imblearn.over_sampling import SMOTE
oversample = SMOTE()
X2, y2 = oversample.fit_resample(X,y)    # SMOTE 활용 데이터 개수 맞추기
y2.value_counts()          # 오버샘플링 후 y2의 빈도수 확인
```

```python
# (2) 데이터 정규화하기
# 최소-최대 정규화(Min-Max Normalization)
X2_scaled= (X2-X2.min())/(X2.max()-X2.min())
X2_scaled.head()

# (3) 훈련 데이터와 테스트 데이터 분할하기
X_train, X_test, y_train, y_test = train_test_split(X2_scaled, y2,
test_size=0.3, stratify=y2)

# (4) 개선된 모델 생성하기
model2 = LogisticRegression( solver='lbfgs', max_iter=1000, random_
state=42)
model2.fit(X_train,y_train)
print("개선된 모델 분류 정확도 : ", model2.score(X_train, y_train))

# (5) 개선된 모델 성능 평가하기
from sklearn import metrics
y_pred2 = model2.predict(X_test)
print("개선된 모델 성능 평가:",metrics.accuracy_score(y_test, y_pred2))

# 개선된 모델의 혼동 행렬
from sklearn.metrics import confusion_matrix
plt.figure(figsize=(6, 4))
conf = confusion_matrix(y_test,y_pred2)
sns.heatmap(conf, annot=True, cmap='Greens', fmt='g')
plt.title("Diabetes Classification(2)")
plt.xlabel('Predicted')
plt.ylabel('Actual')
plt.show()

# 5.1 새로운 데이터 불러오기
df_new = pd.read_csv('/content/new_diabetes.csv')
df_new.head()

# 5.2 새로운 데이터 정규화하기
df_new_scaled = (df_new-X2.min())/(X2.max()-X2.min())
df_new_scaled

# 5.3 새로운 데이터 예측하기
print(model2.predict(df_new_scaled))
```

정리하기

피마 인디언 당뇨병 데이터를 이용해 당뇨병을 예측하기 위해 로지스틱 회귀로 분류 모델을 생성하였습니다. 로지스틱 회귀는 기계학습에서 분류(Classification) 문제를 해결할 때 적용할 수 있는 지도학습 모델 중 하나입니다. 당뇨병의 요인이 되는 혈당, 혈압, BMI 등의 특징을 학습하여 로지스틱 회귀 모델을 생성하면, 건강 정보를 입력할 때 당뇨병을 예측해 줍니다. 피마 인디언 당뇨병 데이터는 데이터 불균형이 심한 특징을 가지고 있어 모델의 성능을 개선하기 위해 다양한 데이터 전처리와 모델의 최적화를 시도해야 합니다. 이 프로젝트를 통해 데이터 전처리의 중요성을 배울 수 있습니다.

오렌지	파이썬
Logistic Regression	`from sklearn.linear_model import LogisticRegression` `model = LogisticRegression( )`

Chapter 7

전 세계의
지진 데이터를
군집화할 수
있을까?

어떤 과정으로 해결할까?

전 세계 지진 데이터를 군집화하기 위해 인공지능(기계학습)으로 문제를 해결하는 과정은 다음과 같습니다.

문제 정의하기	인공지능으로 세계에서 일어나는 지진 데이터를 군집화할 수 있을까?
데이터 수집하기	전 세계 지진 데이터 수집하기
탐색적 데이터 분석과 전처리하기	결측치 확인 및 처리하기 특징과 타깃 선정하기
모델 생성하기	추출된 특징에 따라 k-평균 군집 모델 구현하기
모델 활용하기	실루엣 점수를 이용해 모델 성능 평가하기

*키워드 k-평균 알고리즘(k-Means), 훈련 데이터와 테스트 데이터 분할하기, 실루엣 점수(Silhouette Score)

1 　문제 정의하기

전 세계에서는 많은 지진이 일어나고 있습니다. 우리나라도 지진에서 안전한 지역은 아닙니다. 세계에서 일어나는 지진 데이터들을 군집화해서 볼 수 있을까요?

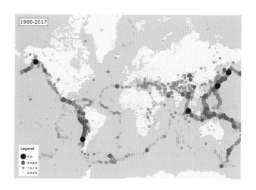

문제 **전 세계의 지진 데이터를 군집화할 수 있을까?**

2 　데이터는 어떻게 수집할까?

캐글 사이트에서 'earthquake'로 검색하면 다양한 전 세계 지진 데이터를 찾을 수 있습니다.

❶ 캐글 사이트(https://www.kaggle.com)에 접속합니다. 'Significant Earthquakes, 1965–2016' 페이지에서 'database.csv' 파일을 다운로드합니다.

데이터셋 주소: https://www.kaggle.com/datasets/usgs/earthquake-database

❷ 이 데이터는 1965년 1월 2일부터 2016년 12월 30일까지의 전 세계 지진 데이터 중 규모 5.5 이상의 데이터들로 구성되어 있습니다. 총 21개의 열과 23,412개의 행으로 구성되어 있으며 각 속성은 다음과 같습니다.

속성명	속성 설명
Date	날짜
Time	시간
Latitude	위도
Longitude	경도
Type	타입(지진, 핵폭발, 폭발, 암석 파열)
Depth	깊이
Depth Error	깊이 오차
Depth Seismic Stations	지진 관측소
Magnitude	지진 규모
Magnitude Type	지진 규모 타입
Magnitude Error	지진 규모 오류
Magnitude Seismic Stations	지진 규모 관측소
Azimuthal Gap	방위각 차이
Horizontal Distance	수평 거리
Horizontal Error	수평 오차
Root Mean Square	지진 관측 도착 시간 오차
ID	출처 아이디
Source	출처
Location Source	위치 출처
Magnitude Source	규모 출처
Status	지진 발생 위치 검토 방법

3 지진 군집화 모델은 어떻게 만들까?

군집화 모델은 비지도 학습이므로 타깃(target)을 지정할 필요가 없습니다. 다양한 속성 중에서 군집화 모델을 만드는 데 필요한 특징(feature)만을 지정해주면 됩니다.

표 7-1   지진 데이터의 속성

속성									
Date	Time	Latitude	Longitude	Type	Depth	....	Magnitude	...	Status
01/02/1965	13:44:18	19.246	145.616	Earthquake	131.6	...	6	...	Automatic
...	...	...	...	...	...	...	...	...	...
12/30/2016	20:08:28	37.3973	141.4103	Earthquake	11.94	...	5.5		Reviewed

군집화 모델에 사용할 특징(feature)은 총 2개입니다. 추가로 위도와 경도는 군집화된 데이터를 지도에 시각화할 때 사용하게 될 것입니다.

Depth	깊이
Magnitude	규모

지진 데이터를 군집화하는 기계학습 모델은 다음과 같은 과정으로 만듭니다. 특징을 가진 데이터셋을 기계학습 군집 알고리즘인 k-평균 군집화를 이용하여 지진의 깊이와 규모에 따른 군집 분석을 수행합니다.

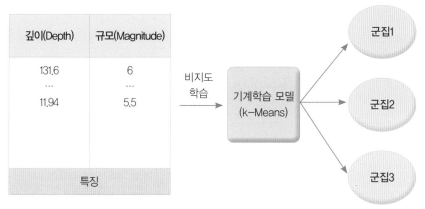

그림 7-1   지진 데이터 군집 모델

1. k-평균 군집화란?

k-평균 군집화(k-means clustering algorithm)는 주어진 데이터에서 서로 유사한 데이터들끼리 같은 군집으로 묶는 방법입니다. 예를 들어, 카드 회사에서는 고객 정보와 카드 사용 내용 등을 바탕으로 같은 유형의 고객끼리 묶을 수 있습니다.

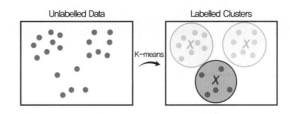

이를 통해 고객 맞춤형 카드 상품 제공, 마케팅 전략 수립 등에 활용할 수 있습니다.

- 기계학습의 유형 중 비지도 학습은 정답이 없는 데이터를 통해 학습하는 방법입니다.
- 한 군집 안의 요소들은 다른 군집에 있는 요소들보다 더 관련되어 있습니다.

2. k-평균 군집화 알고리즘은 어떻게 군집을 묶을까?

k-평균 군집화 알고리즘은 비지도 학습이므로 데이터가 가지는 특징을 바탕으로 입력 데이터를 군집으로 나누며 알고리즘은 다음의 단계로 구성되어 있습니다.

> 1. 입력 데이터에서 임의로 k개의 중심점을 각 군집의 중심점으로 정합니다.
> 2. 입력 데이터 각각을 가장 가까운 중심점에 할당합니다.
> 3. 기존의 중심점을 나누어진 군집의 중심점으로 이동합니다.
> 4. 중심점의 위치가 변하지 않을 때까지 단계 2, 3을 반복합니다.

3. 적절한 k는 얼마일까?

입력 데이터가 가지는 특징이 매우 비슷하다면 군집의 수는 1일 것입니다. 그러나 이런 경우는 매우 드물며 적절한 군집의 수는 모델을 만들기 전에 알고리즘에서 정해주어야 합니다. 적절한 군집의 수를 정하는 대표적인 방법은 다음 두 가지가 있습니다.

엘보우 방법	실루엣 방법
• 군집의 수를 늘려나가면서 각 군집에 속한 데이터들이 얼마나 가깝게 모여 있는지를 측정합니다. • 측정된 값이 급격히 작아지는 지점을 군집의 수 k로 정합니다.	• 각 군집이 비슷한 특징을 가진 데이터들로 구성되고, 군집 간에는 서로 다른 특징을 가진 군집들로 구분되었는지를 평가하는 기법입니다. • 군집 내 유사성과 군집 간 거리를 이용하여 −1에서 +1 사이의 실루엣 계수 값을 구하며, 이 값이 +1에 가까워지는 k값을 군집의 수로 정합니다.

오렌지를 이용해 지진 데이터를 군집화하는 모델을 구현해 봅시다.

1 데이터 불러오기

❶ 'File' 위젯을 추가합니다.

❷ 지진 데이터 파일을 불러옵니다.

– 파일: database.csv

File

2 탐색적 데이터 분석 및 전처리하기

2.1 전체적으로 데이터 살펴보기

❶ 'Data Table'을 위젯을 추가하고 'File' 위젯과 연결합니다.

File   Data Table

❷ csv 파일에 저장된 내용을 확인할
수 있습니다.

'database.csv' 파일은 18개의 속성
과 총 23,412개의 행으로 구성이 되
어 있습니다. 18개의 속성의 결측치
는 34.5%임을 또한 확인할 수 있습
니다.

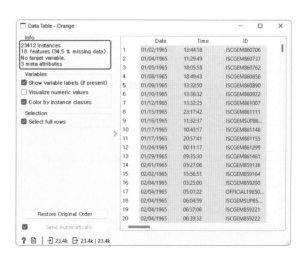

2.2 특징 선정하기

비지도 학습의 하나인 k−평균 군집 알고리즘에서 적절하지 않은 특징은 군집의 형성을 어렵게 할 수 있습니다. 군집화를 위해 깊이와 지진 규모를 특징으로 선택합니다. 또한 군집화 알고리즘은 비지도 학습이므로 타깃(Target) 값을 설정할 필요가 없습니다.

❶ 'Select Columns' 위젯을 추가하고 'File' 위젯과 연결합니다.

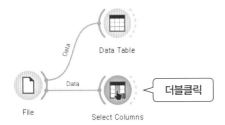

❷ Select Columns 창의 Features에는 'Depth', 'Magnitude'를 선택하고, Metas에는 'Type', 'Latitude', 'Longitude'를 선택합니다.

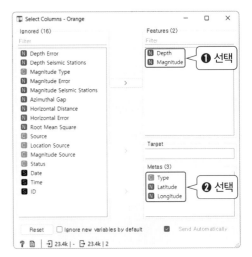

2.3 결측치 확인하기

군집화에 필요한 특징으로 지진의 규모(Magnitude)와 진원 깊이(Depth)를 선택할 것이며 두 특징 모두 결측치가 없는 데이터임을 다음과 같이 확인할 수 있습니다.

❶ 'Feature Statistics' 위젯을 추가하고 'File' 위젯과 연결합니다.

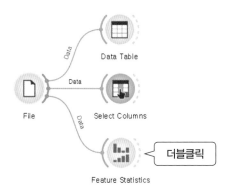

❷ Feature Statistics 창에서 각 속성의 간단한 통계 정보를 확인할 수 있습니다.

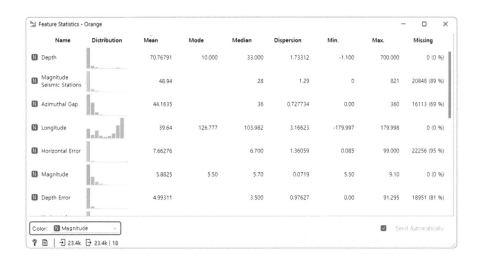

데이터의 Type 속성값을 살펴보면 지진(Earthquake), 폭발(Explosion, 인위적 활동으로 인한 진동), 핵폭발(Nuclear Explosion), 로켓 폭발(Rocket Burst) 등의 데이터로 구성되어 있음을 알 수 있습니다. 데이터의 분포를 확인해보면 대부분 데이터가 지진 데이터이고 나머지 데이터의 수는 지진 데이터와 비교하면 매우 적음을 알 수 있습니다. 우리는 규모와 깊이에 따른 '지진 데이터'의 군집화를 수행해야 하므로 속성 중 Type 값을 확인해서 지진 데이터만을 사용해야 합니다.

2.4 각 특성의 분포 확인하기

❶ 'Distributions' 위젯을 추가하고 'File' 위젯과 연결합니다.

❷ Distributions 창에서 각 특성의 분포 정보를 확인할 수 있습니다.

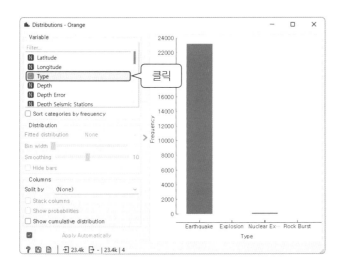

Variable을 Type으로 지정하면 지진의 종류에 따른 발생 빈도수를 그래프로 확인할 수 있습니다. 다른 종류에 비해 '지진(Earthquake)'이 월등히 높습니다.

③ 모델 생성하기

3.1 k-평균 알고리즘으로 데이터 학습하기

데이터 중에서 지진 데이터만을 다루기 위해 Type이 Earthquake인 것을 선택합니다.

❶ 'Select Rows' 위젯을 추가하고 'Select Columns' 위젯과 연결합니다.

❷ 'Select Rows' 위젯에서는 특정한 행의 선택을 위한 조건을 추가할 수 있습니다. Type이 'Earthquake'인 행만 선택하는 조건을 추가합니다.

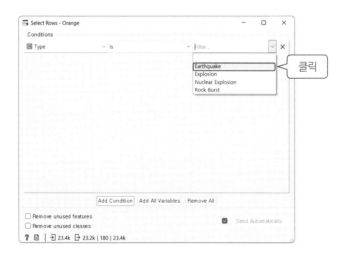

❸ 비지도 학습 알고리즘인 k-평균 군집 모델은 데이터를 간단하게 군집화하는 방법으로, 'Unsupervised' 카테고리의 'k-Means' 위젯을 이용해 모델을 만들 수 있습니다. 'k-Means' 위젯 상단에 표시되는 경고 표시는 데이터가 5,000개를 넘어서 실루엣 점수를 계산할 수 없

다는 뜻입니다. 'k-Means' 위젯을 추가하고 'Select Rows' 위젯과 연결합니다.

❹ 'k-Means' 위젯에서 군집의 수는 3으로 정하고 군집화를 수행합니다. 고정된 군집의 수부터 일정한 범위의 군집까지 군집의 수를 조정할 수 있습니다.

더 배우기 **쉽게 배우는 AI 지식 : k-Means 위젯**

오렌지의 'Unsupervised' 카테고리의 'k-Means' 위젯은 k-평균 군집 알고리즘을 이용하여 입력 데이터를 서로 유사한 데이터끼리 군집(cluster)으로 묶어 주는 비지도 학습 방법입니다.

① Number of Clusters: 군집의 수를 설정합니다.
   - Fixed: 고정된 수의 군집을 설정합니다.
   - From to: 시작값부터 종료값까지 군집의 수를 자동으로 변경하면서 군집을 분석합니다.
② Preprocessing: 전처리 여부를 결정합니다.
③ Initialization: 초기 군집 설정 방법과 이후 갱신 방법을 설정합니다.
   - Initialize with KMeans++: 첫 중심은 데이터 포인트 중 무작위로 선택합니다. 이후 중심은 이미 선택된 중심에서 가장 멀리 있는 데이터 중 확률적으로 선택합니다.
   - Random initialization: 모든 군집의 중심들은 데이터 중에서 완전히 무작위로 선택합니다.
④ Re-runs: 초기 군집의 중심 위치에 따라 결과가 다를 수 있으므로 재실행 횟수를 결정합니다.
⑤ Maximum Iterations: 알고리즘의 최대 반복 횟수를 설정합니다.

❺ 이 경우 'Data Sampler' 위젯을 통해 데이터의 수를 조정해서 군집화를 수행할 수 있습니다. 이번 작업에서는 주어진 데이터를 모두 사용하기 위하여 'Data Sampler' 위젯에서 데이터의 100% 즉, 모든 데이터를 사용하도록 하겠습니다. 이후에 데이터의 수를 5,000개 이하로 해서 오류 없이 실루엣 점수를 구해보겠습니다. 'Select Rows' 위젯과 'k-Means' 위젯 사이에 'Data Sampler' 위젯을 추가해 연결합니다.

❻ 모든 데이터를 사용하기 위해 Fixed proportion of data 옵션에서 100%를 선택합니다.

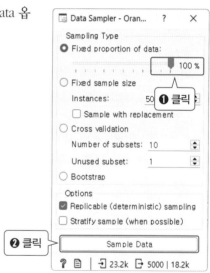

실루엣 점수

실루엣 점수는 군집 내의 데이터들이 얼마나 오밀조밀하게 모여 있는지를 측정하는 도구입니다. 데이터 하나에 대해 실루엣 계수는 군집의 응집도와 분리도를 계산하고 군집의 응집도와 분리도 사이의 차이를 둘 중 큰 값으로 나누어 계산합니다. 모든 데이터에 대한 실루엣 계수의 평균값이 실루엣 점수가 됩니다. 실루엣 계수는 각각의 데이터마다 개별적으로 계산이 됩니다. 즉, 응집도와 분리도는 데이터별로 계산이 됩니다.

응집도

응집도는 데이터와 같은 군집에 속해 있는 모든 다른 데이터와의 거리를 평균하여 계산한 값입니다. 응집도는 특정 군집에 있는 데이터 1개가 다른 데이터와 얼마나 비슷한지를 나타내주며 이 값이 작을수록 다른 데이터와 비슷하다는 것입니다. 오른쪽 그림에서 $Cluster_1$에 속해 있는 X_1의 응집도는 $\frac{3+4}{2} = 3.5$가 됩니다.

$Cluster_1$

분리도

분리도는 특정 군집에 속한 모든 데이터에 대해 가장 가까운 다른 군집에 있는 모든 데이터와의 평균 거리를 계산한 값입니다. 분리도는 특정 군집에 있는 데이터 1개가 다른 군집과 얼마나 다른지를 나타내주며 이 값이 클수록 다른 군집과 다르다는 것을 나타냅니다.

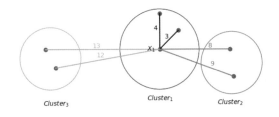

$Cluster_3$　　　　$Cluster_1$　　$Cluster_2$

오른쪽 그림에서 $Cluster_1$에 속해 있는 X_1의 분리도는 $\frac{8+9}{2} = 8.5$가 됩니다.

i 번째 데이터에 $X^{(i)}$에 대해 계산한 응집도를 $a^{(i)}$라고 하고 분리도를 $b^{(i)}$라고 할 때 해당 데이터의 실루엣 계수는 다음과 같이 계산합니다.

$$s^{(i)} = \frac{b^{(i)} - a^{(i)}}{max(b^{(i)}, a^{(i)})} = \frac{8.5 - 3.5}{max(8.5, 3.5)} = \frac{5}{8.5} \approx 0.588$$

위 수식을 보면 응집도와 분리도가 같을 때는 실루엣 계수는 0이 됩니다. 또한, 군집이 잘 분리가 되었다면 분리도의 값이 응집도의 값보다 매우 크게 되며 실루엣 계수 값은 1이 될 것입니다. 그 반대가 되면 -1이 되므로 실루엣 계수는 -1과 1 사잇값을 가지게 되며 1에 가까울수록 군집이 잘 분리가 되었다고 볼 수 있습니다. 이렇게 각 데이터에 대한 실루엣 계수를 모두 구해 평균을 낸 것이 실루엣 점수가 됩니다.

3.2 k–평균 군집화 결과 시각화하기

'k–Means' 위젯을 통해 군집이 제대로 이루어졌는지를 확인하기 위해서는 군집을 시각화시켜 봐야 합니다. 군집에 사용한 지진 데이터의 특성인 규모와 깊이에 따라 군집이 적절하게 나누어 졌는지 확인해보겠습니다.

❶ 'Scatter Plot' 위젯을 추가하고 'k–Means' 위젯과 연결합니다.

❷ Scatter Plot에서 축으로 'Depth'를 나타내고 y축으로는 'Magnitude'를 이용하고 속성의 Color는 'Cluster'로 정해줍니다.

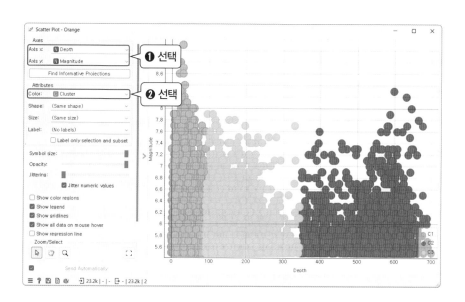

위 그래프는 규모와 깊이에 따라 군집의 수를 3개로 정하고 나눈 것입니다. 그래프에서 확인할 수 있듯이 지진의 규모와 깊이는 큰 상관관계를 보이는 것 같지 않습니다. 다만, 규모가 8 이상 인 지진의 진원 깊이가 얕은 경우가 뚜렷하게 나타나고 있음을 확인할 수 있습니다. 얕은 지진은 같은 규모의 깊은 지진에 비해 더 큰 피해를 줄 수 있습니다.

2차원 'Scatter Plot' 위젯은 데이터가 가지고 있는 위도와 경도에 따른 지도상에서의 데이터를 보여주지 못합니다. 이번에는 앞에서 군집화된 값들을 위도와 경도를 이용해서 지도상에서 표시해보겠습니다. [Geo]는 지리 정보 데이터를 지도상에 시각화하는 추가 위젯을 제공해줍니다.

❶ Options 메뉴에서 Add-ons를 클릭합니다.

❷ 'Geo'를 선택하고 설치합니다.

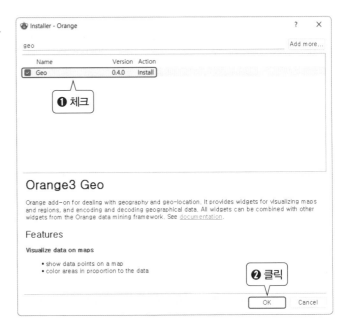

❸ 윈도우의 경우 관리자 권한
　으로 오렌지가 실행되어야
　정상적으로 설치됩니다. 설
　치 후 오렌지를 재시작해
　야 합니다. 설치가 정상적으
　로 이루어지면 다음과 같이
　Geo 관련 위젯들이 추가된
　것을 확인할 수 있습니다.

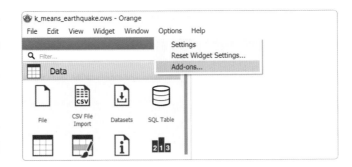

군집화된 지진 데이터를 지도상에 표시하면 2차원 'Scatter Plot' 위젯의 결과보다 군집화된 결과를 더 잘 확인할 수 있습니다.

❶ 'k-Means' 위젯과 'Geo Map' 위젯을 연결합니다.

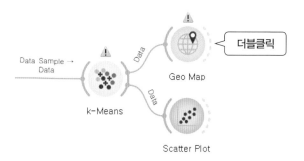

❷ 'Geo Map' 위젯에서 지도의 종류는 OpenStreetMap, Latitude(위도), Longitude(경도), 색상 정보를 Cluster(클러스터)로 설정합니다. Size 속성으로 Magnitude(규모)를 선택해 줍니다.

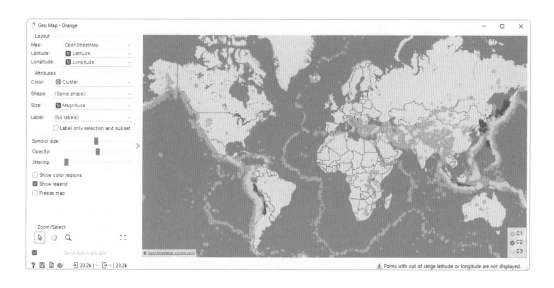

위도와 경도를 이용하여 지도에 지진 데이터가 군집화되어 표시되는 것을 확인할 수 있습니다. 캔버스 화면에 보이는 [Geo Map]의 경고 메시지는 [OpenStreetMap]에서는 표시할 수 있는 위도의 범위가 -85.0511~85.0511이며 경도는 -180~180이기 때문에 발생하는 경고 메시지입니다. 'Geo Map' 위젯에서 경고 메시지를 없애기 위해 기존의 Type에 대한 조건뿐 아니라, 위도와 경도의 범위를 다음처럼 정해줍니다.

❶ 'Select Rows' 위젯을 더블클릭합니다.

❷ 'Add Condition'을 선택하고 Latitude(위도), Longitude(경도)의 범위를 다음 그림처럼 입력합니다.

❸ 'Geo Map' 위젯의 경고가 사라진 것을 확인할 수 있습니다.

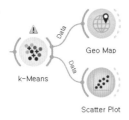

④ 모델 평가하기

오렌지는 실루엣 점수를 통해 적합한 군집의 수를 알려줍니다. 실루엣 점수는 군집 내 유사성 (응집도)와 군집 간 상이성(분리도)을 동시에 고려하는 평가지표입니다. 오렌지에서 실루엣 점 수를 계산하려면 데이터의 수가 5,000개 이하여야 합니다. 아래 그림을 보면 오렌지는 2개의 군 집이 0.892의 실루엣 점수를 가지며 이 값이 가장 적절한 군집의 수라고 알려주고 있습니다.

❶ 'Data Sampler' 위젯에서 Fixed sample size를 5000개 로 설정합니다.

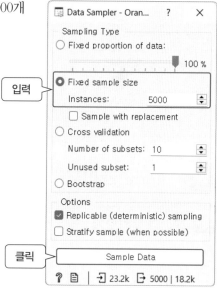

❷ 'k-Means'의 경고 메시지가 사라진 것을 확인할 수 있습니다.

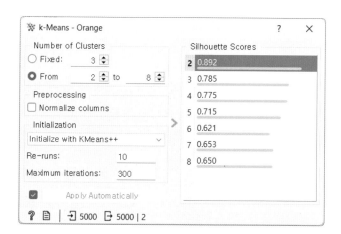

오렌지로 k−평균 군집화 알고리즘을 이용하여 지진 데이터를 군집화하는 모델의 구현 전 과정은 다음과 같습니다.

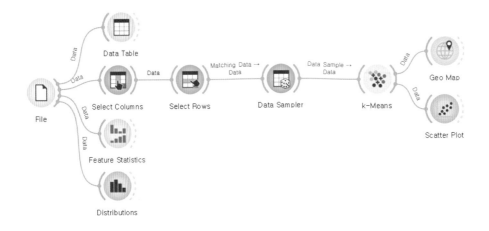

5 파이썬을 이용해 지진 데이터 군집화하기

1 데이터 불러오기

1.1 파일 업로드하기

구글 코랩(Colab)에서 'database.csv' 파일을 업로드합니다.

```
from google.colab import files
uploaded = files.upload( )
```

1.2 데이터프레임 생성하기

판다스(pandas) 라이브러리를 이용해 'database.csv' 파일을 불러와 데이터프레임(df)을 생성합니다. 데이터프레임에 저장된 지진 데이터 상위 5개 자료를 출력하면 다음과 같습니다.

```
import pandas as pd
df = pd.read_csv('/content/database.csv')
df.head( )
```

	Date	Time	Latitude	Longitude	Type	Depth	Depth Error	Depth Seismic Stations	Magnitude	Magnitude Type	...
0	01/02/1965	13:44:18	19.246	145.616	Earthquake	131.6	NaN	NaN	6.0	MW	...
1	01/04/1965	11:29:49	1.863	127.352	Earthquake	80.0	NaN	NaN	5.8	MW	...
2	01/05/1965	18:05:58	-20.579	-173.972	Earthquake	20.0	NaN	NaN	6.2	MW	...
3	01/08/1965	18:49:43	-59.076	-23.557	Earthquake	15.0	NaN	NaN	5.8	MW	...
4	01/09/1965	13:32:50	11.938	126.427	Earthquake	15.0	NaN	NaN	5.8	MW	...

5 rows × 21 columns

NOTE

- df=pd.read_csv( ): csv 파일을 불러와 데이터프레임을 생성합니다.
- df.head( ): 데이터프레임의 1~5행까지 출력합니다.

2 탐색적 데이터 분석 및 전처리하기

2.1 전체적인 데이터 살펴보기
Data Table

데이터의 개수, 각 속성의 자료형, 결측치를 확인하고, 각 데이터의 속성 범위가 어떻게 되는지 확인하는 것은 데이터의 분석 및 기계학습에 있어서 중요한 과정입니다.

데이터프레임(df)의 shape 명령어를 사용하면 데이터프레임(df)의 모양을 확인할 수 있습니다. 이미 앞에서 확인했듯이 데이터는 23,412행, 21개 열로, 전 세계 지진 데이터를 포함하고 있는 것을 알 수 있습니다.

```
df.shape
```

```
(23412, 21)
```

데이터프레임(df)의 요약 정보를 살펴보려면 info( ) 명령어를 사용하면 됩니다.

```
df.info( )
```

```
<class 'pandas.core.frame.DataFrame'>
RangeIndex: 23412 entries, 0 to 23411
Data columns (total 21 columns):
 #   Column                      Non-Null Count  Dtype
---  ------                      --------------  -----
 0   Date                        23412 non-null  object
 1   Time                        23412 non-null  object
 2   Latitude                    23412 non-null  float64
 3   Longitude                   23412 non-null  float64
 4   Type                        23412 non-null  object
 5   Depth                       23412 non-null  float64
 6   Depth Error                 4461 non-null   float64
 7   Depth Seismic Stations      7097 non-null   float64
 8   Magnitude                   23412 non-null  float64
 9   Magnitude Type              23409 non-null  object
 10  Magnitude Error             327 non-null    float64
 11  Magnitude Seismic Stations  2564 non-null   float64
 12  Azimuthal Gap               7299 non-null   float64
 13  Horizontal Distance         1604 non-null   float64
 14  Horizontal Error            1156 non-null   float64
 15  Root Mean Square            17352 non-null  float64
 16  ID                          23412 non-null  object
 17  Source                      23412 non-null  object
 18  Location Source             23412 non-null  object
 19  Magnitude Source            23412 non-null  object
 20  Status                      23412 non-null  object
dtypes: float64(12), object(9)
memory usage: 3.8+ MB
```

총 23,412개 행(row), 21개의 열(column)로 구성되어 있는 데이터로, 문자 형태인 object와 숫자 형태인 float64로 되어 있습니다.

2.2 결측치 확인하기

Feature Statistics

결측치는 탐색적 분석이나 모델 수립 과정에서 영향을 줄 수 있으므로 없애거나, 특정한 값으로 채워야 합니다.

데이터프레임에 결측치가 있는지 확인하려면 isnull( ) 함수를 이용합니다.

```
df.isnull( )
```

	Date	Time	Latitude	Longitude	Type	Depth	Depth Error	Depth Seismic Stations	Magnitude	Magnitude Type	...
0	False	False	False	False	False	False	True	True	False	False	...
1	False	False	False	False	False	False	True	True	False	False	...
2	False	False	False	False	False	False	True	True	False	False	...
3	False	False	False	False	False	False	True	True	False	False	...
4	False	False	False	False	False	False	True	True	False	False	...
...	...	...	...	...	...	...	...	...	...	...	...
23407	False	False	False	False	False	False	False	False	False	False	...
23408	False	False	False	False	False	False	False	False	False	False	...
23409	False	False	False	False	False	False	False	True	False	False	...
23410	False	False	False	False	False	False	False	True	False	False	...
23411	False	False	False	False	False	False	False	True	False	False	...

23412 rows × 21 columns

isnull( ).sum( ) 함수를 통해 속성별로 결측치의 수를 요약해서 확인할 수 있습니다. 아래 그림처럼 속성별로 결측치의 수가 다르다는 것을 알 수 있습니다. 앞서 오렌지를 통해 분석을 수행할 때처럼 사용할 특성인 규모와 깊이는 모두 결측치가 없음을 확인할 수 있습니다.

```
df.isnull( ).sum( )
```

```
Date                          0
Time                          0
Latitude                      0
Longitude                     0
Type                          0
Depth                         0
Depth Error               18951
Depth Seismic Stations    16315
Magnitude                     0
Magnitude Type                3
Magnitude Error           23085
Magnitude Seismic Stations 20848
Azimuthal Gap             16113
Horizontal Distance       21808
Horizontal Error          22256
Root Mean Square           6060
ID                            0
Source                        0
Location Source               0
Magnitude Source              0
Status                        0
dtype: int64
```

2.3 Type 속성 확인하기

이 데이터에는 지진 데이터뿐만 아니라, 폭발(Explosion), 핵폭발(Nuclear Explosion), 로켓 폭발(Rocket Burst) 등의 데이터를 포함하고 있습니다. Type의 값에 따른 각각의 빈도수를 구하기 위해서는 value_counts( )를 사용하여 이를 확인할 수 있습니다.

```
df['Type'].value_counts( )
```

```
Earthquake           23232
Nuclear Explosion      175
Explosion                4
Rock Burst               1
Name: Type, dtype: int64
```

또한 각 Type에 따라 막대 그래프를 그려보면 대부분 데이터가 지진 데이터임을 다시 한번 확인할 수 있습니다.

```
import matplotlib.pyplot as plt
df['Type'].value_counts( ).plot(kind='bar')
plt.show( )
```

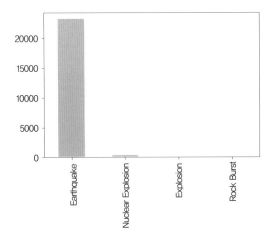

NOTE

• df['Type'].value_counts( ).plot(kind='bar'): Type에 따른 막대 그래프를 그려줍니다.

2.4 지도 데이터 시각화하기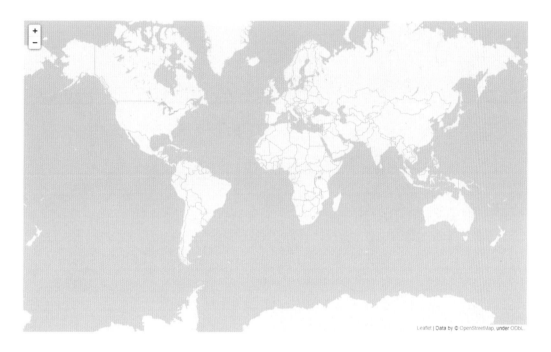
Geo Map

폴리움(folium) 라이브러리를 통해 세계 지도를 시각화하기 위해서는 맵의 중심점을 설정해야 합니다. 중심점은 위도와 경도의 쌍으로 이루어지게 되며 다음 그림은 맵의 중심점을 위도 0, 경도 0으로 설정하고 초기 확대 수준을 2로 설정하여 그린 결과입니다.

```
import folium
m = folium.Map(location=(0, 0), zoom_start=2)
m
```

폴리움을 사용하여 지도상에 원을 표시하기 위해서는 위도와 경도 그리고 그려질 원의 크기를 명시하고 추가하면 됩니다.

```
for i in range(len(df)):
    folium.Circle(
        location=[df.iloc[i]['Latitude'], df.iloc[i]['Longitude']],
        radius=10
    ).add_to(m)
m
```

- for i in range(len(df)): 데이터 프레임의 크기만큼 반복문을 수행합니다.
- folium.Circle(...).add_to(m): 데이터 프레임의 각 행의 위도, 경도 값을 이용하여 반지름이 10인 원을 지도상에 추가합니다.
- m: 화면에 지도를 보여줍니다.

다음 그림에 표시된 정보는 데이터프레임의 모든 값을 위도와 경도 정보만을 이용하여 각 지점에 반지름이 10인 원으로 표시한 결과입니다. 이 데이터를 오렌지에서와 같이 지진 데이터만을 추출한 후 k-평균 알고리즘을 적용해 보겠습니다.

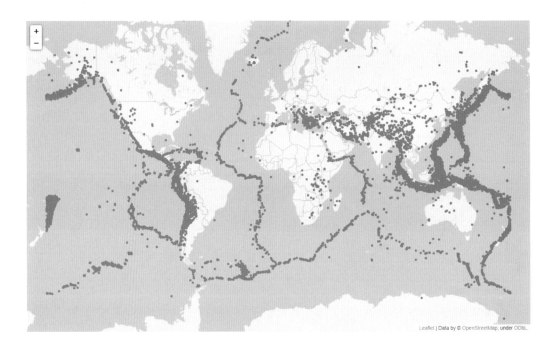

Leaflet | Data by © OpenStreetMap, under ODbL.

③ 모델 생성하기

3.1 k-평균 알고리즘으로 데이터 학습하기

k-Means

우리는 앞서 오렌지를 이용해 군집화에 필요한 특성으로 지진의 규모(Magnitude)와 진원 깊이(Depth)를 사용했습니다. 또한 데이터의 Type 중 지진 데이터만을 사용했으므로, 먼저 데이터의 Type이 Earthquake인 것을 데이터프레임에서 따로 뽑아내고, 규모와 깊이를 이용해 새로운 데이터프레임을 만들어줍니다. 이때 폴리움을 이용한 지도에서의 표기를 위해 추가로 위도, 경도 값 역시 같이 추출해줍니다.

```
earthquake = (df.Type=="Earthquake")
X = df.loc[earthquake, ['Depth', 'Magnitude', 'Latitude',
'Longitude']]
print(X)
```

```
        Depth  Magnitude  Latitude  Longitude
0       131.60      6.0   19.2460    145.6160
1        80.00      5.8    1.8630    127.3520
2        20.00      6.2  -20.5790   -173.9720
3        15.00      5.8  -59.0760    -23.5570
4        15.00      5.8   11.9380    126.4270
...        ...      ...       ...         ...
23407    12.30      5.6   38.3917   -118.8941
23408     8.80      5.5   38.3777   -118.8957
23409    10.00      5.9   36.9179    140.4262
23410    79.00      6.3   -9.0283    118.6639
23411    11.94      5.5   37.3973    141.4103

[23232 rows x 4 columns]
```

NOTE

- earthquake = (df.Type=="Earthquake"): 데이터프레임에서 지진 데이터의 행만을 추출합니다.
- X = df.loc[earthquake, ['Depth', 'Magnitude', 'Latitude', 'Longitude']]: 데이터프레임에서 깊이, 규모, 위도, 경도만을 추출하여 새로운 데이터프레임 X를 만듭니다.

사이킷런은 파이썬에서 사용할 수 있는 다양한 머신러닝 라이브러리를 포함하고 있습니다. 사이킷런의 KMeans는 초기 클러스터의 수와 다양한 옵션을 통해 k-평균 군집화 알고리즘을 적용할 수 있습니다.

```
from sklearn.cluster import KMeans
km = KMeans(n_clusters=3)
y_km = km.fit_predict(X[['Depth', 'Magnitude']])
print(y_km[:10])
```

```
[0 2 2 2 2 2 2 2 0 1]
```

- from sklearn.cluster import KMeans: 사이킷런에서 KMeans 모듈을 임포트합니다.
- km = KMeans(n_clusters=3): 클러스터의 개수를 3으로 정해줍니다.
- y_km = km.fit_predict(X[['Depth', 'Magnitude']]): 규모, 크기에 k-평균 알고리즘을 적용해줍니다.
- print(y_km[:10]): 모델이 적용된 10개의 데이터에 대한 군집값을 출력해봅니다. 해당 값은 3개의 군집을 나타내는 0, 1, 2로 나오는 것을 확인할 수 있습니다.

3.2 k-평균 군집화 결과 시각화하기:

산점도를 통해서 규모와 깊이에 따라 3개로 군집화된 정보를 시각화하기 위한 코드는 다음과 같습니다.

```
plt.scatter(X[y_km==0]['Depth'], X[y_km==0]['Magnitude'])
plt.scatter(X[y_km==1]['Depth'], X[y_km==1]['Magnitude'])
plt.scatter(X[y_km==2]['Depth'], X[y_km==2]['Magnitude'])
plt.xlabel('Depth')
plt.ylabel('Magnitude')

plt.show( )
```

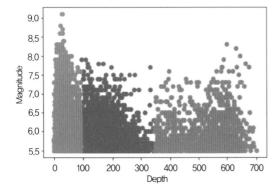

- plt.scatter(X[y_km==0]['Depth'], X[y_km==0]['Magnitude']): 0번 군집에 대해서 깊이와 규모에 따른 산점도를 그려줍니다.
- plt.scatter(X[y_km==1]['Depth'], X[y_km==1]['Magnitude']): 1번 군집에 대해서 깊이와 규모에 따른 산점도를 그려줍니다.
- plt.scatter(X[y_km==2]['Depth'], X[y_km==2]['Magnitude']): 2번 군집에 대해서 깊이와 규모에 따른 산점도를 그려줍니다.

오렌지에서 작성한 그래프에서 확인했던 것처럼 지진의 규모와 깊이는 큰 상관관계를 보이는 것 같지 않습니다. 다만 규모가 8 이상인 지진의 진원 깊이가 얕은 경우가 뚜렷하게 나타나고 있음을 확인할 수 있습니다.

이번에는 폴리움을 이용하여 3개의 군집을 지도상에 표현해보겠습니다.

```
mm = folium.Map(location=(0, 0), zoom_start=2)
colors = ['red', 'blue', 'green']

for i in range(3):
    latitudeT =  X[y_km==i]['Latitude']
    longitudeT = X[y_km==i]['Longitude']

    for latitude, longitude in zip(latitudeT, longitudeT) :
        folium.Circle(
            location=[latitude, longitude],
            radius=10,
            color = colors[i]
        ).add_to(mm)
mm
```

NOTE

- mm = folium.Map(location=(0, 0), zoom_start=2): 맵의 초기 위치와 확대 비율을 정해줍니다.
- for i in range(3) ... : 반복문을 통해 데이터프레임에서 각 군집의 위도와 경도를 저장합니다.
- for latitude, longitude in zip(latitudeT, longitudeT) ... : 각 군집의 데이터들을 지도상에 표시합니다.

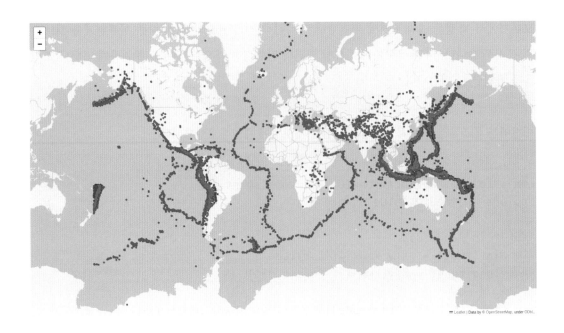

4 모델 평가하기

k-평균 군집 모델의 성능은 나누어진 군집이 가지는 응집도와 분리도를 통해서 측정할 수 있다고 했습니다. 앞에서 오렌지는 5,000개 이하의 데이터에 대해서만 실루엣 점수를 계산해준다고 했습니다. 사이킷런은 개수의 제한은 없지만 실루엣 점수를 구하는 연산은 시간이 오래 걸리는 작업입니다.

```
from sklearn.metrics import silhouette_score

scores = []

for i in range(2, 8):
    km = KMeans(n_clusters=i)
    km.fit(X[['Depth', 'Magnitude']])
    score = silhouette_score(X[['Depth', 'Magnitude']], km.labels_)
    scores.append(score)

plt.plot(range(2, 8), scores, marker='o')
plt.xlabel('Number of clusters')
plt.show( )
```

- from sklearn.metrics import silhouette_score: 실루엣 점수를 구하기 위한 모듈을 임포트합니다.
- km = KMeans(...): k-평균 알고리즘을 적용합니다.
- score = silhouette_score(X[['Depth', 'Magnitude']], km.labels_): 실루엣 점수를 구해줍니다.
- scores.append(score): 구한 실루엣 점수를 리스트에 저장합니다.

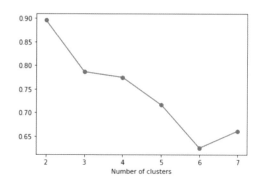

오렌지와 마찬가지로 군집의 수가 2일 때 실루엣 점수가 가장 높습니다. 그러나 지진은 깊이에 따라 천발 지진(0~70km), 중발 지진(70~300km), 심발 지진(300~700km)으로 나뉘므로 이번 장에서는 3개의 군집으로 나뉘어 분석을 수행했습니다.

파이썬으로 지진 데이터를 군집화하는 전체 코드는 다음과 같습니다.

```python
# 1.1 파일 업로드하기
from google.colab import files
uploaded = files.upload( )

# 1.2 데이터프레임 생성하기
import pandas as pd
df = pd.read_csv('/content/database.csv')
df.head( )

# 2.1 전체적인 데이터 살펴보기
df.shape
df.info( )

# 2.2 결측치 확인하기
df.isnull( )
df.isnull( ).sum( )

# 2.3 Type 속성 확인하기
df['Type'].value_counts( )

import matplotlib.pyplot as plt
df['Type'].value_counts( ).plot(kind='bar')
plt.show( )

# 2.4 지도 데이터 시각화하기
import folium
m = folium.Map(location=(0, 0), zoom_start=2)
m

for i in range(len(df)):
    folium.Circle(
        location=[df.iloc[i]['Latitude'], df.iloc[i]['Longitude']],
        radius=10,
    ).add_to(m)
m

# 3.1 k-평균 알고리즘으로 데이터 학습하기
earthquake = (df.Type=="Earthquake")
X = df.loc[earthquake, ['Depth', 'Magnitude', 'Latitude',
'Longitude']]
print(X)
```

```python
from sklearn.cluster import KMeans
km = KMeans(n_clusters=3)
y_km = km.fit_predict(X[['Depth', 'Magnitude']])
print(y_km[:10])


# 3.2 k-평균 군집화 결과 시각화하기
plt.scatter(X[y_km==0]['Depth'], X[y_km==0]['Magnitude'])
plt.scatter(X[y_km==1]['Depth'], X[y_km==1]['Magnitude'])
plt.scatter(X[y_km==2]['Depth'], X[y_km==2]['Magnitude'])
plt.xlabel('Depth')
plt.ylabel('Magnitude')
plt.show( )


mm = folium.Map(location=(0, 0), zoom_start=2)
colors = ['red', 'blue', 'green']


for i in range(3):
    latitudeT =  X[y_km==i]['Latitude']
    longitudeT = X[y_km==i]['Longitude']

    for latitude, longitude in zip(latitudeT, longitudeT) :
        folium.Circle(
            location=[latitude, longitude],
            radius=10,
            color = colors[i]
        ).add_to(mm)
mm


# 4. 모델 평가하기
from sklearn.metrics import silhouette_score

scores = []

for i in range(2, 8):
    km = KMeans(n_clusters=i)
    km.fit(X[['Depth', 'Magnitude']])
    score = silhouette_score(X[['Depth', 'Magnitude']], km.labels_)
    scores.append(score)

plt.plot(range(2, 8), scores, marker='o')
plt.xlabel('Number of clusters')
plt.show( )
```

전 세계 지진 데이터를 이용해 k–평균 군집 모델을 만들어보았습니다. k–평균 군집 모델은 비지도 학습의 한 종류로서 정답이 없이 주어진 데이터만을 이용하여 군집화를 수행하는 방법입니다. 지진 데이터를 규모와 깊이에 따라 3개의 군집화를 수행하여 규모가 8 이상인 지진의 진원 깊이가 얕은 경우가 뚜렷하게 나타나는 것을 확인할 수 있었습니다. 또한 이를 지도상에 표시하여 전 세계에서 지진이 발생하는 곳을 시각적으로 명확하게 확인할 수 있습니다.

오렌지	파이썬
k-Means	`from sklearn.cluster import KMeans` `km = KMeans(n_clusters=3)`

Chapter 8

인공지능으로
이미지의 용량을
줄이는 방안은
무엇일까?

어떤 과정으로 해결할까?

이미지의 용량을 줄이기 위해 인공지능(기계학습)으로 문제를 해결하는 과정은 다음과 같습니다.

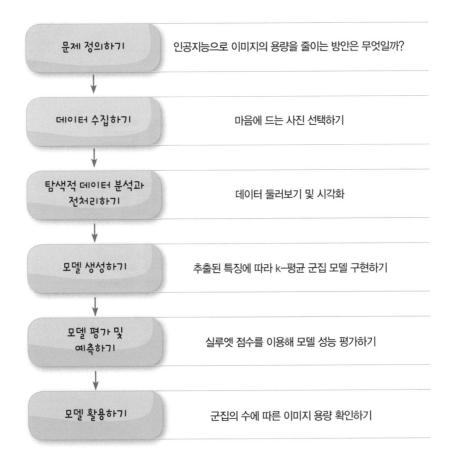

문제 정의하기	인공지능으로 이미지의 용량을 줄이는 방안은 무엇일까?
데이터 수집하기	마음에 드는 사진 선택하기
탐색적 데이터 분석과 전처리하기	데이터 둘러보기 및 시각화
모델 생성하기	추출된 특징에 따라 k-평균 군집 모델 구현하기
모델 평가 및 예측하기	실루엣 점수를 이용해 모델 성능 평가하기
모델 활용하기	군집의 수에 따른 이미지 용량 확인하기

*키워드 k-평균 알고리즘(k-Means), 이미지 압축, 머지 데이터(Merge Data), 실루엣 점수(Silhouette Score)

이미지의 용량을 원래보다 줄인 이미지를 만드는 것을 이미지 압축이라고 합니다. 기계학습 알고리즘 중 하나인 k-평균 알고리즘은 데이터를 k개의 군집으로 나누어줍니다. 이미지를 군집으로 나누고 각 픽셀의 색상을 군집의 색을 이용하여 표현하면 이미지 압축의 효과를 거둘 수 있습니다.

> **문제** ▶ **인공지능으로 이미지의 용량을 줄이는 방안은 무엇일까?**

2 ▶ 데이터는 어떻게 수집할까?

이번 장에서는 캐글 사이트에서 이미지 데이터를 수집하는 것이 아니라 자신이 직접 이미지 압축에 사용할 이미지를 준비해보겠습니다. 실습은 우리나라 국화인 무궁화 사진을 이용해보겠습니다. 물론 자신이 직접 찍은 사진이나 검색을 통해서 원하는 이미지를 사용해도 좋습니다.

❶ 행정안전부 어린이 사이트(https://www.mois.go.kr/chd/sub/a05/mugunghwa1/screen. do)에 접속합니다. '아름다운 무궁화 이미지 다운받기'를 클릭합니다.

* **식물분류학적 위치** : 쌍자엽식물강-아욱목-아욱과-무궁화 속-무궁화
* **학명/영명** : Hibiscus syriacus L./Rose of Sharon, Shrub Althaea)
* **특징** : 무궁화는 7월 초순에서 10월 중순까지 매일 꽃이 피고, 보통 한 그루에 2천~3천여 송이가 핀다. 또한 옮겨 심거나 꺾꽂이를 해도 잘 자라고 공해에도 강한 특성을 지니고 있어 민족의 근면과 끈기를 잘 나타내 준다.

아름다운 무궁화 이미지 다운받기 ⬇

❷ 내려받은 사진 파일 중 '백단심계3.jpg' 파일의 속성은 다음과 같습니다. 사진의 너비는 1,837 픽셀, 높이는 1,223픽셀이며 전체 용량은 564킬로바이트입니다.

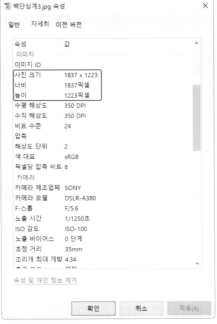

| 3 | 사진의 군집화 모델은 어떻게 만들까? |

군집화 모델은 비지도 학습이므로 타깃(Target)을 지정할 필요가 없습니다. 다양한 특징 중에서 군집화 모델을 만드는 데 필요한 특징만을 지정해주면 됩니다. 내려받은 사진 이미지는 각 픽셀을 구성하는 빨강(Red), 초록(Green), 파랑(Blue)의 값으로 구성되어 있습니다. 각 값은 $0 \sim 255$ 사이의 값을 가지고 있습니다. 이러한 색상의 정보를 특징으로 하여 군집화를 수행하게 됩니다.

표 8-1　사진 데이터의 특성

특징(feature)		
R	G	B
128	100	255
...	...	...

군집화 모델에서 사용할 특징(feature)은 총 3개입니다.

R	빨강
G	초록
B	파랑

사진 데이터를 군집화하는 기계학습 모델은 다음과 같은 과정으로 만듭니다. 특징을 가진 데이터셋을 기계학습 군집 알고리즘인 k−평균 군집 알고리즘을 이용하여 빨강, 초록, 파랑에 따른 군집화를 수행합니다. 각 군집은 군집의 대표값으로 새롭게 변경하여 이미지의 압축을 수행합니다.

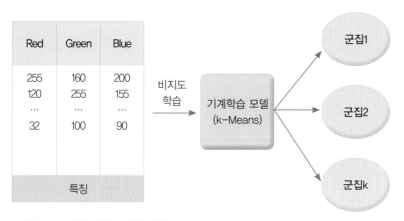

그림 8-1   사진 데이터 군집 모델

4 ▷ 오렌지를 이용한 사진 데이터 군집화하기

오렌지를 이용해 지진 데이터를 군집화하는 모델을 구현해 봅시다.

1 데이터 불러오기

이번 장의 작업을 위해 먼저 폴더를 만들어줍니다. 폴더의 이름은 자신이 원하는 것으로 하면 됩니다.

❶ 문서 폴더에 새로운 폴더를 만듭니다. 폴더 이름은 k_means_image로 변경해 줍니다.

❷ 앞에서 내려받은 무궁화 이미지 중에서 '백단심계3.jpg'를 자신이 만든 폴더로 옮겨줍니다. 파일의 이름을 'flower.jpg'로 바꾸어줍니다. 또한 오렌지 파일을 실행했을 때 해당 위치에 있는 이미지 파일을 정상적으로 불러오기 위해서 먼저 오렌지를 실행해서 아무것도 작성하지 않은 빈 파일을 생성해서 'kmeans_image.ows'로 같은 폴더에 저장해줍니다.

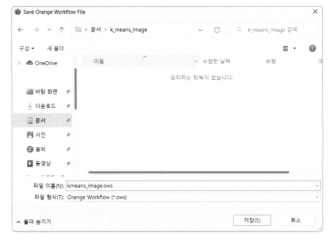

❸ 현재 폴더(문서/k_means_image)에는 1개의 이미지 파일과 1개의 오렌지 파일이 저장되어 있습니다. 원활한 다음 작업을 위해 오렌지 프로그램을 종료하고 'kmeans_image.ows' 파일을 클릭하여 재실행합니다.

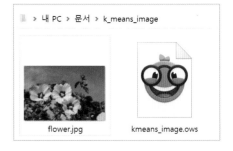

❹ 오렌지에서 이미지를 분석하기 위해서는 'Image Analytics' 카테고리를 사용합니다. 이 카테고리는 'Import Images', 'Image Viewer', 'Image Embedding', 'Image Grid', 'Save Images' 등의 위젯으로 구성되어 있습니다. 이번 장에서는

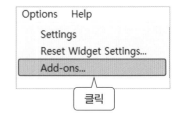

이 카테고리에서 저장된 사진과 압축된 사진을 보기 위해 'Image viewer' 위젯만을 사용합니다. 'Options' 메뉴에서 'Add-ons'를 클릭합니다.

❺ 'Image Analytics'를 선택하고 'OK'를 클릭해 설치합니다. 윈도우의 경우 관리자 권한으로 오렌지가 실행되어야 정상적으로 설치됩니다.

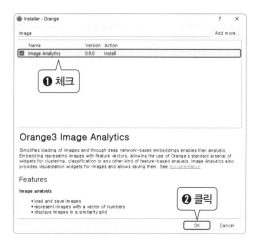

❻ 설치 후 오렌지를 재시작해야 합니다. 'Image Analytics' 위젯이 정상적으로 설치되면 'Import Images' 위젯을 클릭합니다. 캔버스에 배치된 'Import Images' 위젯을 더블클릭합니다.

Import Images

❼ 이미지를 불러올 폴더로 현재 'flower.jpg'와 'kmeans_image.ows'가 저장된 폴더를 선택합니다. 선택한 폴더에는 이미지 파일이 1개가 있지만 'Import Images' 위젯은 2개의 파일을 모두 이미지로 간주하고 있는 것을 알 수 있습니다.

❽ 'Select Rows' 위젯을 추가하고 'Import Images' 위젯과 연결
합니다. 'Select Rows' 위젯을 더블클릭합니다.

❾ 'kmeans_image' 폴더에 있는 이미지 파일만을 선택하기 위해 파일의 이름이 jpg로 끝나는
파일만 선택하는 조건을 추가하겠습니다. Select Rows 창에서 jpg로 끝나는 파일만을 선택하
는 조건을 추가하기 위해 'image – ends with – jpg'를 추가합니다.

❿ 'Image Viewer' 위젯을 추가하고
'Select Rows' 위젯과 연결합니다.

⓫ 'Image Viewer' 위젯을 더블클릭하
여 무궁화 이미지를 확인할 수 있습
니다.

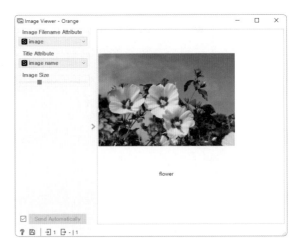

2 탐색적 데이터 분석 및 전처리하기

2.1 이미지 픽셀 정보값 접근하기

이미지 파일을 색상 정보에 따라 군집화를 수행하기 위해서는 각 픽셀의 RGB 값에 접근할 수 있어야 합니다. 오렌지에서는 이미지 파일에 직접 접근할 수 없으므로, 이를 위해서는 'Transform' 카테고리의 'Python Script' 위젯을 이용해야 합니다. 'Python Script' 위젯은 오렌지의 기능을 파이썬 프로그래밍을 통해 확장할 수 있도록 지원해줍니다.

❶ 캔버스에 'Python Script' 위젯을 배치합니다. 입력 부분에는 아무것도 연결하지 않습니다.

Python Script

❷ 'Python Script' 위젯의 'Editor'에서 다음과 같은 코드를 작성하고 [Run] 버튼을 클릭합니다. Library 아래를 더블클릭하여 파이썬 스크립트의 이름을 'Image Load'로 변경합니다. 이 이름은 현재 에디터에 있는 코드에 대한 이름을 정해준 것입니다.

```python
import numpy as np
from PIL import Image
from Orange.data import Table, Domain, ContinuousVariable

img = Image.open("flower.jpg")

arr = np.array(img)
print(arr.shape)
arr = arr.reshape(arr.shape[0] * arr.shape[1], arr.shape[2])
print(arr.shape)
domain = Domain([ContinuousVariable("R"),
                ContinuousVariable("G"),
                ContinuousVariable("B")
                ])

out_data = Table.from_numpy(domain, arr)
```

- img = Image.open("flower.jpg"): 현재 디렉토리에서 'flower.jpg' 파일을 읽어 img 변수에 저장합니다.
- arr = np.array(img): 이미지 객체를 넘파이 배열로 변환합니다.
- arr = arr.reshape(arr.shape[0] * arr.shape[1], arr.shape[2]): R, G, B 테이블 데이터를 만들기 위해 이미지를 2차원 데이터로 변환합니다.
- domain = Domain(…): 테이블의 도메인을 연속형 변수로 만들고, 각각의 이름을 R, G, B로 작성합니다.
- out_data = Table.from_numpy(domain, arr): 오렌지가 사용하는 테이블을 도메인과, 넘파이 객체를 이용하여 만듭니다. out_data로 지정된 변수는 다른 위젯에서 입력으로 사용할 수 있게 됩니다.

'Run' 버튼을 클릭하면 불러온 이미지 파일의 크기인 (1223, 1837, 3)과 형상이 바뀐 후의 정보인 (2246651, 3)이 Console 화면에 출력됩니다. 이렇게 만들어진 이미지 자료는 테이블 형태로 다른 위젯에서 사용할 수 있습니다.

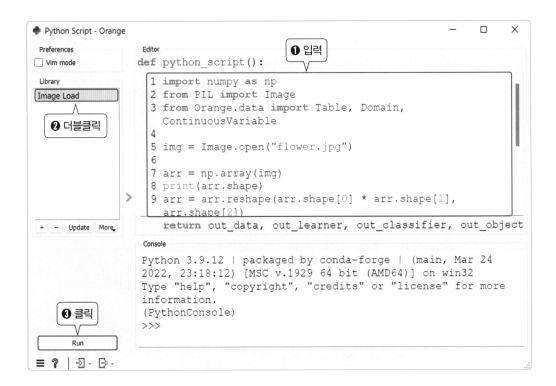

'Python Script' 위젯은 다음과 같은 화면으로 구성되어 있습니다. 에디터 창에서는 직접 파이썬 프로그램을 텍스트 형태로 작성할 수 있습니다.

'Python Script' 위젯의 입력과 출력은 다음과 같습니다.

입력	출력
Data: 입력 데이터는 in_data 변수로 사용 가능합니다. 데이터 형식은 Orange.data.Table입니다.	Data: 출력 데이터는 out_data 변수로 반환됩니다. 데이터 형식은 Orange.data.Table입니다.
Learner: 입력 learner는 in_learner 변수로 사용 가능합니다. 데이터 형식은 Orange.classification.Learner입니다.	Learner: 출력 learner는 out_learner 변수로 사용 가능합니다. 데이터 형식은 Orange.classification.Learner입니다.
Classifier: 입력 classifier는 in_classifier 변수로 사용 가능합니다. 데이터 형식은 Orange.classification.Learner입니다.	Classifier: 출력 classifier는 out_classifier 변수로 사용 가능합니다. 데이터 형식은 Orange.classification.Learner입니다.
Object: 입력 Python object는 in_object 변수로 사용 가능합니다.	Object: 출력 Python object는 out_object 변수로 사용 가능합니다.

왼쪽의 라이브러리(Library)는 자주 사용하는 코드를 자신만의 이름으로 저장할 수 있게 해줍니다. 마지막 리턴(return) 값은 위 표의 출력과 대응됩니다. 마지막으로, 파이썬 스크립트는 'Run' 버튼을 누르면 실행되며 이때 출력이 발생하고 이 값을 다른 위젯이 입력으로 사용할 수 있게 됩니다. 라이브러리는 기본 프로그래밍을 특별한 이름으로 만들어서 저장할 수 있도록 해줍니다. 작성된 코드를 변경하거나 추가해서 자신만의 라이브러리를 만들어놓을 수 있습니다.

2.2 이미지 픽셀 정보 시각화하기

이미지 파일이 가지는 각 픽셀은 R, G, B로 구성되어 있으며, 각각이 0~255 사이의 정수값으로 이루어져 있습니다. 파이썬 스크립트가 테이블 형태로 데이터를 만들어서 출력으로 보내주므로 위젯들을 연결하여 이 값들을 확인할 수 있습니다. 먼저 이미지 파일의 R, G, B 값들의 분포를 확인하기 위해 'Distributions' 위젯을 이용해봅니다.

❶ 'Distributions' 위젯을 추가하고 'Python Script' 위젯을 연결합니다.

❷ 연결 시 양쪽 위젯의 'Data'가 서로 연결되도록 합니다.

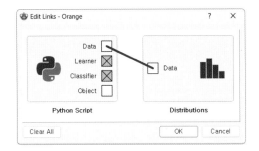

❸ 'Distributions' 위젯을 통해서 이미지를 구성하는 각 픽셀의 R, G, B 빈도수를 확인할 수 있으며, 이를 히스토그램이라고도 부릅니다. 내려받은 무궁화 이미지에서 파란색이 가지는 값들이 조금 더 많이 나타나기 때문에, 다음 R, G, B 분포를 보면 파란색(B) 값에서 다른 색보다 큰 값들이 많습니다. 또한 Bin width를 조정하면 그려지는 그래프의 폭을 조절할 수 있습니다. 그림에서는 20으로 설정해서 픽셀의 분포를 조금 더 잘 보이도록 하였습니다.

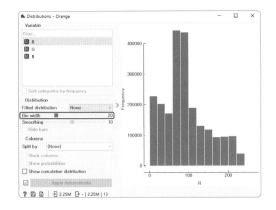

Red는 100 주변에 있는 색상들이 많이 나타나고 있습니다.

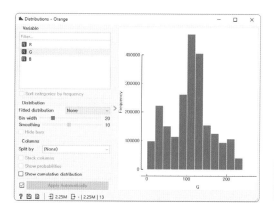
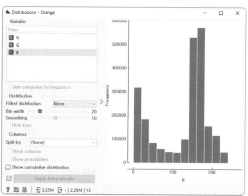

Green은 중앙의 값들의 분포가 많고 양쪽으로 줄어두는 형태입니다.

Blue는 200에 가까운 값들의 다른 값보다 많이 분포가 되어 있습니다.

❹ 이미지 파일이 가지는 R, G, B의 분포와 각 값의 간단한 통계값을 확인하기 위해 'Feature Statistics' 위젯을 추가하고 'Python Script' 위젯과 연결합니다.

❺ 연결 시 'Python Script'와 'Feature Statistics' 위젯의 'Data'가 서로 연결되도록 합니다.

❻ Feature Statistics 창에서 Color를 'R'로 선택하여 분포가 더 잘 보이도록 해줍니다. 'Distributions' 위젯을 통해서 R, G, B의 히스토그램을 개별적으로 확인했다면, 위의 'Feature Statistics' 위젯에서는 R, G, B의 분포를 함께 볼 수 있습니다. 그림에서 볼 수 있듯이 픽셀의 값이 큰 값들이 B 쪽에 더 많다는 것이 확인됩니다.

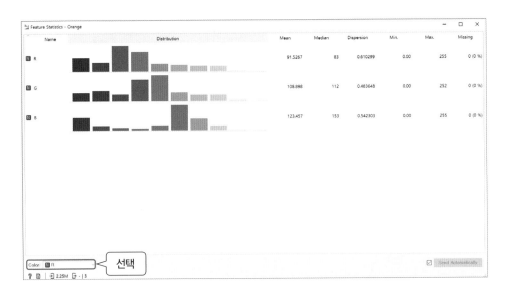

❼ 'Data Table' 위젯을 통해 R, G, B 각각의 값을 확인할 수도 있습니다. 'Data Table' 위젯을 추가하고 'Python Script' 위젯과 연결합니다.

❽ 연결 시 'Python Script'와 'Feature Statistics' 위젯의 'Data'가 서로 연결되도록 합니다.

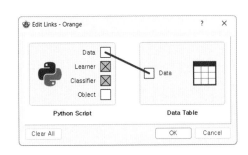

❾ 이 값은 앞의 'Python Script' 위젯의 out_data 값을 이용해서 'Data Table' 위젯이 그 값들을 테이블 형태로 표현한 것입니다.

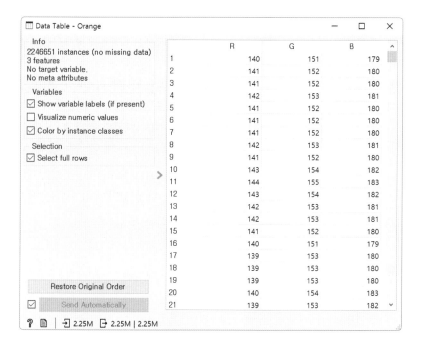

3 모델 생성하기

3.1 k-평균 군집 알고리즘으로 데이터 학습하기

비지도 학습 알고리즘인 k-평균 군집 알고리즘은 데이터를 군집화하는 방법입니다. 이렇게 만들어진 군집은 원래 이미지의 픽셀값을 대신하는 값으로 사용이 될 수 있습니다. 군집의 수가 작다면 많은 픽셀이 하나의 군집으로 색상이 표현되므로 이미지의 전체 용량이 줄어들게 됩니다. 군집의 수가 늘어나고 표현할 수 있는 이미지의 픽셀 수가 늘어난다면 이미지의 용량은 점점 증가할 것입니다.

- 색상의 수 감소: k-평균을 이미지 군집하에 사용할 때, 이미지 내의 픽셀을 k개의 군집으로 분류합니다. 이는 이미지의 색상 수를 k개로 제한하게 됩니다. 예를 들어, 원래 이미지가 수천 개의 다양한 색상을 가지고 있다면, k-평균 군집화 후에는 k개의 대표 색상만을 사용하게 됩니다. 이런 색상의 감소는 이미지 데이터의 복잡성을 줄이며, 그 결과로 저장 용량도 줄일 수 있습니다.
- 데이터의 단순화: 군집화 후 각 군집의 중심 색상으로 모든 픽셀을 대체하게 됩니다. 이에 따라, 연속적인 영역에서는 동일한 색상 값을 가진 픽셀들이 많아지게 됩니다. 특히 이미지를 압축하는 방식 중 일부는 이러한 연속적인 정보를 효율적으로 인코딩하는 데 특화되어 있으므로, 군집화 후에 이미지 압축률이 향상될 수 있습니다.

❶ 'k-Means' 위젯을 추가하고 'Data Table' 위젯과 연결합니다. 위젯 상단에 표시되는 경고 표시는 데이터가 5,000개를 넘어서 실루엣 점수를 계산할 수 없다는 뜻입니다.

❷ k-Means 창에서 군집의 수를 2로 고정하고 모델을 학습시킵니다. 즉, 2가지 색상으로 원래의 무궁화 이미지를 표현하기 위해서 2가지 군집으로 나누어보는 것입니다. 이렇게 나누어진 군집의 중심 픽셀값으로 각 군집에 속하는 픽셀들의 값을 대체할 것입니다.

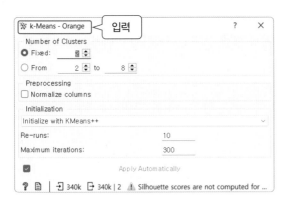

3.2 각 픽셀의 군집 정보 확인하기

'k-Means' 위젯은 Data, Centroids 2가지의 정보를 출력해줍니다. Data는 각 자료의 군집 정보를 알려주며, Centroids는 각 군집의 값들을 알려줍니다.

❶ 'Select Columns' 위젯을 추가하고 'k-Means' 위젯과 연결합니다.

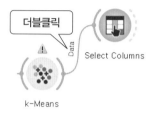

❷ 연결선에 'Data'를 서로 연결합니다.

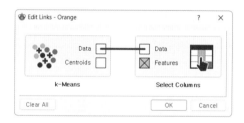

❸ 각 픽셀이 어느 군집에 속하는지만 확인하기 위해서 'Select Columns' 위젯에서 Cluster만 'Features'에 추가합니다.

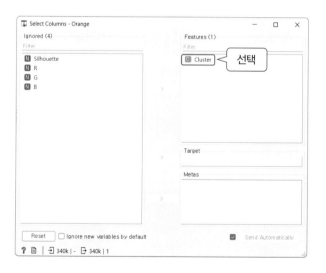

❹ 이미지 각 행의 군집화된 정보를 확인하기 위해
  'Data Table' 위젯을 추가하고 'Select Columns'
  위젯과 연결합니다.

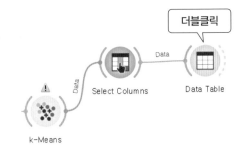

❺ 각 픽셀이 속한 군집을 확인
  할 수 있습니다.

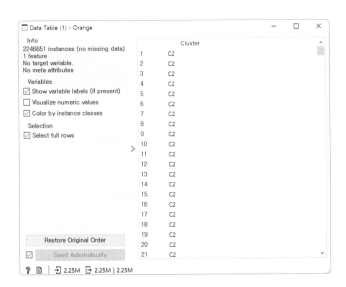

3.3 각 군집의 정보 확인하기

이번에는 Data가 아닌 각 군집의 중심점을 나타내는 Centroids를 이용하여 각 군집의 대표 색상
값을 추출해봅니다. 이후에 이 정보와 위의 정보를 결합하여 이미지의 각 행이 어느 군집에 속하
는지 색상 정보를 결합해서 사용할 것입니다. 이렇게 하면 원래 픽셀의 값이 아닌 군집의 중심값
으로 각 군집의 값들이 변경되어 이미지의 용량이 줄어들게 됩니다.

❶ 'Select Columns' 위젯을 새로 추가하고 'k-Means' 위
  젯과 연결합니다.

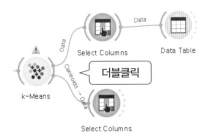

❷ 연결선에 'Centroids'와 'Data'를 서로 연결
합니다. 이는 각 군집의 중심 색상 정보를
알기 위해서입니다.

❸ R, G, B를 Features에 Metas에
'Cluster'를 추가합니다.

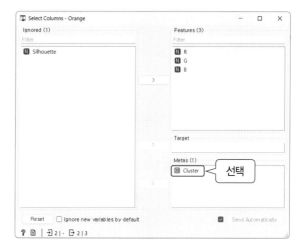

❹ 각 군집 중심점의 R, G, B 값을 확인하기 위하여 'Data Table' 위젯을 추가하고 'Select
Columns' 위젯과 연결합니다.

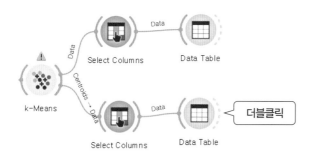

❺ 다음 그림에서는 2개의 군집인 C1, C2의 색상 정보값인 R, G, B 값이 각각 실수값으로 표현
되어 있습니다. 이 값들이 같은 군집에 속하는 픽셀들이 사용할 새로운 색상 값이 됩니다.

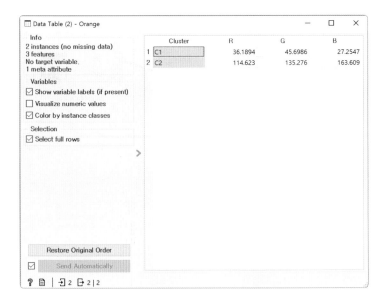

3.4 각 픽셀의 정보를 군집의 중심 값으로 변경하기

원래 이미지의 각 픽셀의 값들을 군집의 중심을 나타내는 값으로 대치해서 표현해야 합니다. 각 픽셀이 어떤 군집에 속하는지를 나타내는 테이블과, 각 군집의 중심값을 나타내는 테이블이 있으므로 2개의 테이블을 합치기 위해 'Merge Data' 위젯을 사용합니다.

❶ Transform 카테고리의 'Merge Data' 위젯을 추가합니다. 두 'Data Table' 위젯과 'Merge Data' 위젯을 각각 연결합니다.

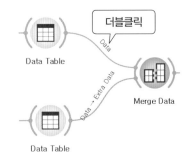

❷ 첫 번째 'Data Table' 위젯과 'Merge Data' 위젯은 Data끼리 연결합니다. 기본값이 Selected Data이긴 하지만 모든 데이터를 명확하게 사용하기 위해 Data를 선택합니다.

❸ 두 번째 'Data Table' 위젯과 'Merge Data' 위젯은 Data와 Extra Data를 연결합니다.

❹ Merge Data의 속성 중 Row matching 값을 'Cluster'로 선택해 두 테이블이 결합할 수 있도록 합니다.

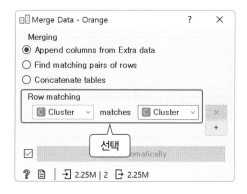

더 배우기 **쉽게 배우는 AI 지식 : Merge Data 위젯**

오렌지의 Transform 카테고리의 'Merge Data' 위젯은 여러 개의 테이블을 하나의 테이블로 합치는 데 사용됩니다.

① Merging: 두 테이블을 합치는 방법을 결정합니다.

Data로 들어오는 자료가 주 자료가 되며, Extra Data로 들어오는 자료는 주 자료에 추가되는 자료입니다.

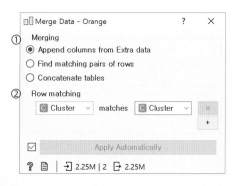

　- Append columns from Extra Data: 추가 데이터의 열이 원래 데이터에 추가됩니다. 일치하는 행이 없는 행에는 결측값이 추가됩니다.

　- Find matching pairs of rows: 일치하는 행만 새 데이터 열이 추가되고 일치하지 않는 행은 제거됩니다.

　- Concatenate tables: 원래 데이터와 추가 데이터의 값이 모두 합해지며, 행을 일치시킬 수 없는 경우 결측값이 표시됩니다.

② Row matching: 양쪽 테이블에서 일치하는 행의 조건을 추가해줍니다.

❺ 원래 이미지의 각 픽셀이 속하는 군집과 해당 값을 나타내는 R, G, B 값을 'Data Table' 위젯에서 확인해봅니다. 'Merge Data' 위젯과 'Select Columns' 위젯을 연결합니다. 'Merge Data' 위젯과 'Data Table' 위젯 사이에 'Select Columns' 위젯을 배치해 원하는 정보만을 선택해서 테이블에 표시해봅니다. 'Select Columns' 위젯과 'Data Table' 위젯을 연결합니다.

❻ 'Select Columns' 위젯의 속성에서 Cluster, R, G, B를 Features로 옮겨 줍니다.

❼ 'Data Table' 위젯에서 이미지의 각 픽셀의 군집 정보와 군집을 대표하는 R, G, B 값을 확인할 수 있습니다.

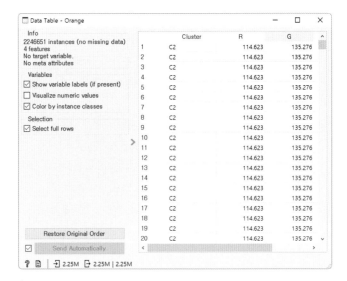

3.5 이미지 저장하기

각 픽셀의 값들은 이제 군집의 중심점으로 새롭게 변경되었으므로 이를 이미지로 저장하는 작업이 필요합니다. 앞서 'Python Script' 위젯을 이용하여 이미지를 직접 불러왔던 것처럼 이미지를 자동으로 저장하는 스크립트를 작성합니다. 군집의 수에 알맞게 파일명 역시 자동으로 변경하는 코드를 작성합니다. 'Python Script' 위젯에서 맨 처음에는 [Run] 버튼을 누르면 군집의 수를 변경한 후에는 누르지 않아도 됩니다. 라이브러리(Library)의 이름을 'Image Save'로 하고 새롭게 코드를 작성합니다.

❶ 'Python Script' 위젯을 배치합니다.

❷ 아래 코드를 입력합니다.

```python
import numpy as np
from PIL import Image

new_img_array = in_data.X[:,1:]

new_img_array = new_img_array.reshape(1223,1837,3).astype(np.uint8)
new_img = Image.fromarray(new_img_array)

clusters = in_data.X[:,0]
cluster_size = len(np.unique(clusters))
new_img.save("flower_cluster_%02d.jpg" % cluster_size)

out_data = (in_data)
```

NOTE

- import numpy as np: 넘파이 라이브러리를 임포트합니다.
- from PIL import Image: 이미지 라이브러리를 임포트합니다.
- new_img_array = in_data.X[:,1:]: 'Data Table' 위젯에서 R, G, B 데이터를 추출합니다.
- new_img_array = new_img_array.reshape(1223,1837,3).astype(np.uint8): 넘파이 배열을 1223, 1837, 3으로 변환하고 각 데이터 값을 0~256으로 변경합니다.
- new_img = Image.fromarray(new_img_array): 넘파이 배열에서 이미지 객체를 생성합니다.
- clusters = in_data.X[:,0]: 클러스터의 정보를 추출합니다.
- cluster_size = len(np.unique(clusters)): 클러스터의 길이를 파일명에 사용하기 위해 저장합니다.
- new_img.save("flower_cluster_%02d.jpg" % cluster_size): 2자리수인 클러스터의 수를 나타내는 파일명으로 이미지 파일을 저장합니다.

정상적으로 실행되었다면 작업 폴더에 새로운 사진이 저장된 것을 확인할 수 있습니다. 군집의 수를 2로 했으므로 새로운 사진의 파일명은 'flower_cluster_02.jpg'로 저장됩니다.

flower.jpg

flower_cluster_02.jpg

kmeans_image.ows

4 모델 평가하기

k-평균 군집 모델의 성능은 나누어진 군집이 가지는 응집도와 분리도를 통해서 측정할 수 있습니다. 이 두 가지 값을 고려하여 측정한 점수를 실루엣 점수라고 부르며 오렌지는 군집의 수에 따른 실루엣 점수를 계산하여 적합한 군집의 수를 알려줍니다. 다음 화면을 보면 오렌지는 3개의 군집이 0.629의 실루엣 점수를 가지며 이 값이 가장 적절한 군집의 수라는 것을 알려주고 있습니다. 다만, 5,000개 이상의 데이터에 대해서는 실루엣 점수를 계산하지 않으므로 실루엣 점수를 얻기 위해서는 데이터의 개수를 5,000개보다 적게 입력해야 합니다.

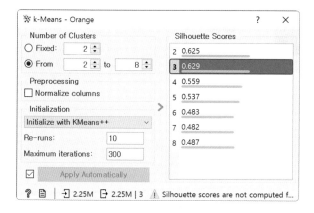

5 모델 활용하기

군집의 수에 따른 이미지 용량의 변화를 알아보기 위해 'k-Means' 위젯에서 군집의 수를 2부터 10까지 2씩 증가시켜봅니다. 군집이 나누어지고 이에 따라 자동으로 이미지가 해당 폴더에 저장되는 것을 확인할 수 있습니다. 또한 군집의 수에 따라 이미지의 용량이 차이가 나는 것을 확인할 수 있습니다. 이는 이미지를 표현하는 색상의 수가 변함에 따라 전체 사진을 저장하는 크기의 변화가 발생하기 때문입니다.

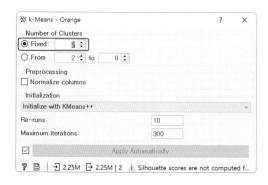
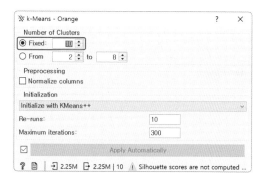

윈도우 탐색기를 이용하여 작업 폴더를 보면 군집의 수에 따라 이미지가 추가로 저장된 것을 확인할 수 있습니다.

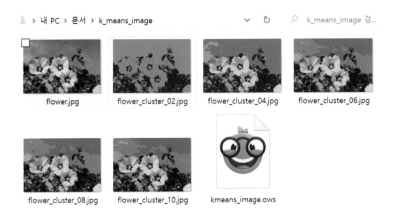

'Import Images' 위젯을 이용하여 새롭게 추가된 이미지를 오렌지에서 직접 확인해보겠습니다. 원본 이미지부터 클러스터의 수가 늘어날수록 조금 더 원본 이미지에 가까워지는 이미지를 확인할 수 있습니다.

❶ 캔버스에 위치한 'Import Images' 위젯을 더블클릭하고 [Reload] 버튼을 클릭합니다.

❷ 'Image Viewer' 위젯을 클릭해 원본 이미지와 군집의 수에 따른 이미지의 변화를 확인합니다.

오렌지로 사진 파일을 군집화하여 사진 파일의 용량을 줄이는 전 과정은 다음과 같습니다.

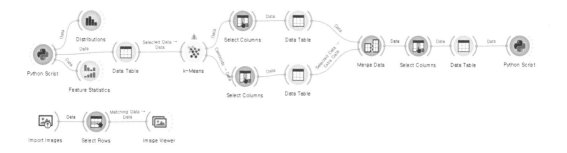

5 ▸ 파이썬을 이용해 사진 데이터 군집화하기

1 데이터 불러오기

1.1 파일 업로드하기 📄
File

구글 코랩(Colab)에서 'flower.jpg' 파일을 업로드합니다.

```
from google.colab import files
uploaded = files.upload( )
```

2 탐색적 데이터 분석 및 전처리하기

2.1 전체적인 데이터 살펴보기
Import Images   Image Viewer

이미지 파일을 맷플롯립(Matplotlib) 라이브러리의 image 함수를 이용해 읽어 파일의 정보를 알아봅니다. 이미지 파일은 이미 앞에서 확인한 것처럼 (460, 740, 3)의 형상을 하고 있습니다. 즉 이미지의 높이는 460픽셀, 너비는 740픽셀 그리고 컬러 이미지이므로 3차원의 형태로 저장되어 있는 것을 확인할 수 있습니다.

```
import matplotlib.image as image
my_image = image.imread('/content/flower.jpg')
print(my_image.shape)
row = my_image.shape[0]
col = my_image.shape[1]
print("row ", row)
print("col ", col)
```

```
(1223, 1837, 3)
row  1223
col  1837
```

NOTE

- my_image = image.imread('./flower.jpg'): 이미지 파일을 읽어들입니다.
- print(my_image.shape): 사진의 형상을 출력합니다.

불러온 이미지 파일을 맷플롭립의 imshow( ), show( )를 이용해 화면에 나타내줍니다.

```
import matplotlib.pyplot as plt

plt.imshow(my_image)
plt.show( )
```

NOTE

- import matplotlib.pyplot as plt: 맷플롯립 라이브러리를 임포트합니다.
- plt.imshow(my_image), plt.show( ): 이미지를 표시해줍니다.

2.2 이미지 픽셀 정보 시각화하기

이미지가 가지고 있는 R, G, B의 빈도를 확인해봅니다.

```
import numpy as np
histogram, bin_edges = np.histogram(my_image[:,:,0], bins=256,
range=(0,256))
plt.bar(bin_edges[0:-1], histogram, color="red")
plt.show( )
```

NOTE

- histogram, bin_edges = np.histogram(my_image[:,:,0], bins=256, range=(0,256))
  : 사진 데이터에서 Red 영역의 히스토그램 정보를 출력합니다.
- plt.bar(bin_edges[0:-1], histogram, color="red"): 히스토그램 그래프를 그려줍니다.
- plt.show( ): 이미지를 표시해줍니다.

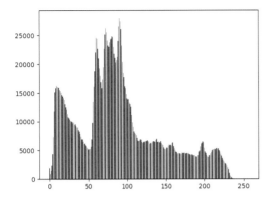

Red는 100 주변에 있는 색상들이 많이 나타나고 있습니다.

```
histogram, bin_edges = np.histogram(my_image[:,:,1], bins=256,
range=(0,256))
plt.bar(bin_edges[0:-1], histogram, color="green")
plt.show( )
```

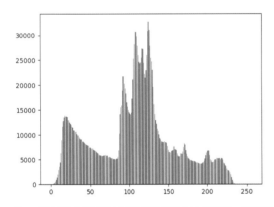

Green은 가운데 값들의 분포가 많고 양쪽으로 줄어드는 형태입니다.

```
histogram, bin_edges = np.histogram(my_image[:,:,2], bins=256,
range=(0,256))
plt.bar(bin_edges[0:-1], histogram, color="blue")
plt.show( )
```

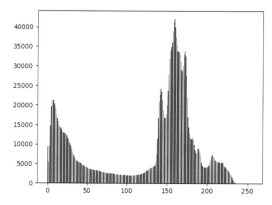

Blue 값은 200에 가까운 값들의 다른 값보다 많이 분포되어 있습니다.

3 모델 생성하기

3.1 k-평균 군집 모델 구현하기

사이킷런의 KMeans는 초기 클러스터의 수와 다양한 옵션을 통해 k-평균 군집화 알고리즘을 적용할 수 있습니다. 이미지는 현재 3차원이므로 이를 2차원으로 변환하고 군집화에 필요한 특성을 R, G, B로 정해줍니다. 2차원으로 변환하는 이유는 KMeans가 데이터들 간의 거리를 계산하여 군집화를 수행하기 때문에 이미지인 경우 픽셀 자체가 데이터가 됩니다. 따라서, 각 픽셀을 독립적인 데이터로 취급하기 위해서는 2차원으로 변환되어야 합니다.

```
my_image = my_image.reshape(-1, 3)
print(my_image.shape)
```

NOTE

• my_image.reshape(-1, 3): 2차원 행렬로 변환을 해줍니다. -1을 사용하면 3열에 맞추어 전체 행을 자동으로 계산해줍니다.

```
(2246651, 3)
```

군집의 수를 2부터 10까지 2씩 늘리면서 사진 파일을 만들어냅니다.

```
from sklearn.cluster import KMeans

new_images = []
inertias = [] # 군집이 얼마나 잘 응집되었는지 보여주는 지표
for i in range(2, 11, 2):
    km = KMeans(
        n_clusters=i, init='random',
        n_init=10, max_iter=300,
        tol=1e-04, random_state=0
    )
    km.fit(my_image)
    inertias.append(km.inertia_)
    new_image = km.cluster_centers_[km.labels_]
    new_image = new_image.astype('uint8')
    new_image = new_image.reshape(row, col, -1)
    new_images.append(new_image)
```

> **NOTE**
>
> - for i in range(2, 11, 2): 군집의 수를 2부터 10까지 2씩 증가하면서 반복합니다.
> - km = KMeans(...): KMeans 객체를 생성합니다.
> - km.fit(my_image): 학습을 진행합니다.
> - new_image = km.cluster_centers_[km.labels_]: 군집의 종류에 따라 군집의 중심값(R,G,B)로 변경합니다.
> - new_image = new_image.astype('uint8'): 이미지의 데이터 형식을 0~255로 변경합니다.
> - new_image = new_image.reshape(row, col, -1): 이미지의 형상을 3차원으로 변환합니다.
> - new_images.append(new_image): 변환된 이미지들을 저장합니다.

5개의 이미지와 원본 이미지를 비교해서 볼 수 있도록 다음과 같은 코드를 작성합니다. 각 이미지의 제목으로 클러스터의 수를 표시하면 비교가 더 쉽게 가능합니다.

```
fig = plt.figure(figsize=(10,5))
graph_rows = 2
graph_cols = 3
ax = fig.add_subplot(graph_rows, graph_cols, 1)
ax.set_title("Original")
ax.set_xticks([])
ax.set_yticks([])
ax.imshow(my_image.reshape(row, col, -1))

j = 2
for i, image in enumerate(new_images):
    ax = fig.add_subplot(graph_rows, graph_cols, i+2)
    ax.imshow(image)
    ax.set_xticks([])
    ax.set_yticks([])
    ax.set_title("Cluster: " + str(i+j))
    j += 1

plt.show( )
```

NOTE

- ax = fig.add_subplot(graph_rows, graph_cols, 1): 2행 3열 그래프 중 1번째 그래프를 준비합니다.
- ax.imshow(my_image.reshape(row, col, -1)): 원본 이미지를 그려줍니다.
- for i, image in enumerate(new_images): 5장의 이미지를 반복적으로 순회합니다.
- ax = fig.add_subplot(graph_rows, graph_cols, i+2): 각각의 이미지를 그려줍니다.

원본 이미지에 대해 군집의 개수를 2에서 10까지 변화시킴에 따라 점점 원본 이미지와 닮은 이미지를 얻음을 확인할 수 있습니다.

4 모델 평가하기

사이킷런의 KMeans는 Inertia value를 통해 성능을 측정할 수 있습니다. Inertia Value는 군집화된 후에, 각 중심점에서 군집의 데이터간의 거리를 합산한 것으로 군집의 응집도를 나타내는 값이며, 이 값이 작을수록 응집도가 높게 군집화가 잘되었다고 평가할 수 있습니다.

위에서 inertias 리스트에 점수를 구해서 넣어놓았으므로 해당 정보를 이용해 그래프를 그릴 수 있습니다.

```
plt.plot(range(2, 11, 2), inertias, marker='o')
plt.xlabel('Clusters')
plt.ylabel('Inertia value')
plt.title('Clusters vs Inertia value')
plt.show( )
```

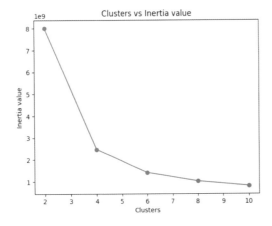

군집의 수를 2부터 2씩 늘려감에 따라 그려진 위 그래프의 값을 통해 오렌지에서 3개 군집의 실루엣 점수가 가장 높았던 것처럼 파이썬으로 작성한 코드에서는 4를 지나면 변화의 폭이 크지 않음을 알 수 있습니다.

파이썬으로 사진 파일을 군집화하여 압축하는 전체 코드는 다음과 같습니다.

```
# 1.1 파일 업로드하기
from google.colab import files
uploaded = files.upload()

# 2.1 전체적인 데이터 살펴보기
import matplotlib.image as image
my_image = image.imread('/content/flower.jpg')
print(my_image.shape)
row = my_image.shape[0]
col = my_image.shape[1]
print("row ", row)
print("col ", col)


import matplotlib.pyplot as plt


plt.imshow(my_image)
plt.show()

# 2.2 이미지 픽셀 정보 시각화하기
import numpy as np
histogram, bin_edges = np.histogram(my_image[:,:,0], bins=256,
range=(0,256))
plt.bar(bin_edges[0:-1], histogram, color="red")
plt.show()

histogram, bin_edges = np.histogram(my_image[:,:,1], bins=256,
range=(0,256))
plt.bar(bin_edges[0:-1], histogram, color="green")
plt.show()

histogram, bin_edges = np.histogram(my_image[:,:,2], bins=256,
range=(0,256))
plt.bar(bin_edges[0:-1], histogram, color="blue")
plt.show()

# 3.1 k-평균 군집 모델 구현하기
my_image = my_image.reshape(-1, 3)
print(my_image.shape)
```

```python
from sklearn.cluster import KMeans

new_images = []
inertias = [] #군집이 얼마나 잘 응집되었는지 보여주는 지표
for i in range(2, 11, 2):
    km = KMeans(
        n_clusters=i, init='random',
        n_init=10, max_iter=300,
        tol=1e-04, random_state=0
    )
    km.fit(my_image)
    inertias.append(km.inertia_)
    new_image = km.cluster_centers_[km.labels_]
    new_image = new_image.astype('uint8')
    new_image = new_image.reshape(row, col, -1)
    new_images.append(new_image)

fig = plt.figure(figsize=(10,5))
graph_rows = 2
graph_cols = 3
ax = fig.add_subplot(graph_rows, graph_cols, 1)
ax.set_title("Original")
ax.set_xticks([])
ax.set_yticks([])
ax.imshow(my_image.reshape(row, col, -1))

j = 2
for i, image in enumerate(new_images):
    ax = fig.add_subplot(graph_rows, graph_cols, i+2)
    ax.imshow(image)
    ax.set_xticks([])
    ax.set_yticks([])
    ax.set_title("Cluster: " + str(i+j))
    j += 1

plt.show()
```

```
# 4. 모델 평가하기
plt.plot(range(2, 11, 2), inertias, marker='o')
plt.xlabel('Clusters')
plt.ylabel('Inertia value')
plt.title('Clusters vs Inertia value')
plt.show()
```

내려받은 무궁화 이미지 파일에 k-평균 군집 모델을 적용해보았습니다. k-평균 군집 모델은 비지도 학습의 한 종류로서 정답이 없이 주어진 데이터만을 이용하여 군집화를 수행하는 방법입니다. 이미지 파일을 2개의 군집부터 10개의 군집으로 나누고 나누어진 군집에 따라 기존의 픽셀 값을 군집의 값으로 바꾸어서 저장하였습니다. 오렌지에서 파이썬 스크립트를 이용하여 이미지 파일의 R, G, B 값들을 추출하고 이 정보를 토대로 군집화를 수행한 후 새로운 이미지 파일로 저장하여 원래의 이미지를 더 적은 색상으로 나타내고 이미지의 용량을 줄이는 효과를 거둘 수 있었습니다.

오렌지	파이썬
| k-Means | ```python
from sklearn.cluster import KMeans
for i in range(2, 11, 2):
    km = KMeans(
        n_clusters=i, init='random',
        n_init=10, max_iter=300,
        tol=1e-04, random_state=0
    )
    km.fit(my_image)
    inertias.append(km.inertia_)
    new_image = km.cluster_centers_[km.labels_]
    new_image = new_image.astype('uint8')
    new_image = new_image.reshape(row, col, -1)
    new_images.append(new_image)
``` |
```

Chapter 9

식료품 구매에
어떤 연관성이
있을까?

식료품 구매에 어떤 연관성이 있을까?

어떤 과정으로 해결할까?

식료품 판매 데이터로 다음과 같은 과정으로 연관 분석을 수행할 수 있습니다.

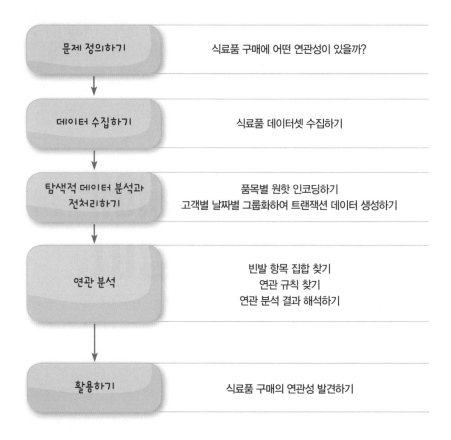

문제 정의하기	식료품 구매에 어떤 연관성이 있을까?
데이터 수집하기	식료품 데이터셋 수집하기
탐색적 데이터 분석과 전처리하기	품목별 원핫 인코딩하기 고객별 날짜별 그룹화하여 트랜잭션 데이터 생성하기
연관 분석	빈발 항목 집합 찾기 연관 규칙 찾기 연관 분석 결과 해석하기
활용하기	식료품 구매의 연관성 발견하기

*키워드 연관 분석, 원핫 인코딩, 빈발 항목 조합, 연관 규칙, 지지도, 신뢰도, 향상도

문제 정의하기

한 대형마트에서 맥주와 기저귀를 같이
진열하였더니 두 제품이 불티나게 팔렸
다는 이야기가 있습니다. 정말 기저귀를
구매하는 사람들이 맥주도 함께 구매할
까요?

고객들의 장바구니를 분석해보면 같이
판매되는 상품의 연관성을 발견할 수 있

습니다. 상품 구매의 연관성을 찾는다면 고객의 빠르고 편한 구매를 도울 뿐만 아니라 판매량을
늘리는 마케팅 전략의 아이디어를 도출할 수 있습니다.

> **문제** **식료품 구매에 어떤 연관성이 있을까?**

2 **데이터는 어떻게 수집할까?**

❶ 상품 판매 데이터를 수집하기 위해 캐글 사이트에 접속하여 'Groceries dataset'을 검색합니
다. 식료품 데이터셋(Groceries_dataset.csv) 파일을 다운로드합니다.

데이터셋 주소: https://www.kaggle.com/datasets/heeraldedhia/groceries-dataset?select=
Groceries_dataset.csv

❷ 식료품 데이터셋은 고객이 구매한 식료품으로 고객 번호, 날짜, 상품 정보의 세 가지 속성으
로 구성되어 있습니다.

표 9-1 식료품 데이터셋 속성과 의미

	속성명	의미	비고
1	Member_number	고객 번호	
2	Date	구매 날짜	
3	itemDescription	상품 정보	

데이터셋에는 식료품점에서 구매한 사람들의 구매 주문에 대한 38,765개의 데이터가 저장되어 있습니다. 다음은 데이터셋의 일부를 보여줍니다.

Member_number	Date	itemDescription
1808	21-07-2015	tropical fruit
2552	05-01-2015	whole milk
2300	19-09-2015	pip fruit
1187	12-12-2015	other vegetables
3037	01-02-2015	whole milk

더 배우기 쉽게 배우는 AI지식: 연관 분석

연관 분석은 하나의 거래나 사건에 포함되어 있는 둘 이상의 품목들의 상호관련성을 발견하는 것을 말합니다. 예를 들면, '신발을 구매하는 고객의 10%는 양말을 동시에 구매한다.'는 것과 같이 고객의 장바구니에서 동시에 구매한 상품을 살펴봄으로써 거래되는 상품들 간의 관련성을 발견하고 분석하는 것입니다.

다수의 거래내역 각각에 포함된 품목의 관찰을 통해 발견된 규칙은 상품의 판매, 상품의 배열과 같은 기업 업무에서 마케팅 의사결정에 도움을 줍니다.

연관 분석을 위해 거래가 많이 이루어지는 빈발 항목 집합과 연관 규칙을 구해야 합니다. 빈발 항목은 거래에서 자주 함께 구매하는 항목의 조합을 찾는 것입니다. 연관 규칙은 거래 데이터에서 발견된 규칙을 식별하기 위한 것입니다. 지지도, 신뢰도, 향상도를 기준으로 연관 규칙을 찾습니다.

연관 분석을 통해서 고객의 상품 구매 행위에 담긴 정보를 추출하여 연관도가 높은 상품을 배치하거나 추천하는데 유용하게 활용할 수 있습니다.

3 식료품 구매의 연관 분석은 어떻게 수행할까?

식료품 데이터셋을 이용하여 연관 분석을 수행하는 과정은 다음과 같습니다. 식료품 데이터셋에는 고객이 마트에서 구매한 식료품 목록이 저장되어 있습니다. 연관 분석을 위해 식료품 구매데이터를 트랜잭션* 데이터로 변환합니다.

트랜잭션 데이터에는 날짜별 고객별 거래 정보가 저장됩니다. 구매한 식료품 조합에서 최소 지지도를 만족하는 빈발 항목 조합을 찾습니다. 지지도는 2가지 이상의 거래가 함께 발생할 확률을 의미합니다. 최소 지지도를 만족하면 빈발 항목 집합이 됩니다. 향상도와 신뢰도를 활용하여연관 규칙을 구하고 지지도, 향상도, 신뢰도를 평가하여 연관 분석을 수행합니다. 이러한 과정을통해 식료품 구매의 연관성을 발견할 수 있습니다.

그림 9–1 　식료품 데이터셋을 활용한 연관 분석 과정

지지도, 향상도, 신뢰도의 연관 분석 지표는 301페이지를 참고해 주세요.

4 오렌지를 이용한 식료품 구매 연관 분석하기

오렌지를 이용해 식료품 구매 연관 분석을 해 봅시다.

1 데이터 불러오기

❶ 'File' 위젯을 이용하여 식료품 데이터 파일을 불러옵니다.

– 파일: Groceries_dataset.csv

더블클릭

File

---

* 트랜잭션(transaction) : 하나의 논리적 기능을 수행하기 위한 작업의 단위 또는 한꺼번에 모두 수행되어야 할 일련의 연산들을의미합니다.

❷ 데이터의 속성 중 'Member_number' 속성
은 수치형 데이터이고 나머지는 문자형 데
이터입니다.

2 탐색적 데이터 분석 및 전처리하기

2.1 전체 데이터 살펴보기

❶ 'File' 위젯에 'Data Table' 위젯을 연결하면 데이터 값을 확인할 수 있습니다.

❷ 식료품 데이터셋의 정보를 살펴보면 3개의 속성, 38,765개의 데이터로 구성되어 있으며 결
측치는 없습니다.

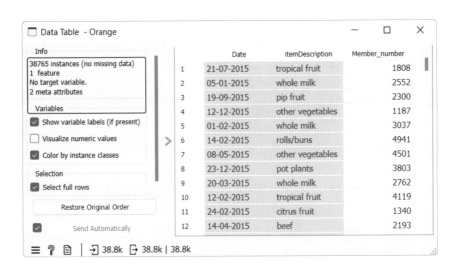

2.2 빈도수 확인하기

어떤 식료품이 많이 구매되었는지 확인하기 위해 'Group by'를 활용하여 빈도수(Count)를 계산해 보겠습니다.

❶ 'File' 위젯에 'Group by' 위젯을 연결합니다.

❷ 'Group by' 창에서 'itemDe scription' 속성을 기준으로 집계(Aggregations)하여 빈도수(Count)를 계산합니다. Aggregation 옵션은 그룹화의 다양한 집계 방식을 선택하는 기능입니다.

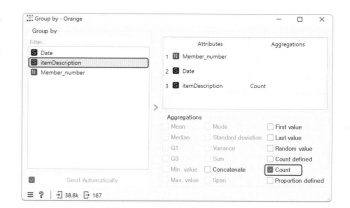

❸ 'Group by' 위젯에 'Data Table' 위젯을 연결합니다.

❹ Data Table 창에서 품목별 개수를 확인할 수 있습니다. 전체 품목은 167가지 종류이며, 그중 whole milk, other vegetables, rolls/buns 품목 순으로 많이 구매하는 것을 확인할 수 있습니다.

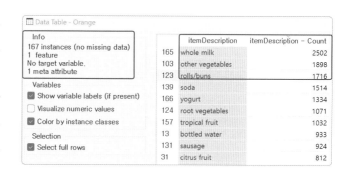

❺ 항목별 빈도수를 막대 그래프로 시각화해 보겠습니다. 'Group by' 위젯에 'Bar Plot' 위젯을
연결합니다.

❻ Bar Plot 창에서 막대 그래프의 값(Value)을 'itemDescription_Count'로 선택하고, 주석
(Annotation)은 'itemDescription'을 선택합니다. 이를 통해 품목별 구매 빈도수를 시각화할
수 있습니다.

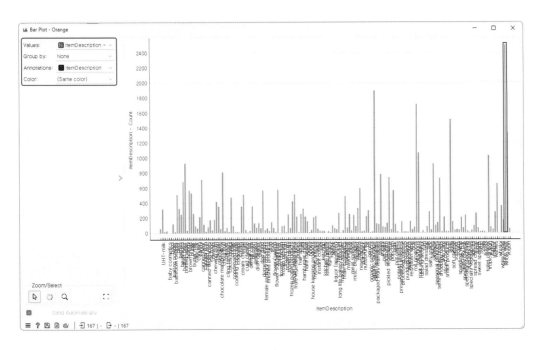

2.3 식료품 트랜잭션 데이터로 가공하기

연관 분석을 위해 식료품 데이터셋을 가공하여 트랜잭션 데이터로 변환해야 합니다. 이를 위해
고객의 거래 항목을 원핫 인코딩한 후 같은 고객의 거래를 합쳐서 트랜잭션 파일을 만듭니다.

고객번호	항목
1001	우유
1001	빵
1002	채소
1003	우유
1003	빵
1003	요거트

항목

고객번호	우유	빵	채소	요거트	…
1001	1	0	0	0	0
1001	0	1	0	0	0
1002	0	0	1	0	0
1003	1	0	0	0	0
1003	0	1	0	0	0
1003	0	0	0	1	0

원핫 인코딩

고객번호	우유	빵	채소	요거트	…
1001	1	1	0	0	0
1002	0	0	1	0	0
1003	1	1	0	1	0

트랜잭션

그림 9–2 　식료품 거래 항목을 원핫 인코딩하여 트랜잭션을 생성하는 과정

더 배우기 ▸ 쉽게 배우는 AI 지식: 원핫 인코딩

원핫 인코딩(One-Hot Encoding)은 텍스트로 표현된 범주형 데이터를 컴퓨터가 이해할 수 있도록 하는 방법 중 하나입니다. 예를 들어 식료품의 종류로 '우유', '빵', '채소', '요거트'가 아래와 같이 저장되어 있을 때 우유, 빵과 같은 항목 데이터를 컴퓨터가 이해하기 쉽게 만들려면 원핫 인코딩으로 수치화합니다. '우유'를 원핫 인코딩하면 [1, 0, 0, 0]이라는 벡터가 되고, 빵은 [0, 1, 0, 0], 채소는 [0, 0, 1, 0], 요거트는 [0, 0, 0, 1]의 값으로 변환됩니다.

고객번호	항목
1001	우유
1001	빵
1002	채소
1003	우유
1003	빵
1003	요거트

항목

고객번호	우유	빵	채소	요거트
1001	1	0	0	0
1001	0	1	0	0
1002	0	0	1	0
1003	1	0	0	0
1003	0	1	0	0
1003	0	0	0	1

원핫 인코딩

2.4 원핫 인코딩 후 고객별, 날짜별로 합산하기

오렌지의 'Python Script' 위젯을 이용하여 위와 같이 데이터를 변환하겠습니다.

❶ 'File' 위젯에 'Python Script' 위젯을 연결합니다.

❷ Python Script 창에서 그림과 같이 코드를 작성합니다.

```
import Orange.data.pandas_compat as p          # 오렌지에서 판다스 라이브러리 불러오기
df=p.pd.concat(in_data.to_pandas_dfs(),axis=1) # 오렌지 입력을 판다스 데이터프레임에 저장하기
products=df['itemDescription'].unique()
one_hot=p.pd.get_dummies(df['itemDescription'])
df2=df.drop('itemDescription', axis=1)
df2=df2.join(one_hot)
transaction=df2.groupby(["Member_number","Date"])[products[:]].apply(sum)
transaction2=transaction.iloc[:,2:]
transaction2[transaction2>=1]=1
transaction2= transaction2.replace(0,"")     # 0의 값을 결측치로 처리하기(오렌지에서만 필요한 부분)
out_data =p.table_from_frame(transaction2) # 데이터프레임을 오렌지 출력하기
```

파이썬 스크립트에서 작성한 코드의 기능을 구체적으로 살펴보면 다음과 같습니다. 구매한 항목
명을 추출하여 products에 저장한 후 원핫 인코딩으로 0, 1의 값으로 변환합니다. 그리고 한 명의
고객이 같은 날 여러 품목을 구매하였다면 하나의 트랜잭션에 저장될 수 있도록 변환합니다. 오
렌지에서는 연관 분석을 수행하기 위해 거래가 이루어진 항목은 1로 나타내고, 거래가 없는 품목
중 0의 값은 결측치로 처리해야 합니다. 구체적인 설명은 307페이지에서 확인할 수 있습니다.

NOTE

- p.pd.concat(in_data.to_pandas_dfs(),axis=1) : 파이썬 스크립트에 입력되는 데이터를 판다스의
  데이터프레임에 저장합니다.
- products=df['itemDescription'].unique() : df 데이터프레임의 'itemDescription' 속성을 기준으로 유일한
  값을 products에 저장합니다.

❸ 코드 작성 후 아래 'Run' 버튼을 눌러 실행하면 실행 결과를 out_data로 출력합니다.

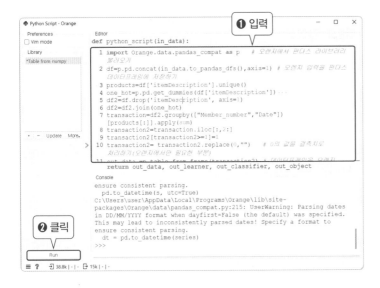

2.5 가공한 데이터를 파일로 저장하기

파이썬 스크립트로 가공한 데이터를 파일로 저장해보겠습니다.

❶ 'Python Script' 위젯에 'Save Data' 위젯을 연결합니다.

❷ Save Data 창에서 'Save as'를 눌러 파일명을 groceries_transaction.csv로 저장합니다.

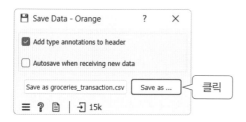

❸ 저장된 파일(groceries_transaction.csv)을 스프레드시트로 열어보면 품목 속성은 원핫 인코 딩으로 1의 값이 표시됩니다. 2, 3행에 불필요한 값과 빈 행이 있어, 2개의 행을 선택하여 삭 제합니다. 이렇게 만들어진 식료품 거래(트랜잭션) 파일을 연관 분석에 사용할 수 있습니다.

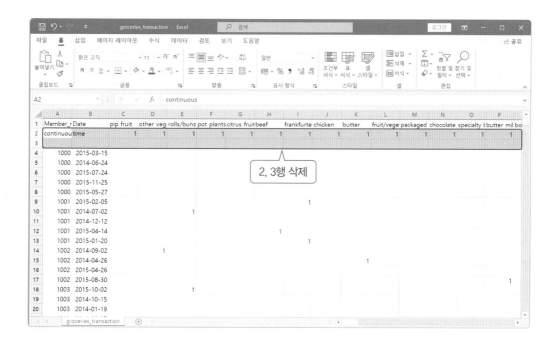

2.6 식료품 트랜잭션 데이터 불러오기

연관 분석을 위해 식료품 트랜잭션 파일을 불러옵니다.

❶ 'File' 위젯을 추가하고 위젯명을 'Transaction'으로 수정한 후, 식료품 트랜잭션 데이터를 불러옵니다.

– 파일: groceries_transaction.csv

❷ Transaction 창에서 Date와 Member_number 속성을 제외한 모든 속성의 타입을 'categorical'로 설정해야 오류가 없습니다.

❸ 트랜잭션 데이터를 'Data Table'에 연결하여 저장된 값을 확인합니다.

식료품 트랜잭션 데이터는 14,963개의 데이터 포인트와 167개의 특징들로 이루어져 있습니다. 원−핫 인코딩 후 날짜별 고객별 식품 거래수를 합하였기 때문에 한 개의 트랜잭션에는 1의 값이 여러 개 나올 수 있습니다. 예를 들면 1006 고객은 2015년 6월 14일 rolls/buns와 frankfurter를 동시에 구매하여 두 속성의 값이 1입니다.

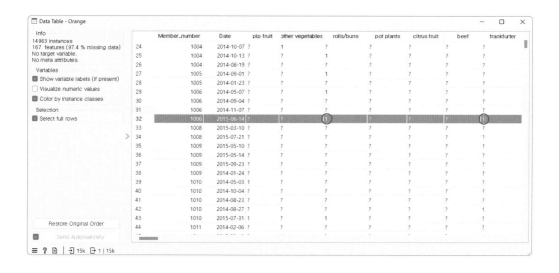

2.7 연관 분석에 필요한 데이터 선택하기

식료품 트랜잭션 데이터에는 고객 번호와 거래 날짜를 포함하여 167개의 속성으로 구성되어 있습니다. 연관 분석에 사용되는 데이터는 거래 항목 데이터만 원핫 인코딩하여 0, 1의 값으로 저장해야 합니다. 따라서 고객 번호와 날짜는 제외하고 고객의 거래 항목만 선택합니다.

❶ 'File' 위젯과 'Select Columns' 위젯을 연결합니다.

❷ Select Columns 창에서 'Member_number'와 'Date' 속성은 제외시킵니다.

❸ 거래 항목 속성을 선택하여 Features에 놓습니다.

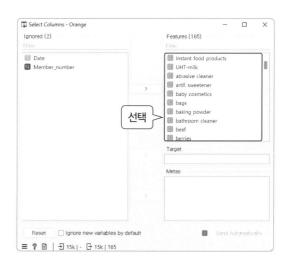

2.8 품목별 특성 통계 확인하기

'Feature Statistics'를 이용하여 항목의 특성을 통계로 요약해 볼 수 있습니다.

❶ 'File' 위젯과 'Feature Statistics' 위젯을 연결합니다.

❷ Feature Statistics 창을 보면 거래가 이루어지지 않은 경우 값이 비어 있어 결측치 비율이 높습니다.

3 연관 분석하기

위와 같은 과정으로 정리된 트랜잭션 데이터를 이용하여 연관 분석을 수행할 수 있습니다.

3.1 빈발 항목 구하기

거래가 빈번하게 발생한 품목 집합이 무엇인지 알아보기 위해 최소 지지도를 만족하는 빈발 항목 집합을 구합니다. 'Frequent Itemsets' 위젯을 이용하면 연관 규칙에 대한 지지도를 기준으로 자주 거래가 이루어진 항목을 찾아볼 수 있습니다.

❶ 'Associate' 카테고리에서 'Frequent Itemsets' 위젯을 추가하고, 'Select Columns' 위젯과 'Frequent Itemsets' 위젯을 연결합니다.

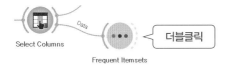

❷ Frequent Itemsets 창에서 항목 세트 찾기(Fine Itemsets) 옵션으로 항목 집합 검색 기준을 설정합니다. 여기서 최소 지지도는 생성할 항목 집합 지지도의 최소 비율을 의미합니다. 예를 들어, 데이터가 100,000인 경우 지지도가 0.01이면 약 1,000개의 연관 규칙이 발견될 수 있습니다. 대규모 데이터셋의 경우 일반적으로 최소 지지도를 낮게 설정합니다.

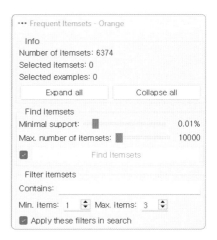

❸ Find Itemsets에 체크하면 오른쪽 창에 최소 지지도를 만족하는 빈발 항목 집합을 보여줍니다. 최소 지지도(Minimal support)를 0.1%로 설정한 후 Find Itemsets를 클릭하면 최소 지지도 0.1%를 만족하는 626개의 빈발 항목 집합을 찾아줍니다. 오른쪽의 결과를 보면 기타 채소(other vegetables)를 구매한 고객은 빵(rolls/buns)을 구매할 확률이 높다는 것을 알 수 있습니다.

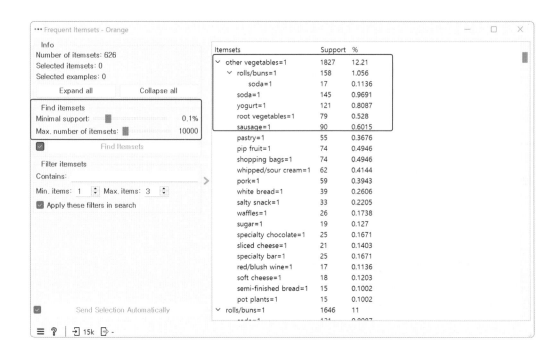

❹ 최소 지지도를 0.05%로 낮추면 더 많은 빈발 항목 집합을 보여줍니다. 기타 채소(other vegetables)를 구매한 고객은 빵(rolls/buns)을 구매하고, 두 가지를 모두 구매한 고객은 소다, 요거트, 소시지도 구매할 가능성이 있다는 것을 보여줍니다.

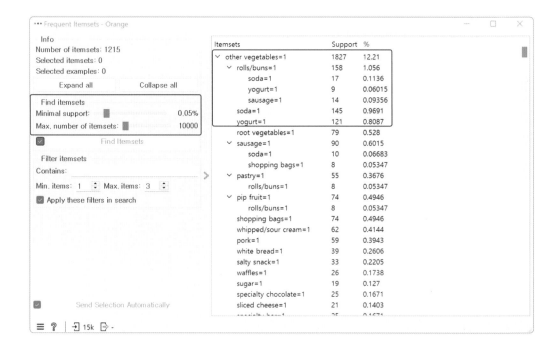

식품 구매의 연관성이 높다는 것을 어떻게 판단할까요? 연관 분석을 통해 유용한 연관 규칙을 찾기 위해서는 항목들이 어느 정도의 연관성이 있는지를 측정해야 합니다. 연관 분석의 평가지표에는 지지도, 신뢰도, 향상도가 있습니다.

지지도

지지도(Support)는 품목 A와 품목 B의 거래가 동시에 일어날 확률입니다.

$$\text{지지도}(A, B) = \frac{A\text{와 } B\text{가 동시에 포함된 거래수}}{\text{전체 거래수}} = P(A \cap B)$$

신뢰도

신뢰도(Confidence)는 품목 A를 구매했을 때 품목 B도 함께 구매할 확률로, 조건(A)가 발생했을 때 결과(B)가 일어날 확률입니다.

$$\text{신뢰도}(A \rightarrow B) = \frac{A\text{와 } B\text{가 동시에 포함된 거래수}}{A\text{를 포함하는 거래수}} = \frac{P(A \cap B)}{P(A)} = P(B|A)$$

향상도

향상도(Lift)는 항목 A, B가 함께 발생하는 경우가 독립적으로 발생하는 경우보다 얼마나 더 자주 발생하는지에 관한 지표입니다.

$$\text{향상도}(A, B) = \frac{A\text{와 } B\text{가 동시에 발생할 확률}}{A\text{가 독립적으로 발생할 확률} \times B\text{가 독립적으로 발생할 확률}} = \frac{P(A \cap B)}{P(A) \times P(B)}$$

예를 들어 100명의 고객이 있다고 가정합니다. 그중 10명은 빵을 샀고, 8명은 우유를 사고, 6명은 둘 다 샀습니다. 우유를 구매하는 것과 빵을 구매하는 것에 연관 규칙이 있을까요?

빵과 우유 구매의 연관 분석 지표는 다음과 같이 계산할 수 있습니다.

연관 분석 지표	의미	식
지지도(빵, 우유)	전체 판매 중 빵과 우유를 동시에 구매할 확률을 나타낸다.	n(빵∩우유)/n(전체 판매)
신뢰도(빵 → 우유)	빵을 구매할 때 우유도 함께 구매할 가능성이 얼마나 높은지를 나타낸다.	n(빵∩우유)/n(빵)
향상도(빵, 우유)	빵과 우유를 함께 구매할 확률이 빵과 우유를 각각 독립적으로 구매할 확률보다 얼마나 높은지를 나타낸다.	P(빵∩우유)/{P(빵)*P(우유)}

지지도=P(빵∩우유) = 6/100 = 0.06

신뢰도 = n(빵∩우유)/n(빵) = 6/10 = 0.6

향상도 = P(빵∩우유)/{P(빵)*P(우유)}= 0.06/(0.10*0.08) = 7.5

향상도에 따른 연관 분석

향상도 판단 기준	의미
향상도(A,B)=1	A와 B가 서로 독립적으로 발생한다는 것을 의미합니다.
향상도(A,B)>1	A와 B가 독립적으로 발생할 확률보다 A와 B가 동시에 발생할 확률이 높다는 것을 의미합니다. 즉, A와 B의 연관성이 높다는 것을 의미합니다.
향상도(A,B)<1	A, B가 같이 발생할 확률이 낮다는 것을 의미합니다.

3.2 연관 규칙 찾기

이제 거래 데이터에서 식료품 항목 간의 연관 규칙을 찾아보겠습니다.

❶ 'Select Columns' 위젯과 'Association Rules' 위젯을 연결합니다.

❷ 연관 규칙을 찾기 위한 기준을 설정합니다.

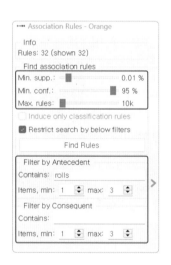

Min.supp (최소 지지도)	주어진 항목 집합이 전체 트랜잭션에서 발생 가능성의 최소값을 설정합니다.
Min.conf (최소 신뢰도)	선행 항목이 발생했을 때 후행 항목이 발생할 가능성의 최소값을 설정합니다.
Max.rules (최대 규칙 수)	알고리즘이 생성하는 최대 규칙 수를 제한합니다.

조건 설정에 따라 연관 규칙 수가 달라지는 것을 확인할 수 있습니다.

Filter by Antecedent (선행 항목 필터)	Contains: 연관 규칙의 선행 항목을 필터링합니다.
Filter by Consequent (후행 항목 필터)	Contains: 연관 규칙의 후행 항목을 필터링합니다.

빵을 구매한 고객은 우유를 구매할 확률이 높다고 할 때 선행 항목은 빵이고 후행 항목은 우유입니다.

선행 항목 　　　　　　 후행 항목

❸ 위와 같이 연관 규칙 찾기 위한 조건을 설정합니다. 식료품 데이터 수가 많기 때문에 최소 지지도는 0.01, 최소 신뢰도는 95%로 설정해봅니다. rolls(빵) 구매와 관련하여 분석하기 위해 선행 조건(Filter)에 'rolls'를 입력하고 [Find Rules] 버튼을 클릭하면 rolls 관련 32개의 연관 규칙을 찾아줍니다. 향상도(Lift) 순으로 내림차순 정렬하면 다음과 같습니다.

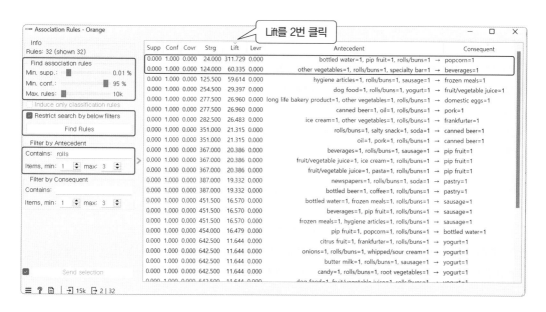

이와 같은 방법으로 식료품 구매의 연관 규칙을 찾아볼 수 있습니다.

3.3 연관 분석의 결과 해석

Association Rules 창에서 최소 지지도 0.01, 최소 신뢰도 95%를 만족하며, 선행 조건에 rolls가 포함된 연관 규칙 중 향상도가 높은 2가지 규칙은 다음과 같습니다.

Supp	Conf	Covr	Strg	Lift	Levr	Antecedent	Consequent
0.000	1.000	0.000	24.000	311.729	0.000	bottled water=1, pip fruit=1, rolls/buns=1 →	popcorn=1
0.000	1.000	0.000	124.000	60.335	0.000	other vegetables=1, rolls/buns=1, specialty bar=1 →	beverages=1

❶ **연관규칙1** 물(bottled water)과 씨 있는 과일(pip fruit), 빵(rolls/buns) 구매와 팝콘(popcorn) 구매의 향상도가 가장 높습니다. 이는 물(bottled water)과 씨 있는 과일(pip fruit), 빵(rolls/buns)과 팝콘(popcorn)을 함께 구매할 확률이 각각 구매하는 것보다 높다는 것을 의미합니다.

❷ **연관규칙2** 빵(rolls/buns), 기타 채소(other vegetable), 건강 스낵(specialty bar)의 구매와 음료(beverage) 구매의 향상도가 다음으로 높게 나타났습니다. 이는 빵(rolls/buns), 기타 채소, 건강 스낵은 음료와 함께 구매하는 것이 각각 구매할 경우보다 가능성이 높다는 것을 말해줍니다.

오렌지를 활용한 연관 분석 전체 과정은 다음과 같습니다.

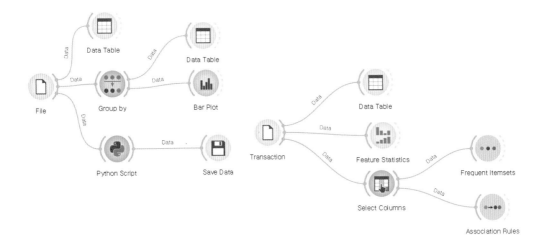

1 데이터 불러오기

1.1 파일 업로드하기

구글 코랩(Colab)에서 'Groceries_dataset.csv' 파일을 업로드합니다.

```
from google.colab import files
uploaded = files.upload( )
```

1.2 데이터프레임 생성하기
File

판다스(pandas) 라이브러리를 이용해 'Groceries_dataset.csv' 파일을 불러와 df 데이터프레임을
생성합니다. 데이터프레임에 저장된 식료품 데이터 상위 5개 자료를 출력하면 다음과 같습니다.

```
import pandas as pd
df = pd.read_csv('/content/Groceries_dataset.csv')
df.head( )
```

	Member_number	Date	itemDescription
0	1808	21-07-2015	tropical fruit
1	2552	05-01-2015	whole milk
2	2300	19-09-2015	pip fruit
3	1187	12-12-2015	other vegetables
4	3037	01-02-2015	whole milk

NOTE

- df=pd.read_csv( ): csv 파일을 불러와 데이터프레임을 생성합니다.
- df.head( ): 데이터프레임의 1~5행까지 출력합니다.

2 탐색적 데이터 분석 및 전처리하기

2.1 전체적인 데이터 살펴보기
Data Table

데이터프레임의 요약 정보를 살펴보면 전체적인 데이터의 개수, 속성의 자료형과 결측치를 확
인할 수 있습니다.

```
df.info( )
```

```
<class 'pandas.core.frame.DataFrame'>
RangeIndex: 38765 entries, 0 to 38764
Data columns (total 3 columns):
 #   Column          Non-Null Count  Dtype
---  ------          --------------  -----
 0   Member_number   38765 non-null  int64
 1   Date            38765 non-null  object
 2   itemDescription 38765 non-null  object
dtypes: int64(1), object(2)
memory usage: 908.7+ KB
```

데이터셋은 38,765개 행과 3개의 속성으로 구성되어 있으며, 결측치는 없습니다.

```
df.isnull( ).sum( )
```

```
Member_number    0
Date             0
itemDescription  0
dtype: int64
```

NOTE

- df.isnull( ).sum( ): 데이터프레임에서 속성별로 결측치의 합계를 구합니다.

2.2 빈도수 시각화하기

Bar Plot

품목별 구매 빈도수를 시각화하여 어떤 상품의 거래가 많은지 확인해보겠습니다.

```
df['itemDescription'].value_counts( )
```

itemDescription 속성의 빈도수는 whole milk, other vegetables, rolls/buns 순으로 많습니다.

```
whole milk             2502
other vegetables       1898
rolls/buns             1716
soda                   1514
yogurt                 1334
                       ...
rubbing alcohol           5
bags                      4
baby cosmetics            3
kitchen utensil           1
preservation products     1
Name: itemDescription, Length: 167, dtype: int64
```

위의 결과를 막대 그래프로 출력해보면 항목별 개수 차이를 더 쉽게 확인할 수 있습니다.

```
import matplotlib.pyplot as  plt
import seaborn as sns
plt.figure(figsize=(15,8))        #그래프의 사이즈를 설정합니다.
df['itemDescription'].value_counts( ).plot(kind='bar')
```

그래프를 살펴보면 고객들이 많이 구매하는 품목은 whole milk, other vegetables 순으로 많으며, 특정 품목에 편중되어 있는 것을 알 수 있습니다.

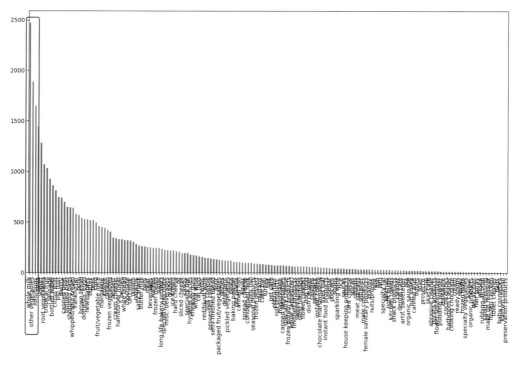

NOTE

• df['itemDescription'].value_counts( ).plot(kind='bar'): itemDescription 속성값의 개수를 이용하여 막대 그래프를 그립니다. 빈도수를 막대 그래프로 나타낸 이유는 물품 정보(itemDescription)가 그래프에 출력되도록 하기 위해서입니다.

2.3 연관 분석을 위한 트랜잭션 데이터 생성하기

문자로 저장된 고객의 구매 품목을 원핫 인코딩으로 변환하고 날짜별 고객별 거래 데이터를 합하여 연관 분석에 적합한 형태로 가공합니다.

(1) 항목 집합 확인하기

unique 함수를 사용하여 구매가 이루어진 품목의 이름이 중복되지 않도록 유일한 항목 집합을 추출합니다.

```
products = df['itemDescription'].unique( )
products
```

실행하면 총 167개의 중복되지 않는 itemDescription의 값이 출력됩니다.

```
array(['tropical fruit', 'whole milk', 'pip fruit', 'other vegetables',
       'rolls/buns', 'pot plants', 'citrus fruit', 'beef', 'frankfurter',
       'chicken', 'butter', 'fruit/vegetable juice',
       'packaged fruit/vegetables', 'chocolate', 'specialty bar',
       'butter milk', 'bottled water', 'yogurt', 'sausage', 'brown bread',
       'hamburger meat', 'root vegetables', 'pork', 'pastry',
       'canned beer', 'berries', 'coffee', 'misc. beverages', 'ham',
       'turkey', 'curd cheese', 'red/blush wine',
       'frozen potato products', 'flour', 'sugar', 'frozen meals',
       'herbs', 'soda', 'detergent', 'grapes', 'processed cheese', 'fish',
       'sparkling wine', 'newspapers', 'curd', 'pasta', 'popcorn',
       'finished products', 'beverages', 'bottled beer', 'dessert',
       'dog food', 'specialty chocolate', 'condensed milk', 'cleaner',
       'white wine', 'meat', 'ice cream', 'hard cheese', 'cream cheese ',
       'liquor', 'pickled vegetables', 'liquor (appetizer)', 'UHT-milk',
       'candy', 'onions', 'hair spray', 'photo/film', 'domestic eggs',
       'margarine', 'shopping bags', 'salt', 'oil', 'whipped/sour cream',
       'frozen vegetables', 'sliced cheese', 'dish cleaner',
       'baking powder', 'specialty cheese', 'salty snack',
       'Instant food products', 'pet care', 'white bread',
```

> **NOTE**
>
> • df['itemDescription'].unique( ): itemDescription 속성에서 중복되지 않는 항목 집합을 출력합니다.

(2) 항목 집합을 원-핫 인코딩으로 변환하기

텍스트로 저장된 고객별 구매 품목을 원핫 인코딩하여 0과 1의 수치형 데이터로 변환합니다.

```
one_hot=pd.get_dummies(df['itemDescription'])
one_hot
```

	Instant food products	UHT-milk	abrasive cleaner	artif. sweetener	baby cosmetics	bags	baking powder	bathroom cleaner	beef	berries		white bread	white wine	whole milk	yogurt
0	0	0	0	0	0	0	0	0	0	0		0	0	0	0
1	0	0	0	0	0	0	0	0	0	0		0	0	1	0
2	0	0	0	0	0	0	0	0	0	0		0	0	0	0
3	0	0	0	0	0	0	0	0	0	0		0	0	0	0
4	0	0	0	0	0	0	0	0	0	0		0	0	1	0
...	...	...	...	...	...	...	...	...	...	...		...	...	...	...

- one_hot=pd.get_dummies(df['itemDescription']): 판다스의 pd.get_dummies( ) 함수를 이용하여 명목 변수를 0과 1의 값으로 원핫 인코딩하고, 결과를 one_hot 데이터프레임에 저장합니다.

(3) 고객 번호, 날짜와 원핫 인코딩 항목 결합하기

고객 번호, 날짜 속성과 원핫 인코딩한 속성들을 결합하기 위해, df 데이터프레임에서 item Description 속성을 삭제한 후, 원핫 인코딩한 데이터프레임과 결합합니다.

```
df2 = df.drop('itemDescription', axis=1)
df2 = df2.join(one_hot)
df2.head( )
```

실행 결과를 살펴보면 고객 번호와 날짜 속성에 원핫 인코딩한 167개의 속성이 연결됩니다.

	고객 번호, 날짜		품목 원핫 인코딩														
	Member_number	Date	Instant food products	UHT-milk	abrasive cleaner	artif. sweetener	baby cosmetics	bags	baking powder	bathroom cleaner	...	white bread	white wine	whole milk	yogurt	zwieback
0	1808	21-07-2015	0	0	0	0	0	0	0	0	...	0	0	0	0	0
1	2552	05-01-2015	0	0	0	0	0	0	0	0	...	0	0	1	0	0
2	2300	19-09-2015	0	0	0	0	0	0	0	0	...	0	0	0	0	0
3	1187	12-12-2015	0	0	0	0	0	0	0	0	...	0	0	0	0	0
4	3037	01-02-2015	0	0	0	0	0	0	0	0	...	0	0	1	0	0

5 rows × 169 columns

- df2=df.drop('itemDescription', axis=1): df 데이터프레임에서 itemDescription 속성을 삭제한 후 df2 데이터프레임에 저장합니다.
- df2.join(one_hot): 고객 번호와 날짜 속성으로 구성된 df2 데이터프레임에 원핫 인코딩으로 벡터화한 167개의 속성을 연결합니다. 결합할 때 행 인덱스를 기준으로 연결됩니다.

(4) 날짜별, 고객별로 그룹화하여 트랜잭션 생성하기

다음으로 날짜별, 고객별 거래가 이루어진 품목을 거래 횟수를 합하여 트랜잭션 파일을 생성합니다. 각 항목의 값이 1이상이면 해당 품목을 구매하였다는 것을 의미합니다.

```
transaction = df2.groupby(["Member_number","Date"])[products[:]].apply(sum)
transaction = transaction.reset_index('Member_number')
transaction
```

실행하면 다음과 같은 형태로 출력됩니다. 같은 고객이 다른 날짜에 식료품을 구매한 경우 다른 거래(transaction)로 데이터 테이블에 저장되어 있습니다. 다음 결과에서 박스로 표시한 부분은 1개의 거래를 의미하며, 2015년 1월 24일에 4999번 고객이 'tropical fruit'와 'other vegetables' 품목을 구매했다는 뜻입니다.

Date	Member_number	tropical fruit	whole milk	pip fruit	other vegetables	rolls/buns	pot plants	citrus fruit	beef	frankfurter	...	flower (seeds)	rice	tea	salad dressing	specialty vegetables	pudding powder	ready soups	make up remover	toilet cleaner	preservation products
15-03-2015	1000	0	1	0	0	0	0	0	0	0	...	0	0	0	0	0	0	0	0	0	0
24-06-2014	1000	0	1	0	0	0	0	0	0	0	...	0	0	0	0	0	0	0	0	0	0
24-07-2015	1000	0	0	0	0	0	0	0	0	0	...	0	0	0	0	0	0	0	0	0	0
25-11-2015	1000	0	0	0	0	0	0	0	0	0	...	0	0	0	0	0	0	0	0	0	0
27-05-2015	1000	0	0	0	0	0	0	0	0	0	...	0	0	0	0	0	0	0	0	0	0
...																					
24-01-2015	4999	1	0	0	1	0	0	0	0	0	...	0	0	0	0	0	0	0	0	0	0
26-12-	4999	0	0	0	0	0	0	0	0	0	...	0	0	0	0	0	0	0	0	0	0

> **NOTE**
> - transaction = df2.groupby(["Member_number","Date"])[products[:]].apply(sum): 고객별 날짜별로 그룹화하여 항목 집합의 모든 행별로 합을 구합니다.
> - transaction = transaction.reset_index('Member_number'): 고객번호(Member_number) 속성을 인덱스에서 해제하여 transaction에 저장합니다.

(주의) 오렌지와 달리 파이썬에서는 구매 항목의 값을 원핫 인코딩한 값에서 0의 값을 결측치로 처리하지 않습니다.

(5) 트랜잭션 데이터 통계 정보 확인하기
트랜잭션 데이터의 통계 정보를 확인해보겠습니다.

```
transaction.describe( )
```

원핫 인코딩한 값들을 합했기 때문에 트랜잭션 데이터의 속성별 통계 정보를 확인해 보면 최대값이 1보다 큰 경우가 많습니다. 아래 표에서 속성별 최대값에 3과 4의 값이 있습니다.

	Member_number	tropical fruit	whole milk	pip fruit	other vegetables	rolls/buns	pot plants
count	14963.000000	14963.000000	14963.000000	14963.000000	14963.000000	14963.000000	14963.000000
mean	3006.840807	0.068970	0.167212	0.049723	0.126846	0.114683	0.007886
std	1152.947471	0.258374	0.398805	0.220432	0.347547	0.333810	0.089208
min	1000.000000	0.000000	0.000000	0.000000	0.000000	0.000000	0.000000
25%	2005.000000	0.000000	0.000000	0.000000	0.000000	0.000000	0.000000
50%	3010.000000	0.000000	0.000000	0.000000	0.000000	0.000000	0.000000
75%	4015.000000	0.000000	0.000000	0.000000	0.000000	0.000000	0.000000
max	5000.000000	3.000000	4.000000	2.000000	3.000000	3.000000	2.000000

(6) 연관 분석을 위해 1보다 큰 데이터 처리하기

연관 분석을 위한 알고리즘에는 0, 1과 같은 이진화된 값을 입력해야 합니다. 따라서 속성의 값이 1을 초과하는 경우 모두 1로 대체합니다.

```
transaction2=transaction.iloc[:,1:] #고객 번호를 제외한 항목별 거래 데이터만 저장
transaction2[transaction2 >=1]=1  #트랜잭션의 속성값이 1 이상인 경우 1로 대체
transaction2
```

	tropical fruit	whole milk	pip fruit	other vegetables	rolls/buns	pot plants	citrus fruit	beef	frankfurter	chicken	...
Date											
15-03-2015	0	1	0	0	0	0	0	0	0	0	...
24-06-2014	0	1	0	0	0	0	0	0	0	0	...
24-07-2015	0	0	0	0	0	0	0	0	0	0	...

고객이 특정 상품을 구매했을 경우 해당 상품의 속성값이 1로 저장됩니다.

NOTE

- transaction2=transaction.iloc[:,1:] : 고객 번호를 제외한 항목별 거래 데이터만 저장합니다.
- transaction2[transaction2 >=1]=1 : transaction2에 저장된 값이 1보다 큰 값을 모두 1로 대체합니다.

변환된 데이터의 특성 통계를 확인해 보면 속성별 최대값이 1로 변환되었습니다.

```
transaction2.describe( )
```

	tropical fruit	whole milk	pip fruit	other vegetables	rolls/buns	pot plants	citrus fruit	
count	14963.000000	14963.000000	14963.000000	14963.000000	14963.000000	14963.000000	14963.000000	1
mean	0.067767	0.157923	0.049054	0.122101	0.110005	0.007819	0.053131	
std	0.251354	0.364681	0.215989	0.327414	0.312906	0.088083	0.224302	
min	0.000000	0.000000	0.000000	0.000000	0.000000	0.000000	0.000000	
25%	0.000000	0.000000	0.000000	0.000000	0.000000	0.000000	0.000000	
50%	0.000000	0.000000	0.000000	0.000000	0.000000	0.000000	0.000000	
75%	0.000000	0.000000	0.000000	0.000000	0.000000	0.000000	0.000000	
max	1.000000	1.000000	1.000000	1.000000	1.000000	1.000000	1.000000	

8 rows × 167 columns

(7) 트랜잭션 데이터 파일로 저장하기

가공한 데이터를 'groceries_transaction.csv' 파일로 저장합니다.

```
transaction2.to_csv('groceries_transaction.csv')
```

NOTE

- transaction2.to_csv(파일명): transaction2 데이터프레임에 저장된 값을 CSV 파일로 저장합니다.

3 연관 분석하기

연관 분석을 위해 오렌지에서 적용한 FP Growth 알고리즘과 association_rules 라이브러리를 추가합니다. 오렌지의 연관 규칙 위젯에 FP Growth 알고리즘이 적용되었기 때문에 파이썬에서도 FP Growth 알고리즘을 사용하겠습니다. FP Growth 알고리즘은 연관 규칙을 찾는 Apriori 알고리즘을 개선한 것입니다.

```
from mlxtend.frequent_patterns import fpgrowth, association_rules
```

3.1 빈발 항목 집합 구하기
Frequent Itemsets

FP Growth 알고리즘을 적용하고 최소 지지도(min_support)를 오렌지에서와 같이 0.01, 최대 항목 수(max_len)는 3으로 설정하여 빈발 항목 집합을 찾아보겠습니다.

```
frequent_itemsets=fpgrowth(transaction2, min_support=0.01, max_len=3,
use_colnames=True)
frequent_itemsets.sort_values(by=['support'], ascending=True).head(10)
frequent_itemsets.sort_values(by=['support'], ascending=True).tail(10)
```

빈발 항목 집합을 지지도 기준으로 오름차순 정렬한 결과는 다음과 같습니다.

	support	itemsets		support	itemsets
63	0.010025	(soft cheese)	43	0.053131	(citrus fruit)
33	0.010158	(processed cheese)	2	0.060349	(sausage)
27	0.010493	(red/blush wine)	29	0.060683	(bottled water)
68	0.010559	(other vegetables, rolls/buns)	18	0.067767	(tropical fruit)
30	0.010559	(herbs)	22	0.069572	(root vegetables)
66	0.011161	(whole milk, yogurt)	1	0.085879	(yogurt)
67	0.011629	(soda, whole milk)	8	0.097106	(soda)
40	0.011696	(white wine)	11	0.110005	(rolls/buns)
59	0.011829	(cat food)	15	0.122101	(other vegetables)
58	0.012030	(chewing gum)	0	0.157923	(whole milk)

빈발 항목 집합 상위 10개	빈발 항목 집합 하위 10개
(최소 지지도 0.01, 오름차순)	(최소 지지도 0.01, 오름차순)

단일 항목 집합을 제외하면 (other vegetables, rolls/buns), (whole milk, yogurt), (whole milk, soda)이 동시에 구매할 확률이 높습니다. 왼쪽 결과와 오른쪽 결과를 비교해보면 지지도가 낮을 때 물품 구매의 연관 관계를 찾기가 쉬워진다는 것을 알 수 있습니다.

NOTE

- frequent_itemsets.sort_values(by=['support'], ascending=True).head(10): 빈발 항목 집합을 지지도 기준 오름차순 정렬하고 상위 10개를 출력합니다.

빈발 항목 집합의 구조를 출력해보면 최소 지지도를 만족하는 빈발 항목 집합의 개수를 확인할 수 있습니다. 최소 지지도가 0.01일 때 69개의 빈발 항목 집합을 찾아줍니다.

```
frequent_itemsets.shape
```

```
(69, 2)
```

최소 지지도(min_support)를 0.001로 설정하면 다음과 같은 결과를 얻을 수 있습니다.

	support	itemsets		support	itemsets
374	0.001002	(detergent, rolls/buns)	64	0.053131	(citrus fruit)
356	0.001002	(butter milk, tropical fruit)	2	0.060349	(sausage)
353	0.001002	(root vegetables, butter milk)	37	0.060683	(bottled water)
348	0.001002	(sugar, tropical fruit)	20	0.067767	(tropical fruit)
338	0.001002	(butter, canned beer)	24	0.069572	(root vegetables)
337	0.001002	(butter, brown bread)	1	0.085879	(yogurt)
291	0.001002	(whipped/sour cream, white bread)	9	0.097106	(soda)
286	0.001002	(brown bread, white bread)	13	0.110005	(rolls/buns)
284	0.001002	(tropical fruit, white bread)	17	0.122101	(other vegetables)
360	0.001002	(butter milk, shopping bags)	0	0.157923	(whole milk)

빈발 항목 집합 상위 10개   빈발 항목 집합 하위 10개

(최소 지지도 0.001, 오름차순)   (최소 지지도 0.001, 오름차순)

최소 지지도가 0.001일 때는 750개의 빈발 항목 집합을 찾아줍니다. 우리는 연관관계 속에서 규칙을 발견하기 위해 최소 지지도를 0.001로 설정하여 분석해보겠습니다.

```
frequent_itemsets.shape
```

(750, 2)

📖 더 배우기 쉽게 배우는 AI 지식: Apriori 알고리즘과 FP growth 알고리즘

Apriori 알고리즘과 FP Growth 알고리즘은 데이터에서 연관 규칙을 발견하기 위해 사용되는 알고리즘입니다.

Apriori 알고리즘
Apriori 알고리즘은 빈발 항목을 효율적으로 찾기 위한 방법입니다.
먼저 최소 지지도를 설정하고, 이를 기준으로 데이터에서 유의미한 항목 집합을 찾는 과정을 거칩니다. 초기에는 단일 항목 집합의 지지도를 계산하여 최소 지지도를 충족하는 항목을 선정하고, 그다음으로 이전 단계에서 찾은 항목 집합을 이용하여 후보 항목 집합을 생성합니다. 후보 항목 집합의 지지도를 계산하고 최소 지지도와 비교하여 빈번한 항목 집합을 추출합니다. 이 과정을 반복하며 더 이상 빈번한 항목 집합이 없을 때까지 계속해서 크기가 증가하는 항목 집합을 생성하고 최소 지지도를 충족하는지 확인하여 연관성 있는 항목 집합을 도출합니다.

FP Growth 알고리즘
FP Growth 알고리즘은 데이터에서 자주 발생하는 패턴(Frequent Pattern)이 무엇인지를 찾는 것입니다. 'FP'는 빈발 패턴(Frequent Pattern)을 의미합니다. FP Growth 알고리즘은 데이터를 처리하는 동안 트리 구조(Tree Structure)를 이용하여 빈발 패턴을 찾아 연관규칙(Association Rules)을 생성합니다.

3.2 연관 규칙 찾기 ⚙ Association Rules

앞서 구한 빈발 항목 집합을 이용하여 연관 규칙을 찾습니다.

```
rules = association_rules(frequent_itemsets, metric='lift', min_
threshold=0.001)
rules.sort_values(by=['lift'], ascending=False)
```

최소 지지도 0.001일 때 연관 규칙을 나타내면 다음과 같습니다. 선행 항목, 결과 항목, 지지도, 신뢰도, 향상도 등의 결과를 확인할 수 있습니다. 아래 그림은 1,238개의 연관 규칙을 향상도 순으로 내림차순 정렬한 결과입니다. 생성되는 연관 규칙의 순서는 실행 시 달라질 수 있습니다.

	antecedents	consequents	antecedent support	consequent support	support	confidence	lift	leverage	conviction	zhangs_metric
41	(sausage)	(whole milk, yogurt)	0.060349	0.011161	0.001470	0.024363	2.182917	0.000797	1.013532	0.576701
36	(whole milk, yogurt)	(sausage)	0.011161	0.060349	0.001470	0.131737	2.182917	0.000797	1.082219	0.548014
37	(whole milk, sausage)	(yogurt)	0.008955	0.085879	0.001470	0.164179	1.911760	0.000701	1.093681	0.481231
40	(yogurt)	(whole milk, sausage)	0.085879	0.008955	0.001470	0.017121	1.911760	0.000701	1.008307	0.521727
465	(citrus fruit)	(specialty chocolate)	0.053131	0.015973	0.001403	0.026415	1.653762	0.000555	1.010726	0.417500
...	...	...	...	...	...	...	...	...	...	...
288	(beef)	(tropical fruit)	0.033950	0.067767	0.001136	0.033465	0.493817	-0.001165	0.964510	-0.514814
282	(beef)	(rolls/buns)	0.033950	0.110005	0.001604	0.047244	0.429474	-0.002131	0.934127	-0.578968
283	(rolls/buns)	(beef)	0.110005	0.033950	0.001604	0.014581	0.429474	-0.002131	0.980344	-0.598817

NOTE

- rules = association_rules(frequent_itemsets, metric="lift", min_threshold=0.001): 빈발 항목 집합을 이용하여 최소 지지도 0.001을 만족하는 연관 규칙을 찾아 결과를 향상도(lift) 기준으로 정렬합니다.

연관 분석을 위해 필요한 선행 항목과 후행 항목, 지지도, 신뢰도, 향상도의 5개의 속성만 추출하여 fp_rules 데이터프레임에 저장하였습니다.

```
fp_rules=rules.loc[:, ['antecedents','consequents','support','confide
nce','lift']]
fp_rules.sort_values(by=['lift'], ascending=False)
```

	antecedents	consequents	support	confidence	lift
41	(sausage)	(whole milk, yogurt)	0.001470	0.024363	2.182917
36	(whole milk, yogurt)	(sausage)	0.001470	0.131737	2.182917
37	(whole milk, sausage)	(yogurt)	0.001470	0.164179	1.911760
40	(yogurt)	(whole milk, sausage)	0.001470	0.017121	1.911760
465	(citrus fruit)	(specialty chocolate)	0.001403	0.026415	1.653762
...	...	...	...	...	...
288	(beef)	(tropical fruit)	0.001136	0.033465	0.493817
282	(beef)	(rolls/buns)	0.001604	0.047244	0.429474
283	(rolls/buns)	(beef)	0.001604	0.014581	0.429474
916	(sausage)	(citrus fruit)	0.001203	0.019934	0.375177
917	(citrus fruit)	(sausage)	0.001203	0.022642	0.375177

1238 rows × 5 columns

출력된 연관 규칙에서 상위 2개의 결과를 해석해보면 다음과 같습니다.

지지도	sausage와 (whole milk, yourt)를 동시에 구매할 확률이 높습니다.
신뢰도	sausage를 구매한 후 (whole milk, yourt)를 구매하는 경우의 신뢰도는 0.02로, (whole milk, yourt)를 구매한 후 sausage를 구매하는 경우의 신뢰도 0.13보다 낮습니다. 이는 (whole milk, yourt)를 구매한 후 sausage를 구매할 확률이 더 높다는 것을 말해줍니다.
향상도	sausage와 (whole milk, yourt)를 독립적으로 구매하는 것보다 두 가지를 동시에 구매할 확률이 더 높습니다(>1).

3.3 연관 규칙 시각화하기

식료품 데이터셋으로 도출한 연관 규칙의 평가 지표를 시각화해보면 다음과 같습니다.

(1) 지지도와 신뢰도의 분포 시각화하기

연관 규칙에서 지지도와 신뢰도의 분포를 시각화해보겠습니다.

```
import matplotlib.pyplot as plt
import seaborn as sns
sns.scatterplot(data=fp_rules, x='support', y='confidence',
color='blue', alpha=0.6)
```

실행 결과를 보면, 식료품 구매의 연관 규칙에서 지지도가 높아지면 신뢰도도 높아지는 경향을 보이고 있습니다. 그러나 비슷한 지지도에서 신뢰도에 많은 차이가 있습니다. 또한 지지도가 0.006 이상인 경우 연관 규칙 수가 급격히 줄어들고 있으며, 신뢰도는 0.15 이상이 거의 없습니다.

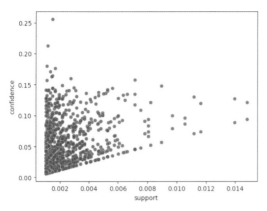

연관 규칙에서 지지도와 신뢰도의 산점도

(2) 지지도와 향상도의 분포 시각화하기

식료품 데이터셋의 연관 규칙에서 지지도와 향상도의 분포를 시각화해 보겠습니다.

```
sns.scatterplot(data=fp_rules, x='support', y='lift', color='green',
alpha=0.6)
plt.axhline(y=1, color='red')
plt.show()
```

그림을 보면 지지도가 높아질수록 향상도가 1 이상이 되는 규칙을 찾기 어렵습니다. 지지도가 0.002 이하에서 향상도가 1 이상인 규칙이 많습니다. 지지도를 낮추면 향상도가 높은 규칙을 찾기가 쉽다는 것을 알 수 있습니다.

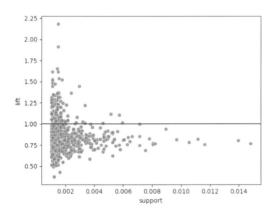

연관 규칙에서 지지도와 향상도의 산점도

- plt.axhline(y=1, color='red') : matplotlib의 axhline 함수를 사용하여 y=1 위치에 빨간색 수평선을 그립니다. axhline( ) 함수는 그래프에 수평선(horizontal line)을 추가하는 데 사용됩니다.

(3) 신뢰도와 향상도의 분포 시각화하기

연관 규칙에서 신뢰도와 향상도의 분포를 시각화해보겠습니다.

```
sns.scatterplot(data=fp_rules, x='confidence', y='lift', color='red',
alpha=0.6)
```

식료품 데이터셋의 연관 규칙에서 신뢰도가 높으면 향상도도 높아지는 경우가 많습니다. 그러나 신뢰도가 낮아도 향상도가 높은 규칙들도 있습니다.

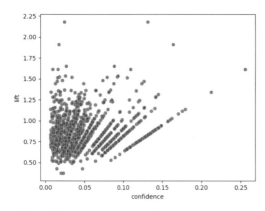

연관 규칙에서 신뢰도와 향상도의 산점도

이와 같이 연관 규칙들을 시각화해 봄으로써 최소 지지도와 최소 신뢰도를 만족하며 향상도가 높은 규칙이 있는지 검토해 볼 수 있습니다.

3.4 연관 분석 결과 해석

연관 분석을 위해 향상도가 1보다 큰 연관 규칙을 확인해 보겠습니다. 향상도가 1보다 크다는 것은 두 가지 품목을 동시에 구매할 확률이 각각 구매할 확률보다 높다는 것을 의미합니다.

```
fp_rules[(fp_rules['lift'])>1].sort_values(by=['confidence'],
ascending=False)
```

	antecedents	consequents	support	confidence	lift
38	(yogurt, sausage)	(whole milk)	0.001470	0.255814	1.619866
44	(sausage, rolls/buns)	(whole milk)	0.001136	0.212500	1.345594
50	(soda, sausage)	(whole milk)	0.001069	0.179775	1.138374
55	(semi-finished bread)	(whole milk)	0.001671	0.176056	1.114825
16	(yogurt, rolls/buns)	(whole milk)	0.001337	0.170940	1.082428
...	...	...	...	...	...
484	(whole milk)	(detergent)	0.001403	0.008887	1.030824
17	(whole milk)	(yogurt, rolls/buns)	0.001337	0.008464	1.082428
1206	(other vegetables)	(pot plants)	0.001002	0.008210	1.049991
45	(whole milk)	(sausage, rolls/buns)	0.001136	0.007194	1.345594
51	(whole milk)	(soda, sausage)	0.001069	0.006771	1.138374

240 rows × 5 columns

향상도가 1 초과하는 연관 규칙들

실행 결과를 살펴보면 향상도가 1을 초과하는 연관 규칙 수는 240개입니다. 그중 요거트(yogurt)와 소시지(sausage)를 동시에 구매한 후 우유(whole milk)를 구매할 확률이 가장 높은 것으로 나타났습니다. 또한 소시지, 빵(rolls/buns)을 동시에 구매한 후 우유를 구매할 확률이 다음으로 높습니다.

빵(rolls/buns)을 선행 항목으로 하는 연관 규칙을 출력해보면 다음과 같습니다.

```
fp_rules[(fp_rules['antecedents']==frozenset({'rolls/buns'}))].sort_
values(by = 'lift', ascending = False)
```

	antecedents	consequents	support	confidence	lift
986	(rolls/buns)	(processed cheese)	0.001470	0.013366	1.315734
579	(rolls/buns)	(packaged fruit/vegetables)	0.001203	0.010936	1.288421
1237	(rolls/buns)	(seasonal products)	0.001002	0.009113	1.286395
551	(rolls/buns)	(red/blush wine)	0.001337	0.012151	1.158028
45	(rolls/buns)	(sausage, whole milk)	0.001136	0.010328	1.153275

선행 항목 rolls/buns 관련 연관 규칙

선행 항목으로 빵(rolls/buns)을 구매한 후 가공 치즈(processed cheese)를 구매할 가능성이 가장 높습니다. 또한 빵을 구매한 후 적포도주(red/blush wine)를 구매할 확률이 높습니다.

- fp_rules[(fp_rules['antecedents']==frozenset({'rolls/buns'}))].sort_values(by = 'lift', ascending = False): FP-Growth 알고리즘으로 생성한 연관 규칙(fp_rules) 데이터프레임에서 'rolls/buns'를 antecedents(규칙의 선행 항목)로 갖는 규칙을 찾고, 'lift' 값을 기준으로 내림차순으로 정렬하는 명령입니다.
- frozenset: 데이터프레임에서 특정 규칙을 찾거나 필터링할 때 사용됩니다.
- fp_rules['antecedents'] == frozenset({'rolls/buns'})를 통해 'rolls/buns'가 선행 항목으로 있는 규칙을 찾습니다.

❹ 연관 분석 활용하기

이와 같은 연관 분석의 결과를 바탕으로 문제를 해결해볼까요?

> 식료품 구매에 어떤 연관성이 있을까?

이상에서 분석한 결과를 바탕으로 식료품 매장에서 다음과 같이 마케팅 전략을 수립할 수 있습니다. 요거트(yogurt)와 소시지(sausage)를 동시에 구매한 후 우유(whole milk)를 구매할 확률이 가장 높은 것으로 나타났습니다. 또한 소시지, 빵(rolls/buns)을 동시에 구매한 후 우유를 구매할 확률이 높습니다. 고객의 장바구니에 요거트와 소시지가 담겨 있다면 우유를 추천해주고, 상품이 진열된 곳을 쉽게 찾을 수 있도록 도와주는 전략이 필요합니다.

또한 빵(roll/buns)을 구매한 후 가공 치즈(processed cheese)를 구매할 가능성이 가장 높고, 빵을 구매한 후 적포도주(red/blush wine)을 구매할 확률이 높습니다. 따라서 빵과 치즈, 와인을 가까이 진열하기를 추천합니다.

파이썬으로 연관 분석을 수행하는 전체 코드는 다음과 같습니다.

```
# 1.1 파일 업로드하기
from google.colab import files
uploaded = files.upload()

# 1.2 데이터프레임 생성하기
import pandas as pd
df = pd.read_csv('/content/Groceries_dataset.csv')
df.head()

# 2.1 전체적인 데이터 살펴보기
df.info()
df.isnull().sum()    # 결측치 확인하기

# 2.2 빈도수 시각화하기
df['itemDescription'].value_counts()

import matplotlib.pyplot as plt
import seaborn as sns
plt.figure(figsize=(15,8))
df['itemDescription'].value_counts().plot(kind='bar')

# 2.3 연관 분석을 위한 트랜잭션 데이터 생성하기
# 항목 집합 확인하기
products = df['itemDescription'].unique()
products

# 항목 집합을 원-핫 인코딩으로 변환하기
one_hot=pd.get_dummies(df['itemDescription'])
one_hot

# 고객 번호, 날짜와 원핫 인코딩 항목 결합하기
df2 = df.drop('itemDescription', axis=1) # 데이터프레임에서 품목 제외하기
df2 = df2.join(one_hot)
df2.head()

# 날짜별, 고객별로 그룹화하여 트랜잭션 생성하기
transaction= df2.groupby(["Member_number","Date"])[products[:]].
apply(sum)
transaction =transaction.reset_index('Member_number')     # 멤버
번호를 인덱스에서 해제하기
transaction
```

```
# 통계 정보 확인하기
transaction2.describe()

# 연관 분석을 위해 1보다 큰 데이터 처리하기
transaction2=transaction.iloc[:,1:]      # 고객 번호를 제외한 품목 데이터만
추출하여 transaction2에 저장
transaction2[transaction2>=1]=1          # 속성값이 1 이상인 경우 1로 대체
transaction2

# 트랜잭션 데이터 파일로 저장하기
transaction2.to_csv('groceries_transaction.csv')

# 3. 연관 분석하기
# 연관 분석을 위한 라이브러리 추가하기
from mlxtend.frequent_patterns import fpgrowth, association_rules

# 3.1 빈발 항목 집합 구하기
frequent_itemsets=fpgrowth(transaction2, min_support=0.01, max_
len=3, use_colnames=True)
frequent_itemsets.sort_values(by=['support'], ascending=True).
head(10)
frequent_itemsets.sort_values(by=['support'], ascending=True).
tail(10)
frequent_itemsets.shape

# 3.2 연관 규칙 찾기
rules = association_rules(frequent_itemsets, metric="lift", min_
threshold=0.001)
rules.sort_values(by=['lift'], ascending=False)

# 연관 규칙 간단하게 출력하기
fp_rules=rules.loc[:,
['antecedents','consequents','support','confidence','lift']]
fp_rules.sort_values(by=['lift'], ascending=False)

# 3.3 연관 규칙 시각화하기
# 지지도와 신뢰도의 분포 시각화하기
import matplotlib.pyplot as plt
import seaborn as sns
sns.scatterplot(data=fp_rules, x='support', y='confidence',
color='blue', alpha=0.6)
```

```python
# 지지도와 향상도의 분포 시각화하기
sns.scatterplot(data=fp_rules, x='support', y='lift', color='green',
alpha=0.6)
plt.axhline(y=1, color='red')
plt.show()

# 신뢰도와 향상도의 분포 시각화하기
sns.scatterplot(data=fp_rules, x='confidence', y='lift',
color='red', alpha=0.6)

# 3.4 연관 분석 결과 해석
# 향상도가 1 초과하는 연관 규칙 출력하기
fp_rules[(fp_rules['lift'])>1].sort_values(by=['confidence'],
ascending=False)

# 4. 연관 분석 활용하기
# 관심 상품(buns/rolls)과 함께 구매하는 상품 출력하기
fp_rules[(fp_rules['antecedents']==frozenset({'rolls/buns'}))].
sort_values(by='lift', ascending=False)
```

식료품 데이터셋을 이용해 연관 분석을 수행하였습니다. 연관 분석은 물건이나 사건 간의 관계를 찾는 비지도학습 중 하나입니다. 연관 분석을 위해 식료품 데이터셋을 날짜별 고객의 거래를 처리하여 트랜잭션을 생성합니다. 연관 분석에 적합한 형태로 가공한 후 빈발 항목 집합과 연관 규칙을 찾아서 연관 분석을 수행할 수 있습니다. 오렌지3에서 FP Growth 알고리즘을 사용하여 빈발 항목 집합을 구하고 이를 바탕으로 최소 지지도, 최소 신뢰도를 적용하여 연관 규칙을 발견합니다. 파이썬에서도 오렌지에서 사용한 FP growth 알고리즘을 연관 규칙을 찾았습니다. 이렇게 생성한 연관 규칙을 활용하여 식료품 구매의 연관성을 찾고 마케팅 등에 활용할 수 있습니다.

오렌지	파이썬
Frequent Itemsets	```from mlxtend.frequent_patterns import fpgrowth, association_rules` `frequent_itemsets=fpgrowth(transaction2, min_support=0.01, max_len=3, use_colnames=True)` `rules = association_rules(frequent_itemsets, metric="lift", min_threshold=0.001)```

음파 탐지기로
기린와 바위를
구분할 수 있을까?

10 음파 탐지기로 기뢰와 바위를 구분할 수 있을까?

어떤 과정으로 해결할까?

잠수함의 음파 탐지기로 기뢰와 바위를 구분하기 위해 인공지능(기계학습)으로 문제를 해결하는 과정은 다음과 같습니다.

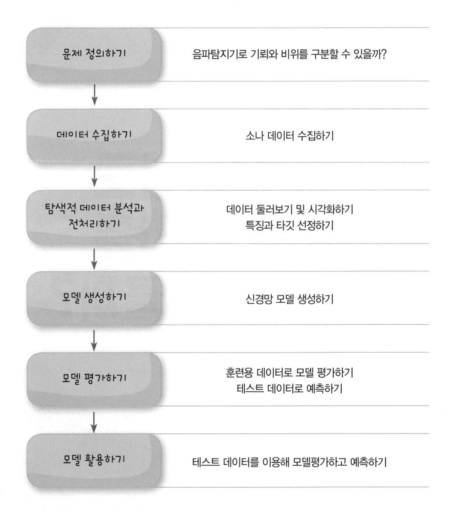

문제 정의하기	음파탐지기로 기뢰와 비위를 구분할 수 있을까?
데이터 수집하기	소나 데이터 수집하기
탐색적 데이터 분석과 전처리하기	데이터 둘러보기 및 시각화하기 특징과 타깃 선정하기
모델 생성하기	신경망 모델 생성하기
모델 평가하기	훈련용 데이터로 모델 평가하기 테스트 데이터로 예측하기
모델 활용하기	테스트 데이터를 이용해 모델평가하고 예측하기

＊키워드 신경망 알고리즘(Neural Network),

잠수함은 음파 탐지기인 소나를 이용하여 수중에 존재하는 여러 가지 목표를 탐지하게 됩니다. 잠수함의 소나 데이터를 이용하여 어떤 것이 기뢰이고 어떤 것이 바위인지 구분할 수 있을까요?

> **문제** **음파 탐지기로 기뢰와 바위를 구분할 수 있을까?**

소나 데이터를 찾으려면 Kaggle 사이트에서 'sonar'로 검색하면 찾을 수 있습니다.

❶ 캐글 사이트(https://www.kaggle.com/)에 접속합니다. 검색 창에 'sonar'로 검색해 'Connectionist Bench (Sonar, Mines vs. Rocks)' 데이터의 csv 파일을 내려받습니다.

Connectionist Bench (Sonar, Mines vs. Rocks)

Sonar, Mines vs. Rocks

데이터셋 주소: https://www.kaggle.com/datasets/armanakbari/connectionist-bench-sonar-mines-vs-rocks

❷ 내려받은 데이터인 'sonar.all-data.csv'은 60개의 주파수를 사용하여 208개의 목표물에 대해서 바위(R)와 기뢰(M)로 구분해 놓은 데이터입니다. 데이터셋에는 60개의 속성(열)이 있으며, 각 속성은 소나 신호의 주파수 성분을 나타냅니다. 이러한 주파수의 성분은 소나가 바다 밑의 물체를 향해 보낸 음파의 반사로부터 얻어지는 것을 전처리한 값들입니다.

Freq_1	Freq_2	Freq_3	Freq_4	...	Freq_60	Label
0.02	0.0371	0.0428	0.0207	...	0.0032	R
0.0453	0.0523	0.0843	0.0689	...	0.0044	R
0.0262	0.0582	0.1099	0.1083	...	0.0078	R

속성명	속성 설명
Freq_1	주파수1
Freq_2	주파수2
Freq_3	주파수3
Freq_4	주파수4
...	...
Freq_60	주파수60
Label	R(바위), M(기뢰)

3 기뢰와 바위를 분류하는 모델은 어떻게 만들까?

소나 데이터 중 기뢰와 바위를 구분하는 모델에 사용할 특징(feature)과 타깃(target)은 다음과 같습니다. 특징으로 60개의 주파수를 모두 사용하고 타깃은 바위인지, 기뢰인지를 나타내는 Label을 사용합니다.

표 10-1 　 소나 데이터의 특징과 타깃

특징 (feature)	Freq_1	주파수1
	Freq_2	주파수2
	...	
	Freq_60	주파수60
타깃 (target)	Label	R(바위), M(기뢰)

바위와 기뢰를 구분하는 기계학습 분류 모델은 다음과 같은 과정으로 만듭니다. 특징과 타깃을 가진 데이터셋을 훈련 데이터와 테스트 데이터로 7:3으로 분할하고, 훈련 데이터를 기계학습 분류 알고리즘인 신경망 알고리즘(Neural Network)을 이용해 모델을 학습하고, 테스트 데이터로 모델의 성능을 평가합니다.

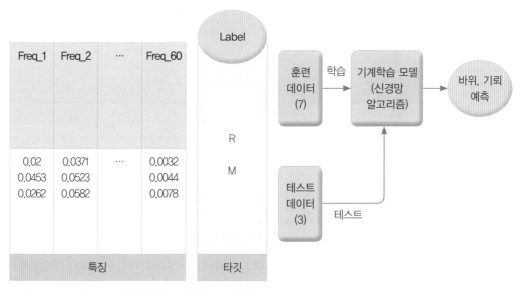

Freq_1	Freq_2	⋯	Freq_60
0.02	0.0371	⋯	0.0032
0.0453	0.0523		0.0044
0.0262	0.0582		0.0078
특징			

Label

R

M

타깃

훈련
데이터
(7) → 학습 → 기계학습 모델
(신경망
알고리즘) → 바위, 기뢰
예측

테스트
데이터
(3) → 테스트

그림 10-1　바위와 기뢰를 분류하는 기계학습 모델 동작

더 배우기 쉽게 배우는 AI 지식 : 인공신경망

인공신경망(ANN, Artificial Neural Network)은 인간의 뇌에서 뉴런(neuron)이 정보를 처리하고 전달하는
방식에서 영감을 받아 설계된 알고리즘입니다. 인간의 뇌는 수십억 개의 뉴런으로 이루어져 있고, 이 뉴런들은
서로 복잡하게 연결되어 정보를 전달합니다.

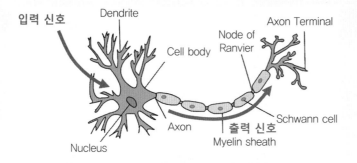

1. 구성 요소
- 뉴런(Neuron): 인공신경망의 기본 단위입니다. 여러 입력값을 받아 처리 후 출력값을 생성합니다.
- 가중치(Weight): 각 입력값의 중요도를 나타내는 값입니다. 학습을 통해 조절됩니다.
- 활성화 함수(Activation Function): 뉴런의 출력값을 결정하는 함수(예: 시그모이드, ReLU 등)입니다.

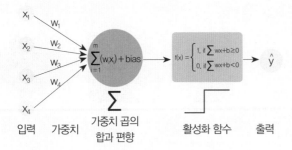

입력　　　가중치　　　가중치 곱의　　　　활성화 함수　　　출력
　　　　　　　　　　합과 편향

2. 학습

데이터를 인공신경망에 입력하면, 초기에는 무작위로 설정된 가중치를 바탕으로 예측값이 나옵니다. 이 예측값과
실제값의 차이를 계산해, 오차를 줄이는 방향으로 가중치를 조절합니다. 이러한 과정을 여러 번 반복하면서
인공신경망은 데이터의 패턴을 학습합니다.

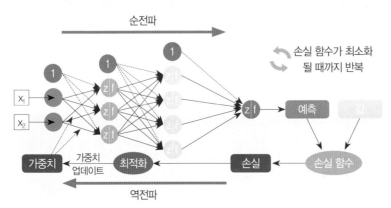

z: 가중합, f: 활성화 함수

3. 신경망의 장점

• 함수를 근사하는 능력이 뛰어납니다.

• 특징을 자동으로 추출합니다.

• 기존 기계학습보다 이미지 인식, 음성 인식 등에서는 더 좋은 성능을 보여줍니다.

4 오렌지를 이용한 기뢰, 바위 예측하기

오렌지를 이용해 기뢰인지 바위인지 예측해 봅시다.

1 데이터 불러오기

❶ 'CSV File Import' 위젯을 추가하고 선택합니다.

CSV File Import

❷ 소나 데이터 파일을 불러옵니다.

– 파일: sonar.all–data.csv

❸ 1이 적혀 있는 행에서 마우스 오른쪽 버튼을 클릭한 후 'Header'를 선택합니다.

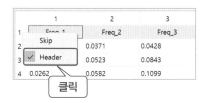

② 탐색적 데이터 분석 및 전처리하기

2.1 전체적으로 데이터 살펴보기

❶ 'CSV File Import' 위젯과 'Data Table' 위젯을 연결합니다.

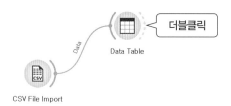

❷ Data Table을 보면 총 208개의 값으로 61개의 속성 값이 있는 것을 확인할 수 있습니다. 60 개의 특성은 특정 주파수에서의 음파의 값을 0~1 사이로 나타낸 값들입니다.

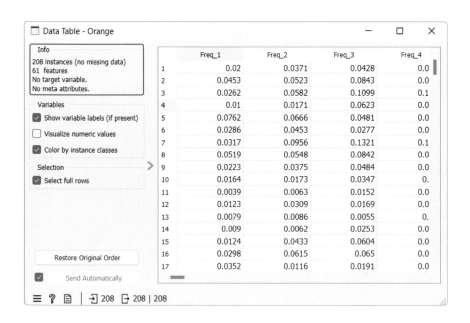

❸ 마지막 속성은 바위를 나타내는 'R'과 기뢰를 나타내는 'M'으로 되어 있는 것 역시 확인할 수 있습니다.

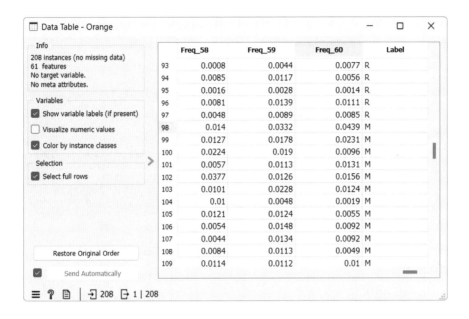

2.2 결측치 확인하기

각 특징의 통계 정보를 다음처럼 확인할 수 있으며, 모든 특징이 결측치가 없는 데이터임을 확인할 수 있습니다.

❶ 'Feature Statistics' 위젯을 추가하고 'CSV File Import' 위젯과 연결합니다.

❷ Feature Statistics 창에서 Color: Label을 선택합니다.

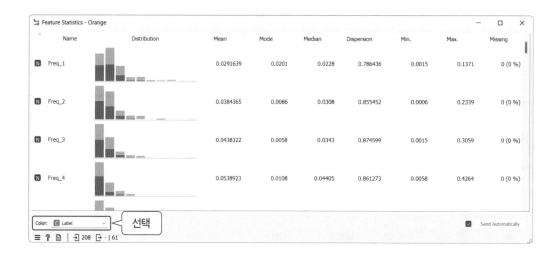

2.3 주파수 빈도수 구하기

각각의 주파수의 특성을 확인할 수 있습니다. 서로 다른 물체는 다른 주파수에서 다른 반응을 보입니다. 예를 들어, 기뢰와 바위는 서로 다른 주파수 응답 특성을 가질 수 있습니다. 이러한 차이는 신경망이 두 물체를 구별하는 데 중요한 특징이 될 수 있습니다.

❶ 'Distributions' 위젯을 추가하고 'CSV File Import' 위젯과 연결합니다.

❷ 각 그래프에서 확인할 수 있듯이 주파수별로 값들의 분포가 다름을 알 수 있습니다. 이처럼 다양한 주파수들이 가지는 특성을 이용하여 분류 작업을 수행할 수 있게 됩니다.

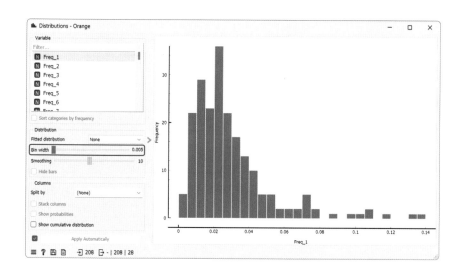

2.4 주파수 평균값 구하기

❶ 'Line Plot' 위젯을 추가하고 'CSV File Import' 위젯과 연결합니다.

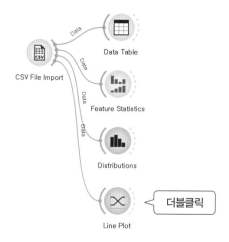

❷ Line Plot 창에서 Display: Mean을 선택합니다. 각 주파수에 대한 평균값들을 그룹별로 확인할 수 있습니다. 바위와 기뢰가 가지는 주파수별 평균값의 분포가 비슷한 형태를 가짐을 알수 있습니다. 또한 Freq_20~Freq_30 사이의 값들의 다른 주파수 대역보다 더 높은 값을 가지고 있음이 그래프에서 확인됩니다.

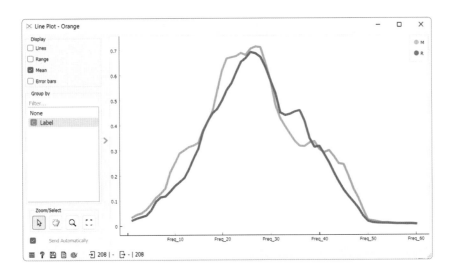

2.5 특징과 타깃 선정하기

바위와 기뢰를 구분하기 위한 특징과 타깃은 다음과 같습니다.

특징 (feature)	Freq_1	주파수1
	Freq_2	주파수2
	...	
	Freq_60	주파수60
타깃 (target)	Label	R(바위), M(기뢰)

❶ 'Select Columns' 위젯을 추가하고 'CSV File Import' 위젯과 연결합니다.

❷ Features에는 모든 주파수를 선택하고, Target에는 'Label'을 선택합니다.

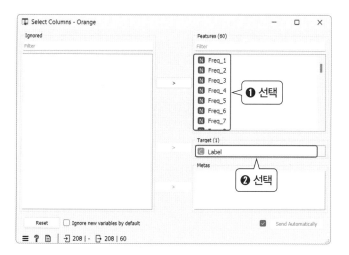

2.5 훈련, 테스트 데이터셋 분할하기

데이터셋을 모델 학습하는 데 사용할 훈련 데이터와 테스트를 위해 사용할 테스트 데이터셋으로 분할합니다.

❶ 'Data Sampler' 위젯을 추가하고 'Select Column' 위젯과 연결합니다.

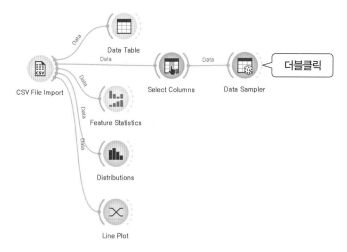

❷ 'Fixed proportion of data' 옵션에서 70%를 선택합니다. 70%를 선택하면 훈련 데이터, 나머지 30%는 테스트 데이터로 사용합니다.

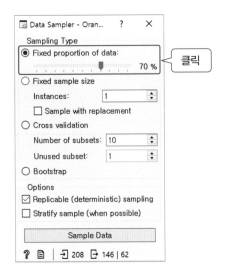

❸ 모델 생성하기

3.1 신경망 알고리즘으로 데이터 학습하기

기뢰와 바위를 분류하기 위해서 신경망 모델을 이용할 수 있습니다.

❶ 'Neural Network' 위젯을 추가하고 'Data Sampler' 위젯과 연결합니다.

❷ 'Neural Network' 위젯에서 신경망 모델의 환경
을 설정할 수 있습니다.

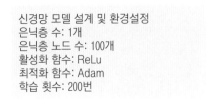

신경망 모델 설계 및 환경설정
은닉층 수: 1개
은닉층 노드 수: 100개
활성화 함수: ReLu
최적화 함수: Adam
학습 횟수: 200번

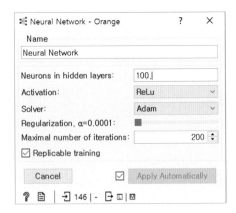

쉽게 배우는 AI 지식: Neural Network 위젯

'Neural Network' 위젯은 선형뿐 아니라 비선형 모델도 학습할 수 있는 신경망 모델로, 사이킷런(sklearn)의 다층 퍼셉트론(MLP: Multi-Layer Perceptron) 알고리즘을 사용합니다.

① Neurons in hidden layers: 은닉층 노드 개수

② Activation: 활성화 함수

③ Solver: 가중치 최적화 방법

④ Regularization(정규화): 과적합을 피하는 방법 중 하나로, 모델이 복잡해질수록 일종의 패널티를 적용하는 방법입니다. 모델식에 가중치가 작아지게 만드는 항을 추가합니다.

⑤ Maximum number of iterations: 최대 반복 횟수

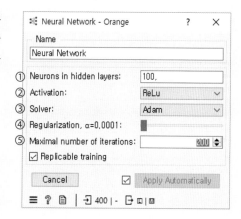

❸ 신경망 알고리즘 성능을 알아보기 위해 'Test and Score' 위젯을 연결합니다. 이때 'Data Sampler' 위젯의 훈련 데이터(Data Sample)와 신경망 알고리즘인 'Neural Network' 위젯을 'Test and Score' 위젯에 연결합니다.

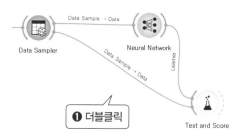

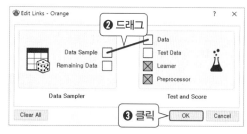

❹ 'Test and Score' 위젯에 연결한 'Neural Network' 위젯의 출력은 모델이 아닌 'Learner'임을 알 수 있습니다. 'Test and Score'를 클릭하여 훈련에 사용한 데이터를 통한 모델의 성능을 확인할 수 있습니다. Cross validation을 선택하고, Number of folds를 선정하고 교차검증 시 기뢰와 바위 개수가 균일하게 나누어지기 위해 Stratified에 체크합니다. 분류 정확도를 나타내는 CA 값이 0.877로 나옴을 확인할 수 있습니다.

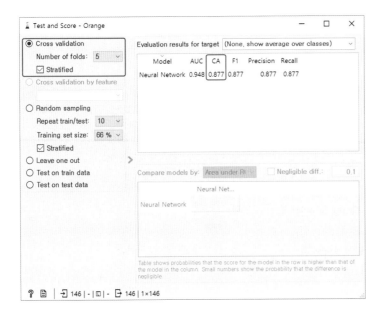

4 모델 평가 및 예측하기

❶ 'Data Sampler' 위젯에서 나머지 데이터(Remaining Data)로 바위와 가위를 구분하기 위해 'Neural Network', 'Predictions' 위젯을 연결합니다. 이때 'Data Sampler' 위젯의 나머지 데이터(Remaining Data) 30%와 신경망 알고리즘인 'Neural Network' 위젯을 'Predictions' 위젯에 연결합니다.

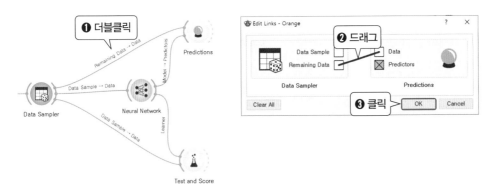

❷ Predictions 창을 보면 분류 정확도를 나타내는 CA 값이 0.855로 나옴을 확인할 수 있습니다. 훈련에 사용하지 않은 30%의 데이터에 대해 신경망 모델이 분류한 종류들의 정확도를 나타내는 값입니다.

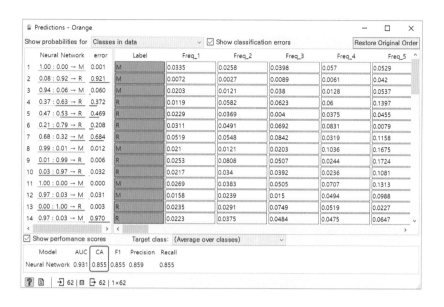

❸ 이번에는 신경망의 깊이를 더 깊게 하여 위의 작업을 수행해보겠습니다. 다음처럼 Neural Network 창에서 신경망의 은닉층을 5개로 만들고 각각의 노드의 수를 256, 128, 64, 32, 16으로 설정한 후 다시 학습시킵니다.

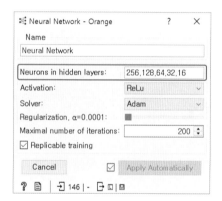

❹ 'Predictions' 위젯을 더블클릭하여 분류 결과를 확인해보겠습니다. 분류 정확도를 나타내는 값이 0.903으로 이전보다 높아진 것을 확인할 수 있습니다. 이처럼 신경망의 깊이가 증가함에 따라 학습이 더 잘 된 모델이 만들어졌고, 이를 통해 예측의 정확도를 높일 수 있게 됩니다.

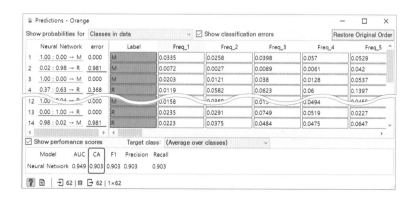

❺ 학습된 모델의 분류 정확도를 조금 더 자세히 살펴보기 위해서 혼동 행렬(Confusion Matrix)을 사용할 수 있습니다. 'Predictions' 위젯과 'Confusion Matrix' 위젯을 연결해 줍니다.

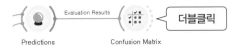

❻ 'Confusion Matrix' 위젯을 더블클릭하여 신경망이 기뢰와 바위에 대해 정확히 분류한 것과 그렇지 않은 것의 개수를 확인할 수 있습니다. 'Neural Network' 모델 대신 다른 모델들을 사용하여 서로 비교해보는 것도 좋은 시도일 것입니다.

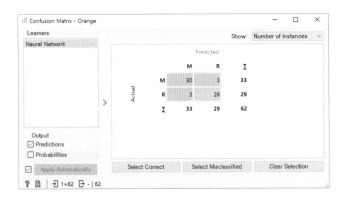

오렌지에서 신경망 모델로 바위와 기뢰를 분류하는 전체 과정은 다음과 같습니다.

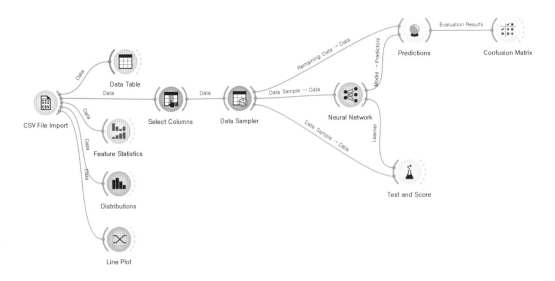

5 │ 파이썬을 이용해 기뢰, 바위 예측하기

1 데이터 불러오기

1.1 파일 업로드하기

구글 코랩(Colab)에서 'sonar.all-data.csv' 파일을 업로드합니다.

```
from google.colab import files
uploaded = files.upload( )
```

1.2 데이터프레임 생성하기 📑

판다스(pandas) 라이브러리를 이용해 'sonar.all-data.csv' 파일을 불러와 데이터프레임(df)을 생성합니다. 데이터프레임에 저장된 데이터 상위 5개 자료를 출력하면 다음과 같습니다.

```
import pandas as pd
df = pd.read_csv('/content/sonar.all-data.csv')
df.head( )
```

	Freq_1	Freq_2	Freq_3	Freq_4	Freq_5	Freq_6	Freq_7	Freq_8	Freq_9	Freq_10	...	Freq_52	Freq_53	Freq_54	Freq_55	Freq_56	Freq_57	Freq_58	Freq_59	Freq_60	Label
0	0.0200	0.0371	0.0428	0.0207	0.0954	0.0986	0.1539	0.1601	0.3109	0.2111	...	0.0027	0.0065	0.0159	0.0072	0.0167	0.0180	0.0084	0.0090	0.0032	R
1	0.0453	0.0523	0.0843	0.0689	0.1183	0.2583	0.2156	0.3481	0.3337	0.2872	...	0.0084	0.0089	0.0048	0.0094	0.0191	0.0140	0.0049	0.0052	0.0044	R
2	0.0262	0.0582	0.1099	0.1083	0.0974	0.2280	0.2431	0.3771	0.5598	0.6194	...	0.0232	0.0166	0.0095	0.0180	0.0244	0.0316	0.0164	0.0095	0.0078	R
3	0.0100	0.0171	0.0623	0.0205	0.0205	0.0368	0.1098	0.1276	0.0598	0.1264	...	0.0121	0.0036	0.0150	0.0085	0.0073	0.0050	0.0044	0.0040	0.0117	R
4	0.0762	0.0666	0.0481	0.0394	0.0590	0.0649	0.1209	0.2467	0.3564	0.4459	...	0.0031	0.0054	0.0105	0.0110	0.0015	0.0072	0.0048	0.0107	0.0094	R

5 rows × 61 columns

> **NOTE**
> • df=pd.read_csv( ): csv 파일을 불러와 데이터프레임을 생성합니다.
> • df.head( ): 데이터프레임의 1~5행까지 출력합니다.

2 탐색적 데이터 분석 및 전처리하기

2.1 전체적인 데이터 살펴보기 ▦

데이터의 개수, 각 속성의 자료형, 결측치를 확인하고, 각 데이터의 속성 범위가 어떻게 되는지 확인하는 것은 데이터의 분석 및 기계학습에 있어서 중요한 과정입니다. 데이터프레임의 요약 정보를 살펴보면 다음과 같습니다.

```
df.shape
```

```
(208, 61)
```

```
df.info( )
```

```
<class 'pandas.core.frame.DataFrame'>
RangeIndex: 208 entries, 0 to 207
Data columns (total 61 columns):
 #   Column   Non-Null Count  Dtype
---  ------   --------------  -----
 0   Freq_1   208 non-null    float64
 1   Freq_2   208 non-null    float64
 2   Freq_3   208 non-null    float64
 3   Freq_4   208 non-null    float64
 4   Freq_5   208 non-null    float64
 5   Freq_6   208 non-null    float64
 6   Freq_7   208 non-null    float64
 7   Freq_8   208 non-null    float64
 8   Freq_9   208 non-null    float64
 9   Freq_10  208 non-null    float64
 10  Freq_11  208 non-null    float64
 52  Freq_53  208 non-null    float64
 53  Freq_54  208 non-null    float64
 54  Freq_55  208 non-null    float64
 55  Freq_56  208 non-null    float64
 56  Freq_57  208 non-null    float64
 57  Freq_58  208 non-null    float64
 58  Freq_59  208 non-null    float64
 59  Freq_60  208 non-null    float64
 60  Label    208 non-null    object
dtypes: float64(60), object(1)
memory usage: 99.2+ KB
```

총 208개 행(row), 61개의 열(column)로 구성된 데이터로, 모든 데이터가 208개 임을 알 수 있고, 결측치가 없음을 확인할 수 있습니다. 또한 데이터의 타입은 0~59까지 모두 float64 이며, 60번째 열만 문자열 정보로 표현되어 있음을 알 수 있습니다.

데이터프레임(df)의 열별 간단한 통계값을 describe( )를 통해 확인할 수 있습니다. 아래 그림처럼 마지막 열을 제외하고 수치형 값에 대해 평균, 표준편차, 4분위 값, 최대값과 최소값을 확인할 수 있습니다.

```
df.describe( )
```

	Freq_1	Freq_2	Freq_3	Freq_4	Freq_5	Freq_6	Freq_7	Freq_8	Freq_9	Freq_10	...
count	208.000000	208.000000	208.000000	208.000000	208.000000	208.000000	208.000000	208.000000	208.000000	208.000000	...
mean	0.029164	0.038437	0.043832	0.053892	0.075202	0.104570	0.121747	0.134799	0.178003	0.208259	...
std	0.022991	0.032960	0.038428	0.046528	0.055552	0.059105	0.061788	0.085152	0.118387	0.134416	...
min	0.001500	0.000600	0.001500	0.005800	0.006700	0.010200	0.003300	0.005500	0.007500	0.011300	...
25%	0.013350	0.016450	0.018950	0.024375	0.038050	0.067025	0.080900	0.080425	0.097025	0.111275	...
50%	0.022800	0.030800	0.034300	0.044050	0.062500	0.092150	0.106950	0.112100	0.152250	0.182400	...
75%	0.035550	0.047950	0.057950	0.064500	0.100275	0.134125	0.154000	0.169600	0.233425	0.268700	...
max	0.137100	0.233900	0.305900	0.426400	0.401000	0.382300	0.372900	0.459000	0.682800	0.710600	...

8 rows × 60 columns

2.2 결측치 확인하기
Feature Statistics

데이터프레임에 결측치가 있는지 확인하는 방법은 isnull( ) 함수를 통해 알 수 있습니다.

```
df.isnull( )
```

	Freq_1	Freq_2	Freq_3	Freq_4	Freq_5	Freq_6	Freq_7	Freq_8	Freq_9	Freq_10	...	Freq_52	Freq_53	Freq_54	Freq_55	Freq_56	Freq_57	Freq_58	Freq_59	Freq_60	Label
0	False	False	False	False	False	False	False	False	False	False	...	False	False	False	False	False	False	False	False	False	False
1	False	False	False	False	False	False	False	False	False	False	...	False	False	False	False	False	False	False	False	False	False
2	False	False	False	False	False	False	False	False	False	False	...	False	False	False	False	False	False	False	False	False	False
3	False	False	False	False	False	False	False	False	False	False	...	False	False	False	False	False	False	False	False	False	False
4	False	False	False	False	False	False	False	False	False	False	...	False	False	False	False	False	False	False	False	False	False
...	...	...	...	...	...	...	...	...	...	...	...	...	...	...	...	...	...	...	...	...	...
203	False	False	False	False	False	False	False	False	False	False	...	False	False	False	False	False	False	False	False	False	False
204	False	False	False	False	False	False	False	False	False	False	...	False	False	False	False	False	False	False	False	False	False
205	False	False	False	False	False	False	False	False	False	False	...	False	False	False	False	False	False	False	False	False	False
206	False	False	False	False	False	False	False	False	False	False	...	False	False	False	False	False	False	False	False	False	False
207	False	False	False	False	False	False	False	False	False	False	...	False	False	False	False	False	False	False	False	False	False

208 rows × 61 columns

isnull( ).sum( ) 함수를 통해 각 특성별로 결측치의 수를 요약해서 확인할 수 있습니다. 소나 데이터는 이미 오렌지를 통해 결측치가 없는 데이터임을 확인했습니다. 마찬가지로 다음처럼 결측치가 없는 것을 재확인할 수 있습니다.

```
df.isnull( ).sum( )
```

```
Freq_1    0
Freq_2    0
Freq_3    0
Freq_4    0
Freq_5    0
          ..
Freq_57   0
Freq_58   0
Freq_59   0
Freq_60   0
Label     0
Length: 61, dtype: int64
```

- df.isnull( ): 결측치가 있으면 True, 결측치가 없으면 False를 반환합니다.
- df.isnull( ).sum( ): 결측치 개수를 구합니다.

2.3 기뢰와 바위 수 확인하기

열 번호 60은 분류를 위한 기뢰와 바위 정보를 'R'과 'M'으로 표현하고 있습니다. 각각의 빈도수를 구하기 위해서는 'Label' 열로 그룹화한 후 size( ) 함수를 호출하면 됩니다. 기뢰와 바위의 데이터 수가 크게 차이가 나지 않음을 알 수 있습니다.

```
df.groupby('Label').size( )
```

```
Label
M    111
R     97
dtype: int64
```

2.4 주파수별 시각화하기
Distributions

각 주파수별로 히스토그램을 그려보면 전체적인 데이터의 분포를 알 수 있습니다.

```
import matplotlib.pyplot as plt
df.hist(figsize=(10,10), sharex=False, sharey=False, xlabelsize=1,
ylabelsize=1)
plt.show( )
```

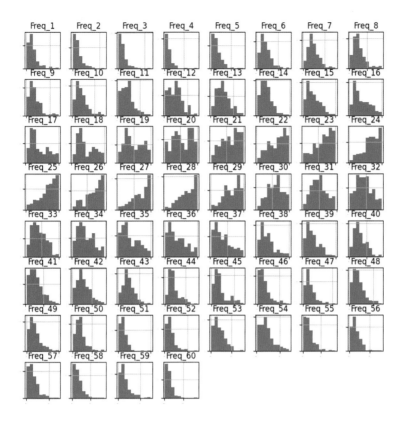

2.5 주파수별 데이터의 수 시각화하기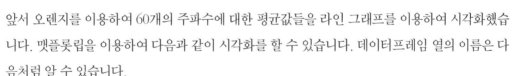

앞서 오렌지를 이용하여 60개의 주파수에 대한 평균값들을 라인 그래프를 이용하여 시각화했습니다. 맷플롯립을 이용하여 다음과 같이 시각화를 할 수 있습니다. 데이터프레임 열의 이름은 다음처럼 알 수 있습니다.

```
df.columns
```

```
Index(['Freq_1', 'Freq_2', 'Freq_3', 'Freq_4', 'Freq_5', 'Freq_6', 'Freq_7',
       'Freq_8', 'Freq_9', 'Freq_10', 'Freq_11', 'Freq_12', 'Freq_13',
       'Freq_14', 'Freq_15', 'Freq_16', 'Freq_17', 'Freq_18', 'Freq_19',
       'Freq_20', 'Freq_21', 'Freq_22', 'Freq_23', 'Freq_24', 'Freq_25',
       'Freq_26', 'Freq_27', 'Freq_28', 'Freq_29', 'Freq_30', 'Freq_31',
       'Freq_32', 'Freq_33', 'Freq_34', 'Freq_35', 'Freq_36', 'Freq_37',
       'Freq_38', 'Freq_39', 'Freq_40', 'Freq_41', 'Freq_42', 'Freq_43',
       'Freq_44', 'Freq_45', 'Freq_46', 'Freq_47', 'Freq_48', 'Freq_49',
       'Freq_50', 'Freq_51', 'Freq_52', 'Freq_53', 'Freq_54', 'Freq_55',
       'Freq_56', 'Freq_57', 'Freq_58', 'Freq_59', 'Freq_60', 'Label'],
      dtype='object')
```

```
import numpy as np
a = np.mean(df[df['Label'] == 'R'].values[:, :-1], axis = 0)
b = np.mean(df[df['Label'] == 'M'].values[:, :-1], axis = 0)

plt.figure(figsize=(8,5))
plt.plot(a, label='Rock')
plt.plot(b, label='Metal')
plt.legend( )
plt.xlabel('Frequency')
plt.tight_layout( )
plt.show( )
```

NOTE

- a = np.mean(df[df['Label'] == 'R'].values[:, :-1], axis = 0): 61번째 열인 'Label'의 값이 R인 것을 고르고 각 주파수의 평균을 구해줍니다.
- plt.plot(a, label='Rock'): 그래프를 그려줍니다.

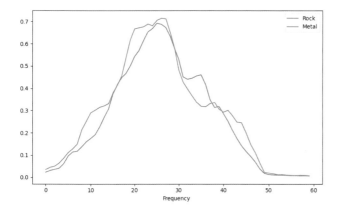

2.6 주파수별 상관관계 파악하기

데이터프레임을 이용하여 각 주파수별 상관관계는 다음과 같이 corr( )을 이용하여 간단하게 구할 수 있으며 이를 시본을 이용하여 시각화할 수 있습니다.

```
df.corr(numeric_only=True)
```

	Freq_1	Freq_2	Freq_3	Freq_4	Freq_5	Freq_6	Freq_7	Freq_8	Freq_9	Freq_10	...
Freq_1	1.000000	0.735896	0.571537	0.491438	0.344797	0.238921	0.260815	0.355523	0.353420	0.318276	...
Freq_2	0.735896	1.000000	0.779916	0.606684	0.419669	0.332329	0.279040	0.334615	0.316733	0.270782	...
Freq_3	0.571537	0.779916	1.000000	0.781786	0.546141	0.346275	0.190434	0.237884	0.252691	0.219637	...
Freq_4	0.491438	0.606684	0.781786	1.000000	0.726943	0.352805	0.246440	0.246742	0.247078	0.237769	...
Freq_5	0.344797	0.419669	0.546141	0.726943	1.000000	0.597053	0.335422	0.204006	0.177906	0.183219	...
Freq_6	0.238921	0.332329	0.346275	0.352805	0.597053	1.000000	0.702889	0.471683	0.327578	0.288621	...
Freq_7	0.260815	0.279040	0.190434	0.246440	0.335422	0.702889	1.000000	0.675774	0.470580	0.425448	...
Freq_8	0.355523	0.334615	0.237884	0.246742	0.204006	0.471683	0.675774	1.000000	0.778577	0.652525	...
Freq_9	0.353420	0.316733	0.252691	0.247078	0.177906	0.327578	0.470580	0.778577	1.000000	0.877131	...
Freq_10	0.318276	0.270782	0.219637	0.237769	0.183219	0.288621	0.425448	0.652525	0.877131	1.000000	...
Freq_11	0.344058	0.297065	0.274610	0.271881	0.231684	0.333570	0.396588	0.584583	0.728063	0.853140	...

다음 그림에서 볼 수 있듯이 특정 주파수들을 서로 상관관계를 가짐을 알 수 있습니다. 이는 60개의 주파수 모두를 사용해서 모델을 만들지 않고 특정 주파수들을 활용할 수 있다는 것을 암시하기도 합니다.

```python
import seaborn as sns
sns.heatmap(df.corr(numeric_only=True))
plt.show( )
```

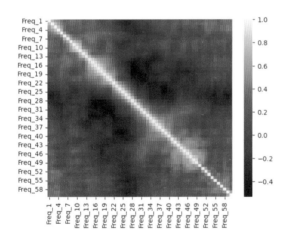

2.7 특징과 타깃 선정하기

Select Columns

머신러닝 분류 모델을 구현하기 위해 타깃을 결정하는 속성인 특징(feature) X와 타깃(target) y
를 선정합니다.

특징 (feature)	Freq_1	주파수1
	Freq_2	주파수2
	...	
	Freq_60	주파수60
타깃 (target)	Label	R(바위), M(기뢰)

데이터프레임에서 위의 특징과 타깃을 선정하기 위해서는 다음과 같이 작성해줍니다.

```
X = df.iloc[:, :-1]
y = df.iloc[:, -1]
```

NOTE

- X = df.iloc[:, :-1] : 마지막 열 전까지를 모두 특징으로 선택해서 X에 대입합니다.
- y = df.iloc[:, -1] : 마지막 열 값을 타깃으로 선택해서 y에 대입합니다.

2.8 훈련 데이터, 테스트 데이터 분할하기

Data Sampler

특징(X)과 타깃(y) 데이터를 7:3으로 분할해 훈련 데이터(X_train, y_train), 테스트 데이터(X_
test, y_test)를 생성합니다.

```
from sklearn.model_selection import train_test_split
X_train,X_test,y_train,y_test= train_test_split(X, y, test_size=0.3,
random_state=42)
```

훈련 데이터와 테스트 데이터의 크기를 확인하면 다음과 같습니다. 70%, 30%에 따라 각각의 데
이터들이 나누어졌습니다. random_state는 다시 실행했을 때 동일한 결과를 얻기 위해 설정해
주는 값입니다.

```
print("훈련 데이터 : ", X_train.shape, y_train.shape)
print("테스트 데이터 : ", X_test.shape, y_test.shape)
```

```
훈련 데이터 :  (145, 60) (145,)
테스트 데이터 :  (63, 60) (63,)
```

2.9 카테고리형 문자열을 수치형으로 변환하기

기계학습 모델을 구현하기 위해서 사용될 값들은 모두 수치형으로 변환해야 합니다. 오렌지에서는 이러한 작업을 특별히 하지 않더라도 자동으로 적용해줍니다. 사이킷런의 레이블 인코더(LabelEncoder) 클래스를 이용해 데이터프레임의 Label 열값을 수치형으로 변환합니다. 수치형으로 변환한 값은 타깃(target)으로 사용합니다.

```
from sklearn.preprocessing import LabelEncoder

y_train_encode = LabelEncoder( ).fit_transform(y_train)
y_test_encode = LabelEncoder( ).fit_transform(y_test)
print(y_train_encode)
```

```
array([0, 0, 0, 0, 1, 0, 1, 0, 1, 1, 1, 1, 1, 0, 0, 0, 1, 1, 0, 0, 0,
       1, 1, 0, 1, 0, 0, 0, 1, 0, 1, 1, 0, 1, 0, 1, 1, 0, 1, 0, 0, 0, 1,
       1, 0, 1, 0, 0, 1, 0, 0, 1, 0, 1, 1, 1, 0, 1, 0, 1, 1, 0, 0, 1, 1,
       1, 0, 0, 1, 1, 0, 1, 0, 1, 1, 1, 1, 1, 0, 1, 1, 0, 1, 0, 0, 1, 0,
       0, 1, 1, 1, 1, 0, 0, 1, 1, 0, 1, 0, 0, 0, 1, 0, 0, 0, 1, 0, 0, 0,
       0, 1, 1, 0, 1, 1, 1, 1, 0, 0, 1, 0, 1, 0, 0, 0, 0, 1, 0, 0, 0, 1,
       1, 0, 0, 1, 1, 1, 0, 0, 1, 0, 1, 0, 1])
```

> **NOTE**
> - LabelEncoder: 문자열 또는 범주형 데이터를 숫자형으로 인코딩합니다.
> - fit_transform( ): fit( )은 데이터에 대한 학습만 수행하며, transform( )은 학습된 모델을 사용하여 데이터를 변환합니다.

3 모델 생성하기

3.1 신경망 모델 설계하기

먼저 케라스를 이용하여 오렌지에서 처음으로 만들었던 신경망과 같은 크기의 신경망 모델을 만듭니다.

먼저 케라스를 이용하여 오렌지에서 처음으로 만들었던 신경망과 같은 크기의 신경망 모델을 만듭니다.

```python
from keras import Sequential
from keras.layers import Dense

def build_model():
  model = Sequential([
        Dense(100, input_shape=(60,), activation='relu'),
        Dense(1, activation='sigmoid'),
      ])

  model.compile(loss='binary_crossentropy', optimizer='adam',
metrics=['accuracy'])
  return model

model = build_model()
model.summary()
```

NOTE

- from keras import Sequential: Sequential 라이브러리를 임포트합니다.
- from keras.layers import Dense: Dense 라이브러리를 임포트합니다.
- def build_model():
    model = keras.Sequential([
        layers.Dense(100, input_shape=(60,), activation='relu'),
            layers.Dense(1, activation='sigmoid'),
      ])
  케라스를 이용하여 Sequential 모델을 만듭니다.
  입력이 60차원이며 100개의 노드로 구성이 된 신경망을 만듭니다. 활성화 함수로는 'relu'를 사용합니다.
  신경망의 마지막 층을 1개의 출력을 가지는 것으로 만들며, 활성화 함수로 'sigmoid'를 사용합니다.
- model.compile(loss='binary_crossentropy', optimizer='adam', metrics=['accuracy']): 모델을 컴파일합니다. 비용함수로 'binary crossentropy'를 사용하며, adam을 이용해 신경망을 최적화합니다. 'accuray'를 훈련 중 정확도를 보여주기 위해 'accuracy'를 설정합니다.
- model = build_model(): 모델을 구축합니다.
- model.summary(): 모델의 정보를 출력합니다.

구축된 모델의 정보는 다음과 같습니다.

```
Model: "sequential"

 Layer (type)                 Output Shape              Param #
=================================================================
 dense (Dense)                (None, 100)               6100

 dense_1 (Dense)              (None, 1)                 101

=================================================================
Total params: 6,201
Trainable params: 6,201
Non-trainable params: 0
```

3.2 신경망 모델 학습하기

신경망의 훈련은 fit( )을 호출함으로 시작됩니다. 다음은 200번의 훈련을 시작하게 하는 것입니다. 에포크가 늘어날수록 정확도는 올라가며 오류(loss)는 낮아지는 것을 확인할 수 있습니다.

```
history = model.fit(X_train, y_train_encode, epochs = 200)
```

NOTE

• history = model.fit(X_train, y_train_encode, epochs = 200): 구축된 모델을 이용해 훈련을 시작합니다.

```
Epoch 187/200
5/5 [==============================] - 0s 4ms/step - loss: 0.1483 - accuracy: 0.9793
Epoch 188/200
5/5 [==============================] - 0s 5ms/step - loss: 0.1454 - accuracy: 0.9793
Epoch 189/200
5/5 [==============================] - 0s 3ms/step - loss: 0.1445 - accuracy: 0.9793
Epoch 190/200
5/5 [==============================] - 0s 4ms/step - loss: 0.1449 - accuracy: 0.9724
Epoch 191/200
5/5 [==============================] - 0s 4ms/step - loss: 0.1422 - accuracy: 0.9793
Epoch 192/200
5/5 [==============================] - 0s 4ms/step - loss: 0.1405 - accuracy: 0.9793
Epoch 193/200
5/5 [==============================] - 0s 4ms/step - loss: 0.1396 - accuracy: 0.9793
Epoch 194/200
5/5 [==============================] - 0s 3ms/step - loss: 0.1393 - accuracy: 0.9793
Epoch 195/200
5/5 [==============================] - 0s 3ms/step - loss: 0.1384 - accuracy: 0.9793
Epoch 196/200
5/5 [==============================] - 0s 3ms/step - loss: 0.1363 - accuracy: 0.9793
Epoch 197/200
5/5 [==============================] - 0s 3ms/step - loss: 0.1358 - accuracy: 0.9793
Epoch 198/200
5/5 [==============================] - 0s 3ms/step - loss: 0.1344 - accuracy: 0.9862
Epoch 199/200
5/5 [==============================] - 0s 4ms/step - loss: 0.1342 - accuracy: 0.9862
Epoch 200/200
5/5 [==============================] - 0s 3ms/step - loss: 0.1345 - accuracy: 0.9862
```

신경망 모델의 학습 결과는 loss와 accuracy를 그래프로 그려서 확인할 수 있습니다.

```
pd.DataFrame(history.history).plot( )
plt.grid(True)
plt.show( )
```

- pd.DataFrame(history.history).plot( ): 히스토리를 데이터 프레임으로 변환한 후 그려줍니다.
- plt.grid(True): 화면에 격자를 표시합니다.
- plt.show( ): 이미지를 나타냅니다.

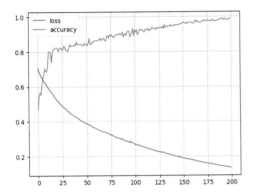

오렌지에서 'Test and Score' 위젯을 이용해 훈련용 데이터를 가지고 성능을 먼저 평가해 보았습니다. 마찬가지로 파이썬의 구축된 모델에서 이 작업을 수행해보겠습니다. 구축된 모델은 evaluate( ) 함수를 가지고 있습니다. 입력으로 특징과 타깃을 입력하면 됩니다. 다음 코드에서 알 수 있듯이 훈련용 데이터를 가지고 모델을 테스트하면 정확도가 98%가 나오게 됩니다.

```
loss, acc = model.evaluate(X_train, y_train_encode)
print("Train Data loss:", loss)
print("Train Data accuracy:", acc)
```

```
5/5 [==============================] - 0s 3ms/step - loss: 0.1317 - accuracy: 0.9862
Train Data loss: 0.13167282938957214
Train Data accuracy: 0.9862068891525269
```

- loss, acc = model.evaluate(X_train, y_train_encode): 훈련용 데이터를 이용해 모델을 평가하고 그 결과를 loss와 acc에 저장합니다.
- 신경망의 학습 결과는 무작위성, 하드웨어 성능 차이, 소프트웨어 버전 등에 의해 달라질 수 있으며, 위의 실행 결과는 책과 차이를 보일 수 있습니다.

4 모델 평가 및 예측하기

30% 테스트 데이터로 모델을 평가하면 정확도는 어떻게 될까요? 테스트용 데이터를 활용하면 정확도는 85%로 낮아지게 됩니다. 즉, 실제 훈련에 사용되지 않은 데이터를 통해서 테스트를 했을 때의 정확도는 더 낮아지며 이는 오렌지에서 'Predictions' 위젯을 활용하여 했던 작업과 동일합니다. 다만 오렌지에서의 정확도와 파이썬을 이용한 정확도가 서로 일치하지는 않습니다. 사용하는 라이브러리가 다르고 각종 매개변수의 초기값들도 서로 차이가 있기 때문입니다.

```
loss, acc = model.evaluate(X_test, y_test_encode)
print("Test Data Test loss:", loss)
print("Test Data Test accuracy:", acc)
```

```
2/2 [==============================] - 0s 13ms/step - loss: 0.3293 - accuracy: 0.8571
Test Data Test loss: 0.32926201820373535
Test Data Test accuracy: 0.85714286556578064
```

NOTE

- loss, acc = model.evaluate(X_test, y_test_encode): 테스트용 데이터를 이용해 모델을 평가하고 그 결과를 loss와 acc에 저장합니다.

테스트 데이터를 통한 정확도가 너무 낮기에 신경망 모델의 깊이를 단층이 아닌 조금 더 늘려보도록 하겠습니다. 앞서 오렌지에서 층을 늘렸을 때의 신경망과 동일한 크기로 다음과 같이 모델을 만들어줍니다.

```
from keras import Sequential
from keras.layers import Dense

def build_model():
  model = Sequential([
      Dense(256, input_shape=(60,), activation='relu'),
      Dense(128, activation='relu'),
      Dense(64, activation='relu'),
      Dense(32, activation='relu'),
      Dense(16, activation='relu'),
      Dense(1, activation='sigmoid')
    ])
```

```
  model.compile(loss='binary_crossentropy', optimizer='adam',
metrics=['accuracy'])
  return model

model = build_model()
model.summary()
```

모델은 다음과 같습니다.

```
Model: "sequential_1"

Layer (type)                 Output Shape              Param #
=================================================================
dense_2 (Dense)              (None, 256)               15616

dense_3 (Dense)              (None, 128)               32896

dense_4 (Dense)              (None, 64)                8256

dense_5 (Dense)              (None, 32)                2080

dense_6 (Dense)              (None, 16)                528

dense_7 (Dense)              (None, 1)                 17

=================================================================
Total params: 59,393
Trainable params: 59,393
Non-trainable params: 0
```

위와 마찬가지로 훈련을 시켜보면 특정 지점부터 정확도는 100%를 달성하게 됩니다. 이 정확도
는 훈련용 데이터에 대한 정확도를 나타내는 것입니다. 만일 테스트용 데이터에 대해서도 100%
의 정확도를 달성한다면 문제가 없지만, 그렇지 않다면 이 모델은 과적합이 되었다고 이야기합
니다. 즉 훈련용 데이터에만 너무 집중된 모델이라는 것입니다.

```
history = model.fit(X_train, y_train_encode, epochs = 200)
```

```
Epoch 41/100
5/5 [==============================] - 0s 4ms/step - loss: 0.0142 - accuracy: 1.0000
Epoch 42/100
5/5 [==============================] - 0s 4ms/step - loss: 0.0141 - accuracy: 1.0000
Epoch 43/100
5/5 [==============================] - 0s 5ms/step - loss: 0.0145 - accuracy: 1.0000
Epoch 44/100
5/5 [==============================] - 0s 7ms/step - loss: 0.0084 - accuracy: 1.0000
Epoch 45/100
5/5 [==============================] - 0s 4ms/step - loss: 0.0103 - accuracy: 1.0000
Epoch 46/100
5/5 [==============================] - 0s 4ms/step - loss: 0.0091 - accuracy: 1.0000
Epoch 47/100
5/5 [==============================] - 0s 4ms/step - loss: 0.0053 - accuracy: 1.0000
Epoch 48/100
5/5 [==============================] - 0s 4ms/step - loss: 0.0063 - accuracy: 1.0000
```

위에서와 마찬가지로, 훈련용 데이터와 테스트용 데이터를 가지고 정확도를 살펴보겠습니다. 우리가 만든 새로운 모델 즉, 더 깊은 층을 가지는 신경망 역시 훈련용 데이터에 과적합이 되어 100%의 정확도를 보여주고 있습니다.

```
loss, acc = model.evaluate(X_train, y_train_encode)
print("Train Data Test loss:", loss)
print("Train Data Test accuracy:", acc)
```

```
5/5 [==============================] - 1s 9ms/step - loss: 7.7444e-05 - accuracy: 1.0000
Train Data Test loss: 7.744372851448134e-05
Train Data Test accuracy: 1.0
```

NOTE

- loss, acc = model.evaluate(X_train, y_train_encode): 훈련용 데이터를 이용해 모델을 평가하고 그 결과를 loss와 acc에 저장합니다.

그러나 테스트용 데이터를 가지고 정확도를 평가해보면 다음처럼 87%의 정확도를 보여주는 것을 알 수 있습니다. 이전의 단순한 신경망이 82% 정도의 정확도를 보여준 것에 비하면 테스트 데이터에 대해서 더 나은 결과를 보여주는 것을 확인할 수 있습니다.

```
loss, acc = model.evaluate(X_test, y_test_encode)
print("Test Data loss:", loss)
print("Test Data accuracy:", acc)
```

```
2/2 [==============================] - 0s 7ms/step - loss: 0.9100 - accuracy: 0.8730
Test Data loss: 0.9099594950675964
Test Data accuracy: 0.8730158805847168
```

NOTE

- loss, acc = model.evaluate(X_test, y_test_encode): 테스트용 데이터를 이용해 모델을 평가하고 그 결과를 loss와 acc에 저장합니다.

오렌지와 같이 좀 더 다양한 척도를 이용해서 테스트 결과를 보기 위해서는 다음과 같은 작업을 수행해야 합니다. 테스트용 입력을 가지고 모델의 예측을 한 결과를 y_test_pred에 저장합니다. 이 값들은 0, 1의 값이 아닌 0~1 사이의 확률값이라고 생각할 수 있습니다.

```
y_test_pred = model.predict(X_test)
```

2/2 [==============================] - 0s 13ms/step

예측 결과 값의 일부를 출력해보면 다음과 같습니다. 이 값을 테스트용 타깃값과 비교하기 위해서는 0, 1의 값으로 변경해주어야 합니다.

```
print(y_test_pred[:10])
```

```
[[5.08108933e-09]
 [9.99996901e-01]
 [5.91899812e-01]
 [9.99979675e-01]
 [2.70076998e-06]
 [7.56509826e-02]
 [2.36797296e-05]
 [1.12223934e-04]
 [9.99998868e-01]
 [3.10447786e-06]]
```

텐서플로의 greater 함수를 이용하면 간단히 처리할 수 있으며 결과는 다음과 같습니다. 즉, 0.5의 이상의 값은 True, 그렇지 않은 값은 False로 변환해주며 이는 다음 작업에서 1, 0으로 처리를 할 수 있습니다.

```
import tensorflow as tf
y_test_pred_encode = tf.greater(y_test_pred, .5)
print(y_test_pred_encode[:10])
```

NOTE

• y_test_pred_encode = tf.greater(y_test_pred, .5): y_test_pred의 값이 0.5보다 크면 True, 아니면 False를 저장합니다.

```
tf.Tensor(
[[False]
 [ True]
 [ True]
 [ True]
 [False]
 [False]
 [False]
 [False]
 [ True]
 [False]], shape=(10. 1), dtype=bool)
```

사이킷런의 classification_report( )는 각종 평가지표를 한 번에 볼 수 있도록 해줍니다. 이를 위해서는 테스트용 타깃의 값과, 예측한 타깃의 값을 입력으로 주어야 합니다. 테스트용 데이터에 대한 정확도 91%를 확인할 수 있습니다.

```python
from sklearn.metrics import classification_report
print('\n', classification_report(y_test_encode, y_test_pred_encode))
```

```
              precision    recall  f1-score   support

           0       0.86      0.91      0.89        35
           1       0.88      0.82      0.85        28

    accuracy                           0.87        63
   macro avg       0.87      0.87      0.87        63
weighted avg       0.87      0.87      0.87        63
```

오렌지의 'Confusion Matrix' 역시 사이킷런의 confusion_matrix를 이용하여 구할 수 있습니다. 구한 값은 배열 형태로 출력이 되기에 이를 시본으로 시각화해서 확인할 수 있습니다. 다음 결과는 0과 1 즉, 'R', 'M'을 제대로 분류한 것과 그렇지 않은 것의 개수를 나타내고 있습니다.

```python
from sklearn.metrics import confusion_matrix
cm = confusion_matrix(y_test_encode, y_test_pred_encode)
print(cm)
```

```
[[32  3]
 [ 5 23]]
```

시본을 이용하여 위의 정보를 히트맵 형태로 시각화할 수 있습니다.

```python
sns.heatmap(cm, linewidths=1, cbar=False, annot=True, fmt='d')
plt.show( )
```

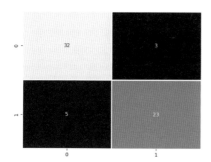

파이썬으로 신경망 모델을 구현하는 전체 코드는 다음과 같습니다.

```
# 1.1 파일 업로드하기
from google.colab import files
uploaded = files.upload()

# 1.2 데이터프레임 생성하기
import pandas as pd
df = pd.read_csv('/content/sonar.all-data.csv')

# 2.1 전체적인 데이터 살펴보기
df.head()
df.shape
df.info()
df.describe()

# 2.2 결측치 확인하기
df.isnull()
df.isnull().sum()

# 2.3 기뢰와 바위 수 확인하기
df.groupby('Label').size()

# 2.4 주파수별 시각화하기
import matplotlib.pyplot as plt
df.hist(figsize=(10,10), sharex=False, sharey=False, xlabelsize=1,
ylabelsize=1)
plt.show()

# 2.5 주파수별 데이터의 수 시각화하기
df.columns
import numpy as np
a = np.mean(df[df['Label'] == 'R'].values[:, :-1], axis = 0)
b = np.mean(df[df['Label'] == 'M'].values[:, :-1], axis = 0)
plt.figure(figsize=(8,5))
plt.plot(a, label='Rock')
plt.plot(b, label='Metal')
plt.legend()
plt.xlabel('Frequency')
plt.tight_layout()
plt.show()
```

```python
# 2.6 주파수별 상관관계 파악하기
df.corr()
import seaborn as sns
sns.heatmap(df.corr())
plt.show()

# 2.7 특징과 타깃 선정하기
X = df.iloc[:, :-1]
y = df.iloc[:, -1]

# 2.8 훈련 데이터, 테스트 데이터 분할하기
from sklearn.model_selection import train_test_split
X_train,X_test,y_train,y_test= train_test_split(X, y, test_size=0.3,
random_state=42)
print("훈련 데이터 : ", X_train.shape, y_train.shape)
print("테스트 데이터 : ", X_test.shape, y_test.shape)

# 2.9 카테고리형 문자열을 수치형으로 변환하기
from sklearn.preprocessing import LabelEncoder
y_train_encode = LabelEncoder().fit_transform(y_train)
y_test_encode = LabelEncoder().fit_transform(y_test)
print(y_train_encode)

# 3.1 신경망 모델 설계하기
from keras import Sequential
from keras.layers import Dense

def build_model():
  model = Sequential([
      Dense(100, input_shape=(60,), activation='relu'),
      Dense(1, activation='sigmoid')
    ])

  model.compile(loss='binary_crossentropy', optimizer='adam',
metrics=['accuracy'])
  return model

model = build_model()
model.summary()

# 3.2 신경망 모델 학습하기
history = model.fit(X_train, y_train_encode, epochs = 200)
pd.DataFrame(history.history).plot()
```

```
plt.grid(True)
plt.show()

loss, acc = model.evaluate(X_train, y_train_encode)
print("Train Data loss:", loss)
print("Train Data accuracy:", acc)

# 4 모델 평가 및 예측하기
loss, acc = model.evaluate(X_test, y_test_encode)
print("Test Data Test loss:", loss)
print("Test Data Test accuracy:", acc)
from keras import Sequential
from keras.layers import Dense

def build_model():
  model = Sequential([
        Dense(256, input_shape=(60,), activation='relu'),
        Dense(128, activation='relu'),
        Dense(64, activation='relu'),
        Dense(32, activation='relu'),
        Dense(16, activation='relu'),
        Dense(1, activation='sigmoid')
      ])

  model.compile(loss='binary_crossentropy', optimizer='adam',
metrics=['accuracy'])
  return model

model = build_model()
model.summary()

history = model.fit(X_train, y_train_encode, epochs = 200)

loss, acc = model.evaluate(X_train, y_train_encode)
print("Train Data Test loss:", loss)
print("Train Data Test accuracy:", acc)

loss, acc = model.evaluate(X_test, y_test_encode)
print("Test Data loss:", loss)
print("Test Data accuracy:", acc)

y_test_pred = model.predict(X_test)
print(y_test_pred[:10])
```

```
import tensorflow as tf
y_test_pred_encode = tf.greater(y_test_pred, .5)
print(y_test_pred_encode[:10])

from sklearn.metrics import classification_report
print('\n', classification_report(y_test_encode, y_test_pred_
encode))

from sklearn.metrics import confusion_matrix
cm = confusion_matrix(y_test_encode, y_test_pred_encode)
print(cm)

sns.heatmap(cm, linewidths=1, cbar=False, annot=True, fmt='d')
plt.show()
```

정리하기

소나 데이터를 활용하여 기뢰와 바위를 구분하는 신경망 모델을 만들어보았습니다.

신경망은 인간의 뇌에서 뉴런이 정보를 처리하는 방식을 모델링해서 만들어진 알고리즘입니다. 신경망은 머신러닝에서 분류, 회귀 등의 다양한 문제들을 해결할 수 있습니다. 신경망은 망을 깊게 쌓아 기존에 잘 해결되지 않던 문제들 역시 잘 해결합니다.

소나 데이터를 구성하는 60개의 특징을 모두 사용하여 주어진 데이터가 기뢰인지, 바위인지를 구분하기 위해서는 신경망을 만들고 신경망의 입력으로 60개의 특징을 모두 사용합니다. 이를 통해, 기뢰인지 바위인지를 구분할 수 있는 모델을 만들 수 있었습니다.

오렌지 3	파이썬
|  | ```
from keras import Sequential
from keras.layers import Dense

def build_model():
  model = Sequential([
      Dense(256, input_shape=(60,), activation='relu'),
      Dense(128, activation='relu'),
      Dense(64, activation='relu'),
      Dense(32, activation='relu'),
      Dense(16, activation='relu'),
      Dense(1, activation='sigmoid'),
      ])

  model.compile(loss='binary_crossentropy',
optimizer='adam', metrics=['accuracy'])
  return model

model = build_model()
model.summary()
``` |
```

Chapter **11**

인공지능으로
사과 농가를
어떻게 도울까?

인공지능으로 사과 농가를 어떻게 도울까?

📁 어떤 과정으로 해결할까?

썩은 사과를 분류하기 위해 인공지능(기계학습)으로 문제를 해결하는 과정은 다음과 같습니다.

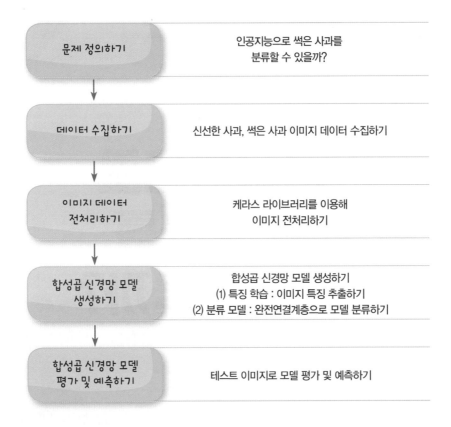

문제 정의하기	인공지능으로 썩은 사과를 분류할 수 있을까?
데이터 수집하기	신선한 사과, 썩은 사과 이미지 데이터 수집하기
이미지 데이터 전처리하기	케라스 라이브러리를 이용해 이미지 전처리하기
합성곱 신경망 모델 생성하기	합성곱 신경망 모델 생성하기 (1) 특징 학습 : 이미지 특징 추출하기 (2) 분류 모델 : 완전연결계층으로 모델 분류하기
합성곱 신경망 모델 평가 및 예측하기	테스트 이미지로 모델 평가 및 예측하기

---

*키워드 합성곱 신경망(CNN), 사전 훈련된 모델(Pre-trained Model), 전이 학습(Transfer learning), 신경망(Neural Network)

1 문제 정의하기

농산물 유통 과정에서 썩은 과일을 탐지하여 분류하는 것은 중요합니다. 사람이 썩은 과일과 신선한 과일을 분류할 수 있지만, 좀 더 빠르게 찾아내는데 인공지능 모델을 만들어 사용해 봅시다.

문제 인공지능으로 사과 농가를 어떻게 도울까?

2 데이터는 어떻게 수집할까?

캐글 사이트에는 신선한 과일과 썩은 과일 데이터가 있습니다.

❶ 캐글 사이트(https://www.kaggle.com/)에 접속합니다. Fruits fresh and rotten for classification 페이지에서 'dataset' 이미지 폴더를 다운로드합니다.

Fruits fresh and rotten for classification

Apples Oranges Bananas

데이터셋 주소: https://www.kaggle.com/datasets/sriramr/fruits–fresh–and–rotten–for–classification

❷ dataset 폴더는 train 폴더와 test 폴더로 구분되고 사과, 바나나, 오렌지 과일을 신선, 썩은 과일로 분류되어 있습니다. 이 이미지 파일 중 사과 폴더를 이용해서 모델에 사용할 데이터셋을 다시 만듭니다. 이미지 분류 모델은 클래스명이 폴더명입니다.

훈련/테스트 상위 폴더	폴더명(클래스)	파일 개수
train	freshapples	200
	rottenapples	200
test	freshapples	40
	rottenapples	40

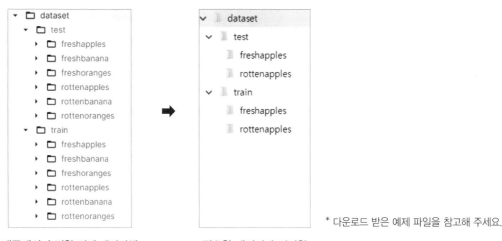

캐글에서 수집한 전체 데이터셋　　　　필요한 데이터만 정리함

* 다운로드 받은 예제 파일을 참고해 주세요.

3 썩은 사과 분류 모델은 어떻게 만들까?

신선한 사과와 썩은 사과를 분류하는 데 효과적인 인공지능 기술은 딥러닝입니다. 그중 이미지 인식에 좋은 성능을 보이는 신경망 모델로 합성곱 신경망(CNN)이 있습니다. 합성곱 신경망을 이용해 썩은 사과 분류 모델을 만드는 절차는 다음과 같습니다.

❶ 합성곱 신경망으로 이미지의 특징을 추출합니다. 여기서는 사전 훈련된 모델인 VGG16 모델이나 Inception v3 모델을 이용해 특징을 추출할 겁니다.

❷ 추출된 특징값을 완전연결층의 입력으로 받아 분류 모델을 설계합니다. 신선한 사과 (freshapples)와 썩은 사과(rottenapples)인 2개로 분류하므로, 출력층 2개의 노드값 중 큰 값으로 예측합니다. 예를 들어, 출력층 결과가 신선한 사과(freshapples)로 예측하는 확률값이 0.3, 썩은 사과(rottenapples)로 예측하는 확률값이 0.7이라면 큰 값인 썩은 사과 (rottenapples)로 예측합니다.

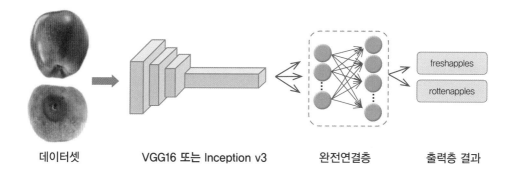

데이터셋 　　　　 VGG16 또는 Inception v3 　　　　 완전연결층 　　　　 출력층 결과

📟 더 배우기 ｜ 쉽게 배우는 AI 지식: 합성곱 신경망(CNN)

합성곱 신경망(CNN)은 이미지, 비디오 인식에 좋은 성능을 보여주는 딥러닝 기술 중 하나입니다. 합성곱 신경망 모델의 구조는 크게 합성곱층(Convolution Layer), 풀링층(Pooling Layer), 완전연결층(Fully Connected Layer)으로 구성됩니다.

합성곱층에서는 이미지 특징을 추출하고, 풀링층에서는 추출된 특징 중에 중요한 부분만 추출해 데이터의 크기를 줄이는 역할을 수행합니다. 이러한 과정을 반복하면 큰 크기의 이미지 데이터에서 핵심적인 특징만 추출하게 되므로 분류하는 데 큰 도움을 줍니다.

완전연결층에서는 이미지의 분류를 수행하는 역할을 합니다. 합성곱층과 풀링층으로 추출된 특징값들을 입력으로 받아 클래스 분류를 수행합니다. 이때 이미지 특징값은 완전연결층의 입력층으로 들어와, 학습시켜 출력층에서 확률값 중 가장 큰 확률값을 분류로 사용합니다.

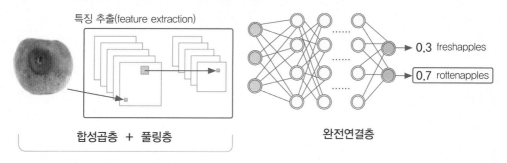

특징 추출(feature extraction)

합성곱층 ＋ 풀링층 　　　　　　　　　　 완전연결층

0.3 freshapples
0.7 rottenapples

그림 11-1 　 합성곱 신경망 모델 과정

오렌지를 이용한 썩은 사과 분류하기

오렌지를 이용해 썩은 사과를 분류하는 모델을 구현해 봅시다.

1 데이터 불러오기

1.1 훈련 이미지 폴더 불러오기

❶ 'Import Images' 위젯을 불러와 위젯 이름을 'train'으로 변경합니다.

train

❷ 사과 이미지가 저장된 데이터셋에서 'train' 폴더를 불러옵니다.

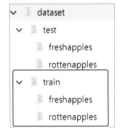

사과 이미지 데이터셋에서 'train' 폴더를 선택하면 400개의 이미지, 2개의 카테고리를 불러옵니다. 2개의 카테고리는 신선한 사과(freshapples) 폴더와 썩은 사과(rottenapples) 폴더입니다.

1.2 훈련 이미지 데이터 살펴보기

❶ 'Data Table' 위젯을 추가하고 'Import Images' 위젯(train)과 연결합니다.

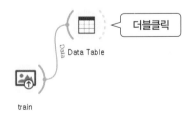

❷ Data Table 창을 살펴본 결과, 400개의 이미지 데이터와 2개의 클래스로 저장되어 있습니다. 그러나 이미지 파일 설명이 저장된 메타(meta) 값은 5개 있으나, 특징(feature) 값이 0개인 것을 확인할 수 있습니다. 이 상태로는 이미지 파일을 불러와도 특징을 찾을 수 없습니다.

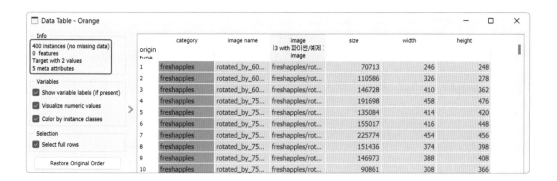

❷ 이미지 데이터 전처리하기

사전 훈련된 합성곱 신경망 모델 중 Inception v3 모델을 이용해 이미지 특징을 추출하고, 완전 연결층으로 모델을 분류하는 합성곱 신경망 모델을 설계합니다.

2.1 훈련 이미지 데이터 특징 추출하기

'Image Embedding' 위젯은 이미지의 중요한 특징을 추출하는 위젯으로 이미지 데이터의 분류와 같은 작업에 유용하며, 사전 훈련된 합성곱 신경망 모델을 이용합니다. 오렌지에서는 사전 훈련된(Pre-trained) 합성곱 신경망 모델로 Inception v3, VGG-16, VGG-19, SqueezeNet 등이 있습니다.

❶ 'Import Images' 위젯(train)과 'Image Embedding' 위젯을 연결합니다(Embedder: Inception v3). 'Image Embedding' 위젯과 'Data Table' 위젯을 연결합니다.

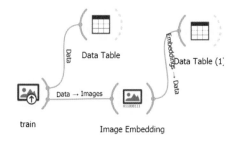

❷ 'Image Embedding' 위젯에서 Inception v3 모델 훈련 후 'Data Table' 위젯에서 특징값을 확인해 보면 특징 개수가 2,048개인 것을 볼 수 있습니다.

더 배우기 **쉽게 배우는 AI 지식 : Image Embedding 위젯**

'Image Embedding' 위젯은 이미지의 특징 벡터를 계산하는 데 사용되며, 사전 훈련된 모델인 Inception v3, VGG-16, VGG-19 등이 포함되어 있습니다. 그중 SqueezeNet 이외의 다른 임베더는 인터넷 연결이 필요합니다.

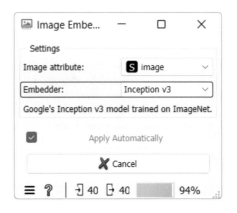

- SqueezeNet: ImageNet에서 훈련된 이미지 인식을 위한 작고 빠른 모델로 인터넷 연결이 필요 없음
- Inception v3: ImageNet에서 훈련된 구글의 Inception v3 모델
- VGG-16: ImageNet에서 훈련된 16계층 이미지 인식 모델
- VGG-19: ImageNet에서 훈련된 19계층 이미지 인식 모델
- Painters: 작품 이미지를 통해 예측하도록 훈련된 모델
- DeepLoc: 효모 세포 이미지를 분석하도록 훈련된 모델

③ 합성곱 신경망 모델 생성하기

이미지 임베딩을 통해 이미지의 특징을 벡터 형태로 추출하고, 이 벡터를 신경망의 입력으로 받아 분류 모델을 구현합니다.

❶ 'Image Embedding' 위젯과 'Neural Network' 위젯을 연결합니다.

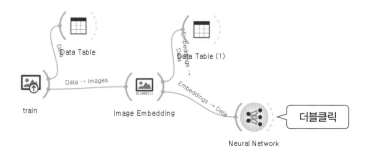

❷ 이미지 임베딩을 통해 추출한 값을 'Neural Network' 위젯에 연결해 학습합니다. 신경망 위젯에서 신경망 모델의 환경을 설정할 수 있습니다.

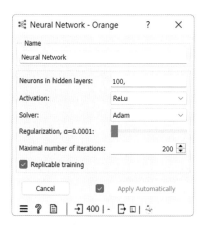

신경망 모델 설계 및 환경 설정
은닉층 수: 1개
은닉층 노드 수: 100개
활성화 함수: ReLu
최적화 함수: Adam
학습 횟수: 200번

❸ 훈련 이미지 데이터로 학습한 신경망 모델의 성능을 평가합니다. 'Image Embedding' 위젯과 'Test and Score' 위젯을 연결합니다. 'Neural Network' 위젯과 'Test and Score' 위젯을 연결합니다.

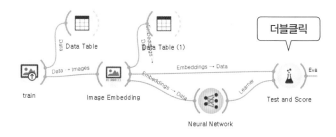

❹ Test and Score 창에서 Cross validation을 선택합니다. 훈련 데이터로 모델을 학습시켜 성능을 평가한 결과, 분류 정확도(CA)값은 0.973입니다. 모델로 훈련 데이터를 학습한 결과, 약 97%를 맞추고, 나머지는 못 맞춘 것을 볼 수 있습니다.

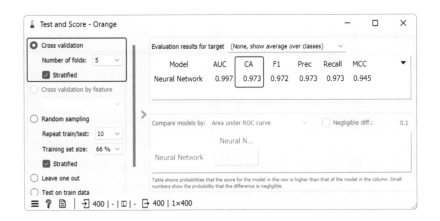

❺ 혼동 행렬을 이용해 모델의 성능 결과를 확인해 봅니다. 'Test and Score' 위젯과 'Confusion Matrix' 위젯을 연결합니다. 'Confusion Matrix' 위젯과 'Image Viewer' 위젯을 연결합니다.

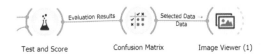

❻ 혼동 행렬에서 원하는 셀을 선택하면 그 셀에 해당되는 이미지를 'Image Viewer' 위젯에서 확인할 수 있습니다. 혼동 행렬로 확인한 결과, 신선한 사과(freshapples) 이미지 200개 중 194개를 잘 예측하였으나, 6개는 썩은 사과(rottenapples) 이미지로 잘못 분류한 것을 볼 수 있습니다. 잘못 분류된 6이 써 있는 셀을 선택하면, Image Viewer 위젯에서 그 셀의 이미지를 보여줍니다.

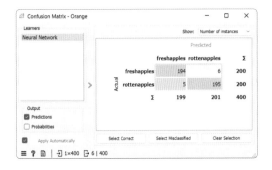

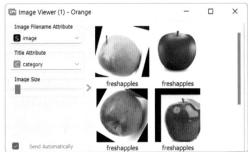

4 합성곱 신경망 모델 평가 및 예측하기

4.1 테스트 이미지 불러오기

❶ 'Import Images' 위젯을 불러와 위젯 이름을 'test'로 변경합니다. 'test' 위젯에서 사과 테스트 데이터가 저장된 'test' 폴더를 불러옵니다.

❷ 테스트 폴더의 이미지 파일을 업로드하면 2개의 카테고리(categories)와 40개의 이미지 (Images)가 있다는 정보가 나옵니다. 이미지 데이터셋의 레이블은 폴더명입니다. 테스트 데이터셋(test) 폴더에는 freshapples(신선한 사과), rottenapples(썩은 사과) 폴더로 구분되어 있으므로, 레이블명은 freshapples, rottenapples입니다.

4.2 테스트 이미지 데이터 특징 추출하기

사전 훈련된 신경망 모델(Inception v3)을 이용해 테스트 이미지 데이터 특징을 추출합니다.

❶ 'Import Images' 위젯(test)과 'Image Embedding' 위젯을 연결합니다.

❷ Image Embedding 창에서 Embedder: Inception v3 을 선택합니다.

4.3 테스트 이미지 데이터로 썩은 사과 분류하기

❶ 테스트 이미지 데이터의 특징을 추출한 'Image Embedding' 위젯과 'Predictions' 위젯을 연결합니다. 합성곱 신경망 모델인 'Neural Network' 위젯과 'Predictions' 위젯을 연결합니다. 'Confusion Matrix' 위젯과 'Image Viewer' 위젯을 연결합니다.

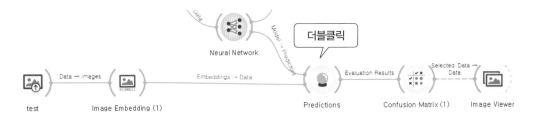

❷ Predictions 창에서 썩은 사과 분류 모델로 테스트 이미지 데이터를 예측한 결과, 정확도 (CA)는 0.975가 나왔습니다.

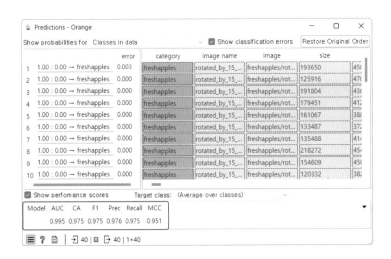

❸ Confusion Matrix 창을 확인하면 신선한 사과(freshapples) 20개는 모두 예측하였으나, 썩은 사과(rottenapples) 20개 중 1개는 잘못 예측한 것을 볼 수 있습니다. 잘못 예측한 사과 이미지를 확인하고 싶다면 'Image Viewer' 위젯을 연결해 사과 이미지를 연결할 수 있습니다.

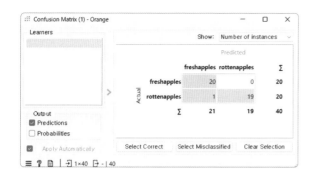
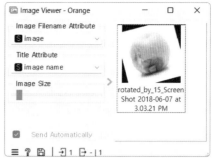

오렌지로 구현한 썩은 사과 분류 합성곱 신경망 모델 전체 화면은 다음과 같습니다.

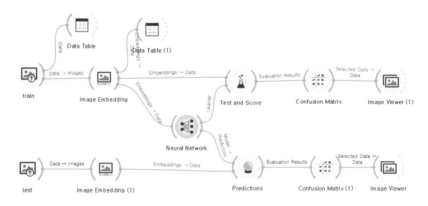

사전 훈련된 모델

사전 훈련된 모델(Pre-trained Model)은 대규모 이미지 분류 문제를 위해 대량의 데이터셋으로 미리 훈련되어 저장된 신경망입니다. 사전 훈련된 합성곱 신경망의 훈련에 사용한 원본 데이터셋이 충분히 크다면, 일반적인 이미지 분류 모델로 사용될 수 있습니다.

사전 훈련된 합성곱 신경망들은 이미지 인식대회(ILSVRC)의 대형 이미지 데이터베이스에서 대량의 원본 데이터셋을 이용해 훈련되어 우승한 모델들을 많이 사용합니다.

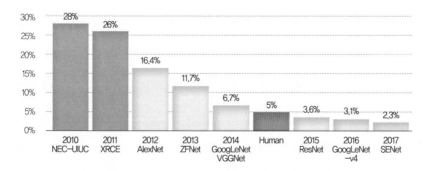

그림 11-2   ILSVRC 우승 모델: 이미지 인식 분류 오류율(%)

전이 학습

전이 학습(Transfer Learning)은 어떤 목적을 이루기 위해 학습된 모델을 다른 작업에 이용하는 것을 말합니다. 일반적으로 합성곱 신경망으로 딥러닝 모델을 만들려면 많은 양의 데이터가 필요하나, 현실적으로 충분히 큰 데이터셋을 얻는 것은 쉽지 않습니다. 사전 훈련된 신경망 모델의 전체 또는 일부를 가져와 해결하려고 하는 과제에 맞게 최적화해서 사용할 수 있습니다.

예를 들어 썩은 사과를 분류하는 경우, 사전 훈련된 이미지 분류 모델을 사용하여 이미지의 특징을 추출할 수 있습니다. 사전 훈련된 이미지 분류 모델은 일반적으로 ImageNet 데이터셋에서 훈련됩니다. ImageNet 데이터셋은 다양한 종류의 이미지로 구성되어 있기 때문에, 사전 훈련된 이미지 분류 모델은 다양한 이미지의 특징을 추출할 수 있습니다.

추출한 특징을 완전 연결 계층의 입력층으로 사용하여 분류 모델을 구현합니다.

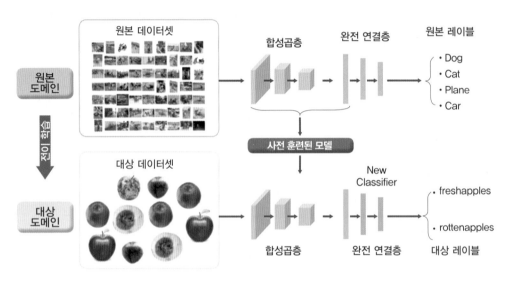

그림 11-3　전이 학습

1 이미지 데이터 접근하기

File

1.1 구글 드라이브에 이미지 폴더 업로드하기

구글 코랩(Colaboratory)에서 합성곱 신경망 모델을 구현하기 위해서는 구글 드라이브에 이미지 폴더를 업로드하고 그 폴더에 접근합니다.

(예)
내 드라이브 〉 data 〉 fruit_dataset

1.2 구글 드라이브 이미지 폴더 접근하기

❶ 구글 드라이브에 접근하는 권한을 부여합니다.

```
# Google Colaboratory에서 Google Drive에 접근하는 데 사용함
from google.colab import drive

# Google Drive를 /content/gdrive 디렉토리에 접근함
drive.mount('/content/gdrive')
```

구글 드라이브 접근 명령을 실행시키면, 구글 드
라이브 연결 허용 메뉴가 나옵니다.
'Google Drive에 연결' 버튼을 선택합니다.
구글 드라이브 액세스 요청에 '모두 선택' 버튼을
클릭해 주세요.

> 노트북에서 **Google Drive** 파일에 액세스하도록 허
> 용하시겠습니까?
>
> 이 노트북에서 Google Drive 파일에 대한 액세스를 요청합니다. Google Drive에 대한
> 액세스 권한을 부여하면 노트북에서 실행되는 코드가 Google Drive의 파일을 수정
> 할 수 있게 됩니다. 이 액세스를 허용하기 전에 노트북 코드를 검토하시기 바랍니다.
>
> 아니요   Google Drive에 연결

❷ 구글 드라이브에서 이미지가 있는 폴더로 위치를 변경합니다.

```
#   현재 작업 디렉토리를 /content/gdrive/My Drive/data/fruit_dataset/로
변경함
%cd /content/gdrive/My Drive/data/fruit_dataset/
```

2 이미지 데이터 전처리하기

ImageDataGenerator로 훈련 이미지 데이터와 테스트 이미지 데이터로 전처리 설정을 할 수 있
습니다. ImageDataGenerator로 이미지 데이터 전처리를 수행하려면 먼저 ImageDataGenerator
객체를 생성해야 합니다. 이때 이미지 픽셀값을 0~1 사이의 값으로 변환할 수 있습니다. 생성한
ImageDataGenerator 객체의 flow_from_directory 메소드를 호출하면 이미지 데이터가 저장된
폴더 및 크기 조정, 배치 사이즈, 클래스 모드 등을 설정할 수 있습니다.

표 11-1　flow_from_directory 메소드의 인자

rescale = 1./255	0~1 사이의 값으로 정규화함
shuffle=False	이미지 순서를 섞지 않음 (기본값: shuffle=True)
target_size=(64,64)	이미지 크기를 64×64 픽셀로 조정함
batch_size=32	한 번에 모델에 공급되는 이미지 샘플 수를 정함
class_mode='categorical'	다중 클래스 분류 모드로 설정함

2.1 훈련 이미지 데이터 전처리하기

훈련 이미지 데이터를 전처리하기 위해 먼저 ImageDataGenerator로 train_datagen 객체를 생성합니다. train_datagen 객체의 flow_from_directory 메소드를 호출해 training_set을 생성합니다. 이때 훈련 이미지 폴더는 'train', 이미지 크기를 (64, 64)로 조정해서, 한 번에 훈련시킬 이미지 개수를 32개(batch_size)로 하고, 훈련시킬 때 이미지를 섞고(shuffle=True), 2개의 이미지를 분류하므로 다중 클래스 모드(class_mode='categorical')로 설정합니다.

```
from keras.preprocessing.image import ImageDataGenerator

train_datagen = ImageDataGenerator(rescale = 1./255)

training_set  = train_datagen.flow_from_directory('train',
                              target_size = (64, 64),
                              batch_size = 32,
                              shuffle = True,
                              class_mode = 'categorical')
```

```
Found 400 images belonging to 2 classes.
```

NOTE

- train_datagen = ImageDataGenerator(rescale = 1./255): ImageDataGenerator를 생성합니다. 이미지 픽셀값을 0~1 사이로 정규화합니다.
- training_set = train_datagen.flow_from_directory('train'): 주어진 폴더(train)에서 이미지 데이터를 불러와 전처리를 적용합니다.
- target_size = (64, 64): 이미지 크기를 64×64 픽셀로 조정합니다.
- batch_size = 32: 한 번에 32개 이미지를 처리합니다.
- shuffle = True: 이미지를 무작위로 섞습니다.
- class_mode = 'categorical': 다중 클래스 모드로 설정합니다.

2.2 테스트 이미지 데이터 전처리하기

테스트 이미지 데이터를 전처리하기 위해 먼저 ImageDataGenerator로 test_datagen 객체를 생성합니다. test_datagen 객체의 flow_from_directory 메소드를 호출해 test_set을 생성합니다. 이때 테스트 이미지 폴더인 'test', 이미지 크기를 (64, 64)로 조정하며, 테스트시킬 때 이미지를 섞지 않고(shuffle=False), 2개의 이미지를 분류하므로 다중 클래스 모드(class_mode='categorical')로 설정합니다.

```
# ImageDataGenerator를 생성함(이미지 픽셀값을 0~1 사이 범위로 조정)
test_datagen = ImageDataGenerator(rescale = 1./255)

# 주어진 폴더(test)에서 이미지 데이터를 불러와 전처리를 적용함
test_set = test_datagen.flow_from_directory('test',
target_size=(64, 64), shuffle = False, class_mode='categorical')
```

```
Found 40 images belonging to 2 classes.
```

더배우기 쉽게 배우는 AI 지식 : ImageDataGenerator

ImageDataGenerator는 이미지를 읽고, 전처리하고, 증강하여 모델 학습에 사용할 수 있습니다.
ImageDataGenerator를 사용하려면 다음과 같은 단계를 수행합니다.

ImageDataGenerator 생성하기
ImageDataGenerator를 생성할 때 다양한 매개변수를 설정하여 이미지 데이터를 어떻게 처리할지 정의합니다.

- rescale(정규화): 이미지의 픽셀값을 정규화하기 위한 계수를 지정합니다. 일반적으로 0과 1 사이로 정규화하려면 1./255와 같이 사용합니다.
- rotation_range(이미지 회전): 이미지를 지정된 각도 범위 내에서 무작위로 회전시킬 수 있습니다. 예를 들어, rotation_range=20으로 설정하면 이미지가 -20도에서 20도 사이에서 무작위로 회전합니다.
- width_shift_range, height_shift_range(가로 및 세로 이동): 이미지를 가로 및 세로로 이동시킬 수 있습니다. 값은 0과 1 사이의 비율로 표시됩니다.
- zoom_range(확대/축소): 이미지를 확대 또는 축소할 수 있습니다. 예를 들어, zoom_range=0.2로 설정하면 이미지가 0.8배에서 1.2배까지 무작위로 확대 또는 축소됩니다.
- horizontal_flip, vertical_flip(뒤집기): 이미지를 수평 또는 수직으로 뒤집을 수 있습니다.

```
from keras.preprocessing.image import ImageDataGenerator

train_datagen = ImageDataGenerator(
    rotation_range=40,
    width_shift_range=0.2,
    height_shift_range=0.2,
    zoom_range=0.2,
    horizontal_flip=True,
    vertical_flip=True,
)
```

이미지 데이터 전처리 및 증강하기

flow_from_directory를 사용하여 이미지 데이터를 불러와 전처리 및 데이터 증강을 적용합니다.

- directory: 이미지 데이터가 있는 폴더의 경로를 지정합니다.

- target_size: 이미지 크기를 설정합니다.

- batch_size: 한 번에 모델에 전달되는 이미지 배치의 크기를 지정합니다.

- shuffle: 이미지를 무작위로 섞을지 여부를 지정합니다.

- class_mode: 다중 클래스 분류인 경우 categorical을 사용합니다.

```
training_set  = train_datagen.flow_from_directory('train',
                                  target_size = (64, 64),
                                  batch_size = 32,
                                  shuffle = True,
                                  class_mode = 'categorical')
```

3 합성곱 신경망 모델 생성하기

3.1 훈련 이미지 데이터 특징 추출하기
Image Embedding

사전 훈련된 합성곱 신경망 모델인 VGG16을 불러와 VGG16 모델로 이미지의 특징을 추출합니다. include_top=False를 설정해, VGG16 모델의 완전연결층을 제외한 합성곱층, 풀링층만 수행해 특징을 추출합니다.

```
from keras.applications.vgg16 import VGG16

# VGG  모델 생성하기
vgg = VGG16(include_top=False, weights='imagenet', input_shape=(64,
64, 3))
vgg.summary( )

# VGG 모델의 모든 층의 가중치가 업데이트되지 않도록 함
for layer in vgg.layers:
    layer.trainable = False
```

NOTE

- include_top = False: 모델의 분류 레이어를 포함하지 않도록 지정합니다.
- weights='imagenet': 모델에 ImageNet 데이터셋으로 사전 훈련된 가중치를 불러옵니다.
- input_shape = (64, 64, 3): 모델의 입력 데이터 크기를 지정합니다.
- layer.trainable = False: VGG 모델에서 모든 층의 가중치가 업데이트되지 않도록 해서 모델 학습 시 불필요한 계산을 줄일 수 있습니다.

3.2 완전연결층으로 분류 모델 설계하기
Neural Network

VGG16 모델로 추출한 특징값을 입력층 입력으로 받아 완전연결층으로 신경망 모델을 설계합니다.

케라스 라이브러리로 완전연결층을 만들기 위한 클래스를 불러옵니다.

```
from keras.models import Sequential     # keras.model의 Sequential 불러오기
from keras.layers import Dense, Flatten # keras.layers의 Dense, Flatten 불러오기
```

NOTE

- Sequential: 신경망 모델을 순차적으로 구성합니다. 층(layer)을 하나씩 추가하여 모델을 설계합니다.
- Dense: 은닉층과 출력층을 생성합니다. 이때 완전연결층(신경망의 각 노드가 이전 층의 모든 노드와 연결된 층)으로 설계합니다.
- Flatten: 입력 데이터를 1차원 배열로 변환합니다.

VGG16 모델로 특징을 추출한 결과(vgg)를 완전연결층에 연결합니다. 신선한 사과와 썩은 사과 2개로 분류하기 위해 다음과 같이 설계합니다.

```
model = Sequential( )
model.add(vgg)
model.add(Flatten( ))
model.add(Dense(64, activation='relu'))
model.add(Dense(2, activation='softmax'))
model.summary( )
```

NOTE

- mode=Sequential( ): 순차 모델을 생성합니다.
- model.add(vgg): VGG 모델을 추가합니다.
- model.add(Flatten( )): 추출된 특징값을 1차원 배열로 변환해 입력층으로 사용합니다.
- model.add(Dense(64, activation='relu')): 은닉층을 추가합니다(64개 노드, 활성화 함수 relu).
- model.add(Dense(2, activation='softmax')): 출력층을 추가합니다(2개 노드, 활성화 함수 softmax).

3.3 분류 모델 환경 설정하기

Neural Network

신경망 분류 모델에 대한 손실함수(loss)와 최적화 함수(optimizer)를 설정해 환경을 설정합니다. 클래스 모드(class_mode)가 categorical이면 손실 함수(loss)로 categorical_crossentropy를 지정합니다. 가중치를 최적화하는 함수(optimizer)로 adam, 모델 훈련 시 측정 지표(metrics)는 정확도(accuracy)를 지정합니다.

```
model.compile(loss='categorical_crossentropy', optimizer='adam',
metrics=['accuracy'])
```

3.4 합성곱 신경망 모델 학습하기

Neural Network   Test and Score

훈련 데이터(training_set)를 이용해 신경망 모델을 학습합니다. trainnig_set을 10번 훈련시킵니다.

```
history = model.fit(training_set, epochs=10)
```

```
Epoch 8/10
13/13 [==============================] - 2s 140ms/step - loss: 0.1094 - accuracy: 0.9675
Epoch 9/10
13/13 [==============================] - 2s 140ms/step - loss: 0.0913 - accuracy: 0.9775
Epoch 10/10
13/13 [==============================] - 2s 146ms/step - loss: 0.0817 - accuracy: 0.9850
```

모델을 10번 훈련시킨 결과, 정확도가 0.985로 훈련 데이터로 모델을 학습시키는 과정에서 높은 정확도를 보여줍니다. 이때 모델 훈련 진행 상황을 history에 저장하기 때문에 history를 이용해 모델의 손실, 정확도 진행 상황을 확인할 수 있습니다. 단, 훈련 데이터와 테스트 데이터를 무작위로 분할하므로, 모델 성능평가에 차이가 날 수 있습니다.

> **NOTE**
> - history: 모델 훈련의 진행 상황을 저장합니다. 훈련 손실, 정확도 등이 포함됩니다.
> - model.fit( ): 모델을 훈련합니다.
> - epochs: 모델 훈련 횟수를 설정합니다.

훈련 진행 상황이 저장된 history 값을 이용해 에포크(epoch)에 따른 정확도(accuracy)와 손실(loss) 값이 어떻게 변화하는지 그래프로 확인할 수 있습니다.

```python
import matplotlib.pyplot as plt
# 정확도(accuracy) 그래프로 표현
plt.xlabel('epoch')
plt.plot(history.history['accuracy'], label='training_accuracy')
plt.legend( )
plt.show( )

# 손실(loss) 그래프로 표현
plt.xlabel('epoch')
plt.plot(history.history['loss'], label='training_loss')
plt.legend( )
plt.show( )
```

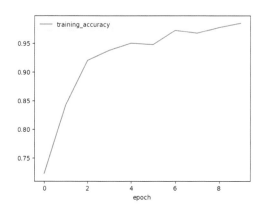

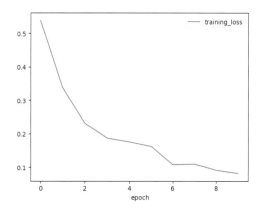

- plt.xlabel('epoch'): x축의 레이블을 epoch로 설정합니다.
- plt.plot(history.history['accuracy'], label='training_accuracy'): history의 accuracy 값을 그래프로 나타냅니다. 그래프의 레이블을 training_accuracy로 설정합니다.
- plt.legend( ): 그래프 범례를 표시합니다.

신경망 모델 학습 그래프는 모델의 학습과정을 시각적으로 보여줍니다.

왼쪽은 정확도 값 그래프로 10번 학습하는 동안 정확도로 꾸준히 증가한 것을 보여줍니다. 오른쪽은 손실함수 값 그래프로 10번 학습하는 동안 손실함수 값이 꾸준히 감소한 것을 보여줍니다.

4 합성곱 신경망 모델 평가 및 예측하기

4.1 모델 평가하기

테스트 데이터(test_set)를 이용해 모델의 성능을 평가합니다.

```
model.evaluate(test_set)
```

테스트 데이터로 모델 성능을 평가한 결과, 분류 정확도는 0.95로 높은 정확도를 보이고 있습니다.

```
2/2 [==============================] - 3s 2s/step - loss: 0.1947 - accuracy: 0.9500
[0.19465979933738708, 0.949999988079071]
```

4.2 모델 예측하기

Predictions   Confusion Matrix

데이터의 클래스값을 확인합니다. 신선한 사과 'freshapples'는 0, 썩은 사과 'rottenapples'는 1입니다.

```
test_set.class_indices
```

```
{'freshapples': 0, 'rottenapples': 1}
```

모델이 테스트 데이터(test_set)에 대해 예측을 수행해 predictions에 저장합니다. predictions는 이미지 분류 모델이 테스트 데이터(test_set)에 대해 예측한 클래스 레이블값을 나타냅니다. 일반적으로 이미지 분류 작업에서 모델은 각 이미지에 대해 가능한 클래스 중 하나를 예측하게 됩니다. 이 레이블 값은 모델이 해당 이미지를 각 클래스로 분류할 확률을 나타냅니다.

```
predictions = model.predict(test_set)
predictions
```

predictions는 테스트 데이터의 각 이미지에 대한 클래스 확률을 담고 있는 배열 또는 행렬입니다. 예를 들어, predictions[0]인 [9.9967325e−01, 3.2677830e−04]는 첫 번째 테스트 이미지에 대한 클래스 확률을 나타냅니다.

```
2/2 [==============================] - 1s 55ms/step
array([[9.9967325e-01, 3.2677830e-04],
       [9.8808658e-01, 1.1913474e-02],
       [8.7194872e-01, 1.2805128e-01],
       [9.9981803e-01, 1.8202281e-04],
```

예측값이 데이터의 어떤 클래스에 해당되는지 알아봅시다.

```
import numpy as np
print(np.argmax(predictions, axis=1))
```

np.argmax( ) 함수를 이용하면 1차원 배열값 중 가장 큰 값의 인덱스를 반환합니다. 예를 들어, [9.9967325e−01, 3.2677830e−04]라면, 9.9967325e−01인 0번 인덱스로 예측할 수 있습니다. 0번 인덱스는 데이터 클래스 0 값과 같은 freshapples로 예측합니다.

```
[0 0 0 0 0 0 0 0 0 0 0 0 0 0 0 0 0 1 1 0 1 1 1 1 1 0 1 1 1 1 1 1 1
 1 1 1]
```

NOTE
- np.argmax(predictions, axis=1): 각 행에 대해 최대값을 갖는 열의 인덱스를 반환합니다.
- axis=1: 배열의 각 열을 기준으로 합니다.

예측 결과와 테스트 데이터의 레이블값을 이용해 혼동 행렬을 구합니다.

```
import matplotlib.pyplot as plt

import seaborn as sns
from sklearn.metrics import confusion_matrix   # 혼동 행렬 함수를 불러옴

# 예측 결과에서 가장 큰 값의 인덱스를 추출함
prediction = np.argmax(predictions, axis=1)
truth =  test_set.labels    # 테스트 데이터의 실제 레이블을 가져옴

# 혼동 행렬을 계산함(실제값, 예측값)
conf = confusion_matrix(truth, prediction)

# 혼동 행렬을 표시함
plt.figure(figsize=(6, 4))   # 그림 크기 설정함
sns.heatmap(conf, annot=True, cmap="BuPu")

# 제목, x축 이름(Predicted), y축 이름(Actual)을 설정함
plt.title("Rotten Fruit Classification")
plt.xlabel("Predicted")
plt.ylabel("Actual")
plt.show( )
```

실제값과 예측값을 혼동 행렬(confusion matrix)로 시각화한 결과, 실제값인 신선한 사과(freshapples, 0) 20개 모두 신선한 사과(freshapples, 0)로 예측하였습니다. 실제값인 썩은 사과(rottenapples,1)는 20개 중 18개를 잘 예측하고, 나머지 2개는 잘못 예측한 것을 볼 수 있습니다. 단, 훈련 데이터가 무작위로 선택되는 등의 이유로 결과가 달라질 수 있습니다.

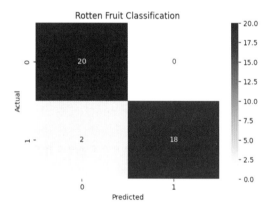

파이썬으로 썩은 사과를 분류하는 합성곱 신경망 모델 전체 코드는 다음과 같습니다.

```python
# 1.1 구글 드라이브에 이미지 폴더 업로드하기
# 이미지 데이터에 접근하기 - 구글 드라이브 이미지 폴더 접근하기
# Google Colaboratory에서 Google Drive에 접근하는 데 사용함
from google.colab import drive

# Google Drive를 /content/gdrive 디렉토리에 접근함
drive.mount('/content/gdrive')

# 1.2 구글 드라이브 이미지 폴더 접근하기
#  현재 작업 디렉토리를 /content/gdrive/My Drive/data/fruit_dataset/로
변경함
%cd /content/gdrive/My Drive/data/fruit_dataset/

# 2.1 훈련 이미지 데이터 전처리하기
from keras.preprocessing.image import ImageDataGenerator
# ImageDataGenerator를 생성함(이미지 픽셀값을 0~1 사이 범위로 조정)
train_datagen = ImageDataGenerator(rescale = 1./255)

# 주어진 폴더(train)에서 이미지 데이터를 불러와 전처리를 적용함
training_set  = train_datagen.flow_from_directory('train',
                 target_size = (64, 64), # 이미지 크기 조정
                 batch_size = 32,        # 한 번에 32개 이미지 샘플 수
                 shuffle = True,         # 훈련 이미지 순서 섞음
                 class_mode = 'categorical')  # 다중 클래스 모드

# 2.2 테스트 이미지 데이터 전처리하기
# ImageDataGenerator를 생성함. (이미지 픽셀값을 0~1 사이 범위로 조정)
test_datagen = ImageDataGenerator(rescale = 1./255)

# 주어진 폴더(test)에서 이미지 데이터를 불러와 전처리를 적용함
test_set = test_datagen.flow_from_directory('test',
                 target_size=(64, 64),  # 이미지 크기 조정
                 shuffle = False,       # 테스트 이미지 순서 안 섞음
                 class_mode='categorical')  # 다중 클래스 모드

# 3.1 훈련 이미지 데이터 특징 추출하기
from keras.applications.vgg16 import VGG16

# VGG 모델 생성하기
vgg = VGG16(include_top=False, weights='imagenet', input_shape=(64,
64, 3))
```

```
vgg.summary( )

# VGG 모델의 모든 층(layer)의 가중치가 업데이트되지 않도록 함
for layer in vgg.layers:
    layer.trainable = False

# 3.2 완전연결층으로 분류 모델 설계하기
from keras.models import Sequential
from keras.layers import Dense, Flatten

model = Sequential( )                            # 모델을 생성함
model.add(vgg)                                   # VGG 모델 추가함
model.add(Flatten( ))                            # 1차원 배열로 변환함
model.add(Dense(64, activation='relu'))          # 은닉층 추가함
model.add(Dense(2, activation='softmax'))        # 출력층 추가함
model.summary( )

# 3.3 분류 모델 환경 설정하기
model.compile(loss='categorical_crossentropy', optimizer='adam',
metrics=['accuracy'])

# 3.4 합성곱 신경망 모델 학습하기
history = model.fit(training_set, epochs=10)

# 정확도(accuracy) 그래프로 표현
plt.xlabel('epoch')
plt.plot(history.history['accuracy'], label='training_accuracy')
plt.legend( )
plt.show( )

# 손실(loss) 그래프로 표현
plt.xlabel('epoch')
plt.plot(history.history['loss'], label='training_loss')
plt.legend( )
plt.show( )

# 4.1 모델 평가하기
model.evaluate(test_set)

# 4.2 모델 예측하기
test_set.class_indices
predictions = model.predict(test_set)
import numpy as np
```

```
print(np.argmax(predictions, axis=1))
# 혼동 행렬 구하기
import matplotlib.pyplot as plt
import seaborn as sns
from sklearn.metrics import confusion_matrix   # 혼동 행렬 함수를 불러옴

# 예측 결과에서 가장 큰 값의 인덱스를 추출함
prediction = np.argmax(predictions, axis=1)
truth =  test_set.labels    # 테스트 데이터의 실제 레이블을 가져옴

# 혼동 행렬을 계산함(실제값, 예측값)
conf = confusion_matrix(truth, prediction)

# 혼동 행렬을 표시함
plt.figure(figsize=(6, 4))   # 그림 크기 설정함
sns.heatmap(conf, annot=True, cmap="BuPu")

# 제목, x축 이름(Predicted), y축 이름(Actual)을 설정함
plt.title("Rotten Fruit Classification")
plt.xlabel("Predicted")
plt.ylabel("Actual")
plt.show( )
```

신선한 사과와 썩은 사과 이미지 데이터를 이용해 썩은 사과를 분류하는 합성곱 신경망 모델을 구현해 보았습니다. 합성곱 신경망 모델(CNN)은 합성곱층과 풀링층을 이용해 이미지의 특징을 추출하고, 추출한 특징값을 이용해 완전연결층으로 분류 모델을 만듭니다.

이때 이미지 특징을 추출할 때, 직접 합성곱층과 풀링층을 설계할 수도 있지만, 사전 훈련된 합성곱 신경망 모델을 불러와 특징을 추출할 수 있습니다. 이 장에서는 사전 훈련된 모델 중 Inception v3이나 VGG16 모델을 이용해 특징을 추출하고, 추출한 특징값을 완전연결층의 입력으로 받아 모델을 설계하는 전이 학습을 수행하였습니다.

합성곱 신경망 모델을 이용하면 이미지 분류 모델을 만드는 데 효과적입니다. 합성곱 신경망 모델로 해결할 수 있는 문제 상황을 찾아보세요.

오렌지	파이썬

Image Embedding	```vgg = VGG16(include_top=False, weights='imagenet', input_shape=(64, 64, 3))```
	
	 ```for layer in vgg.layers:```
	 ``` layer.trainable = False```

Neural Network	```model = Sequential( )```
	 ```model.add(vgg)```
	 ```model.add(Flatten( ))```
	 ```model.add(Dense(64, activation='relu'))```
	 ```model.add(Dense(2, activation='softmax'))```
	 ```model.compile(loss='categorical_crossentropy', optimizer='adam', metrics=['accuracy'])```
	 ```history = model.fit(training_set, epochs=10)```